Christoph Pfister

Die Ortsnamen der Schweiz

Mit einer Einführung in die europäische Namensgebung

Historisch-philologische Werke 4

Cover-Bild:

Kühe bei Braunwald (Glarus) vor dem Hintergrund des Tödi

Foto: Autor, 19.6.2005

Der majestätische, 3600 Meter hohe Schneeberg trägt einen kaiserlichen Namen: TÖDI = TT(L) = Titullius oder Titus Vespasianus, der sagenhafte Kaiser unter dem der Vesuv ausbrach und Pompeji verschüttete.

Die Rinder im Vordergrund sind nicht nur Staffage: Die Hebräer nannten die Schwyzer Eidgenossenschaft in alten Zeiten *medin'at paqar'ot* = Rinderland.

Titelbild:

Die Petersinsel im Bielersee. Ansicht von oberhalb von Twann

Foto: Autor, 26.8.2015

Die Insel trug in alten Zeiten ein Kloster der Cluniazenser, das dem heiligen Petrus, dem Patron der Fischer geweiht war.

Die Petersinsel galt als eine Insel Sizilien. Deshalb hieß die Landschaft im Süden des Sees der Siselgau mit dem Ort Siselen.

Überarbeitete Ausgabe 10.2024

Verlag: BoD · Books on Demand GmbH,
In de Tarpen 42, 22848 Norderstedt
Druck: Libri Plureos GmbH, Friedensallee 273,
22763 Hamburg
ISBN: 978-3-7597-9649-3

Mottos

Nomina sunt sacra.

(Orts-)Namen sind heilig.

Altes lateinisches Sprichwort.

Campania felix

O du glückliches Kampanien (= heiliges Land)!

Bearbeitetes Zitat nach dem „römischen" Schriftsteller *Plinius dem Älteren* aus seiner *Naturgeschichte* (III, 60).

Ama Napoli o muori

Liebe Neapel oder stirb!

Das geflügelte Wort heißt richtig *Vedi Napoli poi muori* = Sieh Neapel und stirb = Neapel sehen und sterben.

Amor Dei

Die Liebe zu Gott oder *die Liebe Gottes*

Das lateinische Wort *amor* bedeutet *Liebe*. – Doch wie bei Neapel steckt ein zweiter Sinn dahinter: AMOR = MR > RM = ROMA.

Wer Gott liebt, muß auch Rom lieben, dort wo der römische Gottkaiser oder der irdische Statthalter Gottes seinen Sitz hat.

Rom kann dabei irgendeine Stadt meinen, nicht unbedingt das Rom am Tiber

.

In principio erat verbum

Am Anfang war das Wort.

Beginn des Johannes-Evangeliums.

Freie Übertragung des Autors:

Zu Beginn gab es nur einzelne Wörter, Namen und Begriffe.

Inhalt

5

Erster Teil: Die Ortsnamen Europas und deren Entstehung

Von den Ortsnamen zur alten Geschichte

Ortsnamen interessieren allgemein. Wir leben in einem bestimmten Ort, wir sehen die Namen auf Tafeln, auf Karten und bekommen sie zu Gehör.

Doch woher kommen die Ortsnamen? Wer hat sie geschaffen und zu welcher Zeit?

Die konventionelle Wissenschaft behauptet, daß Ortsnamen aus allen Epochen der jüngeren und älteren Menschheitsgeschichte stammen. Es gebe Namen, die bis in die Steinzeit zurückreichten. Und jede Kultur habe Bezeichnungen in der Landschaft zurückgelassen; so wie alte Gegenstände, welche bei Ausgrabungen zutage kommen.

Die europäische Namenlandschaft stelle also – wenn man der bisherigen Auffassung folgt – einen gewaltigen Flickenteppich dar mit jüngeren, älteren und uralten Ortsnamen.

Sobald man aber Fragen stellt, wird diese Meinung fragwürdig, zuletzt sogar absurd.

Erstens können wir die Sprachen nur in ihrem jüngsten Stadium fassen. Dieses begann mit den schriftlichen Aufzeichnungen.

Nun meint man, die Menschen hätten schon vor Jahrtausenden die Schrift benützt. Aber in Tat und Wahrheit sind die heutigen Sprachen und die Schrift jung.

Aus diesen Erkenntnissen formulierte der Autor die Geschichts- und Chronologiekritik. Sie brachte ein radikal anderes und neues Bild der Vergangenheit.

Die Kritik besagt zuerst, daß unsere sichere Kenntnis der Vergangenheit viel weniger weit zurückreicht als wir bisher glaubten.

Die plausible Geschichte beginnt mit der Französischen Revolution 1789. Und erst nach 1815 stehen wir auf solidem historischem Boden.

Vor dem Ende des 18. Jahrhunderts versinken unsere Kenntnisse der Vergangenheit rasch in einer Dämmerung, die mit jedem Jahr, mit dem wir zurückschreiten, grösser wird und schließlich einer schwarzen Geschichtsnacht weicht.

Schon das Datum der Gründung der Vereinigten Staaten von Amerika, 1776, muß nach vorne verschoben werden.

Kapitän Cook habe 1770 Australien entdeckt. Das Ereignis ist glaubwürdig. Aber das Datum ist um Jahre zu hoch.

Gewiß gibt es schriftliche Zeugnisse. Aber diese beginnen – ob handschriftlich oder gedruckt – erst etwa um 1760. Vorher haben wir noch für wenige Jahrzehnte einzelne Wörter auf Stein, Ton oder Metall. – Aber diese reichen nicht aus, um eine verschollene Geschichte zu rekonstruieren.

Und die schriftlichen Aufzeichnungen der ersten beiden Generationen, also etwa zwischen 1760 und 1790 oder 1800, geben weder inhaltlich noch zeitlich wahre Geschehnisse wieder. Wir haben aus der ersten Zeit nur Märchen, Sagen und Legenden überliefert.

Vor allem können wir nicht datieren. Die Jahrzählung nach Christi Geburt ist erst mit der Schriftkultur entstanden. Und die Jahrzahlen dienten anfänglich ausschließlich dazu, um erfundene Geschichte auszuschmücken, also zur Rückdatierung und Falschdatierung.

Es gab schon vor dem Beginn der wahren Geschichte menschliche Kultur. Aber diese dürfen wir nicht mit den konventionellen Zeitangaben messen, wie das die bisherigen Bücher und Lehrmeinungen tun.

Das „Mittelalter" ist vor dreihundert Jahren – um „1720" - entstanden und dauerte zwei bis drei Generationen. Bis zur wahren Geschichte gegen 1800 muß noch der Barock, das Rokoko und ein Teil des Klassizismus eingezwängt werden.

Vor dreihundert Jahren endete vielleicht das „Altertum". – Aber das, was wir als Antike ansehen, die alten Griechen und die alten Römer, sah anders aus als in unseren Vorstellungen.

Spätestens etwa vierhundert Jahre vor heute ist es unmöglich oder nicht mehr ratsam, Aussagen über die menschliche Kultur zu machen. Die Geschichtsnacht wird total.

Aber wir brauchen nicht viel weiter zurückzublicken. Die Menschheit im heutigen Sinne ist sicher weniger als fünfhundert Jahre alt.

Es gibt geschichtliche Ereignisse vor der wahren Geschichtszeit, die wir in Umrissen erkennen können.

Das Zeitalter der Entdeckungen – zuerst der Neuen Welt, dann von Ostasien – hat es gegeben. Aber es begann vor weniger als dreihundert Jahren.

Ebenfalls gab es Kreuzzüge nach Südosteuropa und nach dem Nahen Osten. Aber diese begannen auch erst vor weniger als dreihundert Jahren und endeten vielleicht nach 1770.

Eine Reformation – richtiger eine Glaubensspaltung – ist historisch, doch in ihrem Ablauf und ihrem zeitlichen Verlauf nicht zu fassen.

Die alte Geschichte, die uns erzählt wird und sich in den Büchern findet, ist unhaltbar. Man muß nicht weit zurück auf der Zeitschiene für einige Beispiele:

Einen Ludwig XIV. von Frankreich „um 1700" kann es nicht gegeben haben. – Der „Dreißigjährige Krieg von 1618 bis 1648" ist vollkommen unplausibel.

Was für die Geschichte gilt, ist auch auf die Wörter, Namen und Sprachen anzuwenden. Diese sind erst glaubwürdig von dem Augenblick an, in dem sie uns schriftlich aufgezeichnet vorliegen.

Sicher haben sich die Menschen schon vorher zu verständigen gewußt. Aber gab es Sprachen im heutigen Sinne? Und wann sind Alphabet und Schrift entstanden? – Der Fragen werden immer mehr und der Antworten weniger.

So wie die Wörter, die Namen und die Sprachen, so haben auch die Länder-. Völker- und Ortsnamen aus einsichtigen Gründen ein beschränktes Alter.

Die alte Geschichte ist erfunden. Die biblische, die antike, die mittelalterliche und die neuere Geschichte unterscheiden sich nur in ihren Ausschmückungen, nicht in ihren Inhalten. Dahinter steht eine Blaupause, eine Matrix.

Vor allem die Troja-Sage hat alle Geschichtserzählungen durchdrungen. Also ist es nicht verwunderlich, daß wir hier von einer trojanischen oder vesuvianischen Ortsnamengebung sprechen werden.

Der Schreiber hatte schon lange an der alten Geschichte gezweifelt. Doch anfänglich fehlte es an geeigneten Anhaltspunkten, an ähnlichen Ideen und Vorläufern.

Das Gleiche gilt für die Ortsnamen. Es dauerte lange, bis der Autor die richtigen Ansatzpunkte und Werkzeuge fand.

Eine neue Methode der Namensanalyse

Kurz vor 2000 lernte der Verfasser die Werke des russischen Mathematikers Anatolj Fomenko kennen. Dieser hatte von seinem Wissensgebiet her begonnen, literarische Texte wie die Bibel, die klassischen griechischen und lateinischen Autoren und alte Chroniken auf wiederkehrende Elemente zu überprüfen.

Mit dieser Methode konnte Fomenko zum Beispiel aufzeigen, daß gewisse Romane nicht von dem Autor stammen, dem sie zugeschrieben wurden.

Und Fomenko erkannte, daß die Troja-Sage nicht nur in den Geschichten der griechischen Antike vorkam, sondern auch in den biblischen Erzählungen und den mittelalterlichen Chroniken. Die gesamte literarische Überlieferung war nach der trojanischen Blaupause gestrickt.

Zusätzlich sah Fomenko, wie sich die alten Epochen in ihrer zeitlichen Länge glichen und sich überlappten. Es gab kein tausendjähriges Mittelalter und keine mehrtausendjährige Antike. Auch hier ergab sich also ein viel kürzeres Altere der menschlichen Kultur.

Neben mathematischen und statistischen Mitteln wandte Fomenko eine neue und revolutionäre Namensanalyse an, um die Identität scheinbar verschiedener Inhalte und Personen zu beweisen.

So gibt es in der sagenhaften Geschichte Roms am Ende der Königszeit die Tarquinier. Diese kamen von Norden und bedrängten die Stadt am Tiber.

Der allein wichtige Teil eines Wortes ist seine Wurzel oder sein Kern. Bei den Tarquiniern ist es die Silbe TARQ.

Und nicht der Lautwert ist bei einem Wort entscheidend, sondern die Konsonanten. Also gilt es, für die Analyse ein Wort von seinen Vokalen zu befreien.

Entvokalisiert man nach diesem Prinzip den Laut TARQ, so ergibt sich TRQ. – Das Q gilt lautlich als C, somit lesen wir TRC.

Wörter ohne Selbstlaute lassen sich nicht aussprechen. Dazu muß man sie wieder mit Vokalen versehen, also revokalisieren.

Grundsätzlich kann man ein entvokalisiertes Wort mit beliebigen Vokalen versehen: Mit den fünf Selbstlauten A, E, I, O, U ergeben sich andere Wörter, die eine gemeinsame Wurzel haben, eben eine bestimmte Konsonantenfolge.

Die Tarquinier (TRC) finden wir in der griechischen Geschichte wieder als THRAKER (TRC) und in der römischen Geschichte als ETRUSKER (TRC) – angebliche Völker aus dem Norden.

Und im späten Mittelalter tauchen die TÜRKEN (TRC) auf, ein Volk, das im „antiken" Thrakien beheimatet war und später Konstantinopel und Athen eroberte.

Also gehen drei scheinbar verschiedene Geschichten, nämlich die römische Königszeit, die griechische Antike und die sogenannte Neuzeit auf eine einzige Blaupause zurück.

Das Prinzip ist einfach, so daß man sich wundert, daß es von der konventionellen Etymologie nicht angewendet wird.

Und man weiß, daß bei den semitischen Sprachen, also dem Hebräischen und Arabischen, nur die Konsonanten geschrieben werden. – Die Elemente wären also vorgegeben.

Fomenko hat die Methode der Entvokalisierung von Wörtern und Namen nicht selbst erfunden. Er übernahm sie von Nikolai Morozov.

Dieser russische Wissenschaftler analysierte zu Beginn des zwanzigsten Jahrhunderts die biblischen Geschichten und fand heraus, daß die Bibel und das Mittelalter die gleichen Inhalte in verschiedenen Ausformungen wiedergeben.

Wie Fomenko kamen Morozov bei seinen vergleichenden Analysen von geschichtlichen Erzählungen auch Zweifel an den scheinbar felsenfesten Zeitstellungen: Wenn alle Textbücher der älteren Zeiten im Grunde identisch sind, so fallen die behaupteten Epochen in sich zusammen.

Die offizielle Chronologie erweist sich als falsch. Die menschliche Kultur reicht weit weniger auf der Zeitachse zurück, die nachweisbare Geschichte noch mehr.

Von Morozov erschien nur ein erster Teil seines großen Werkes Christ im Jahre 1914 auf deutsch.

Morozov wurde wie andere ältere Forscher von Fomenko wiederentdeckt. – Seit 1994 sind die wichtigsten Werke des Letzteren in englischen Ausgaben zugänglich. Also erfuhr auch der Westen von der neuen Wissenschaft, die der Schreiber Geschichts- und Chronologiekritik nenne.

Die ersten namenkundlichen Ergebnisse

Fomenko widmet nur einen kleinen Teil seiner Untersuchungen der Namensanalyse. Und er gibt allein das Prinzip vor. Die neuen Werkzeuge zur Erklärung von Namen aber sind vielfältig. Eine ganze Theorie kann darauf aufgebaut werden. Doch diese existierte nicht.

Die Namenkunde, mit dem Fremdwort Onomastik genannt, beschäftigt sich zuerst mit der Herkunft der Wörter, dann der Eigennamen, schließlich der Ortsnamen.

Hier wird es um die Letzteren gehen. – Aber selbstverständlich kann man die Bereiche nicht scharf trennen. – Bei den Ortsnamen kommen wir also auch zu Eigennamen und zu Wörtern.

Der Autor mußte die Elemente der Namenkunde selbst erschließen. Zudem galt es, eine gewisse Ordnung der Dinge zu erstellen.

Doch der gewählte wissenschaftliche Ansatz war richtig: Man muß von den Ortsnamen ausgehen. Diese sind allgemein und führen zu den richtigen Erkenntnissen.

Es begann mit den Namen einiger historischer Orte in der Schweiz.

Als erstes nahm sich der Schreiber den Namen des kleinen Burgstädtchens Laupen vor, nahe dem Zusammenfluß der Sense mit der Saane, etwa fünfzehn Kilometer südwestlich von Bern.

LAUPEN ergibt entvokalisiert LPN. Versucht man diese Folge von drei Konsonanten zu revokalisieren, so scheinen die Ergebnisse zuerst nichtssagend:

LAPEN, LEPEN, LIPEN, LOPEN, LUPEN, oder – da ein P zu einem F oder V werden kann – auch LAFEN, LEFEN, LIFEN, LOFEN, LUFEN.

Die Konsonantenfolge läßt sich auch rückwärts lesen: NPL.

Hier springt NEAPEL heraus, griechisch NEAPOLIS, was Neu-Stadt oder Neuenstadt bedeutet.

Weil das P als F oder V gelesen werden kann und umgekehrt, so gehört auch LAUFEN (LPN) und seine Ableitungen zu den Neapel-Wörtern.

Aber weshalb heißt das kleine Burgstädtchen südwestlich von Bern Laupen, also Neapel?

In der erfundenen Geschichte soll dort „1339 AD" eine Schlacht stattgefunden haben. Eine Koalition von adeligen Feinden habe das Städtchen mit der Burg belagert. Die Berner entsandten ein Heer, verstärkt durch Zuzug aus den Waldstätten, um die Belagerer zu vertreiben. Einige Meilen nordöstlich von Laupen, an einem Hügel, der Bramberg genannt wird, hätten die Berner einen großen Sieg errungen und im Zeltlager der sorglosen Feinde große Beute gemacht.

Schon in dieser kurzen Skizze der angeblichen Ereignisse des Laupenkriegs wird die Verwandtschaft mit der Troja-Sage deutlich: Die Belagerung einer Stadt, das flotte Lagerleben der

Belagerer, ein großer Sieg und eine umfangreiche Beute an kostbaren Dingen.

Neapel bedeutet also auch Troja.

Und zu Troja gibt es eine parallele Bezeichnung Iljum oder Iljon.

Durch die Analyse der älteren Schweizergeschichte fand der Autor heraus, daß der eben erwähnte Laupenkrieg eine absolute Parallelität zum Murtenkrieg „1476" darstellt, der Belagerung des Städtchens Murten westlich von Bern. Auch dort entsandten die Berner und Eidgenossen ein Entsatzheer und errangen über einen Feind im Westen – hier den Burgunder-Herzog Karl den Kühnen – einen großen Sieg.

Wie bei Laupen machten die Eidgenossen im Lager der Besiegten große Beute – eben die „Burgunderbeute".

Dabei denkt der Geschichtskundige an die antike Geschichte: Machte nicht auch Alexander der Große nach seinen großen Siegen gegen die Perser in Kleinasien und im Zweistromland große Beute – eben die Perserbeute?

Der Vergleich ist richtig. In *Die alten Eidgenossen* weist der Autor in mehreren Kapiteln nach, daß die Burgunderkriege der sagenhaften Eidgenossen eine genaue Entsprechung zu Alexanders Kriegen gegen die Perser darstellen. Nur sind in der Berner Version die Rollen vertauscht: Die Eidgenossen spielen die Sieger wie Alexander der Große, der Burgunderherzog Karl der Kühne den Verlierer wie der Perserkönig.

Und zwischen Perserbeute und Burgunderbeute besteht kein Unterschied.

MURTEN, französisch MORAT ergibt entvokalisiert MRT. Wie bei Laupen (LPN) ist hier die Konsonantenfolge rückwärts zu lesen, also TRM. Daraus aber ergibt sich unschwer TROJAM, Troja, der Name jener Sagenstadt.

Man lernt am Beispiel Murten, daß man vorzugsweise die lateinische Akkusativ-Endung nehmen muß, um zu den richtigen Schlüssen zu kommen, also *Trojam*, nicht den Nominativ *Troja*.

Murten, besonders aber die französische Form MORAT enthüllen auch MORTEM, den Tod.

Aber wo kann man nach der alten Anschauung einen unnatürlichen Tod erleiden, denn in einem trojanischen Krieg?

Murten – Morat ist heute auch durch den jährlichen Murtenlauf zwischen jenem Städtchen und Freiburg bekannt. – Da kommt unwillkürlich der Vergleich mit dem berühmten Marathon-Lauf.

Zwischen Marathon (MRTM) und Murten (MRTM) ist kein Unterschied. – Und bei beiden Wettkämpfen kann der Läufer am Ende sterben: Morat heißt Troja, aber auch Tod.

Wir stoßen vor zu den Weiterungen in der Analyse: Namen und Ortsnamen werden zu Begriffen.

Laupen und Murten sind nicht die einzigen alteidgenössischen Schlachten, die sich inhaltlich und in ihren Ortsnamen gleichen.

Im Jahre „1386" sollen die Luzerner die Österreicher in der Schlacht bei Sempach besiegt haben. Auch hier konnten die Städter auf Hilfe aus den Waldstätten zählen.

Die vorgängige Belagerung des Städtchens Sempach fehlt in dieser Geschichte, aber sie war geplant. Also muß auch Sempach einen Troja-Namen haben.

Bei jedem Namen und Ortsnamen ist die Endung abzutrennen. Also lesen wir SEMP-Ach. – Die Konsonantenfolge SNP aber stellt zuerst Hindernisse für eine erfolgreiche Deutung.

Man kann sicher sein, daß in Sempach Neapel enthalten ist. Doch das S am Anfang stellt sich dem entgegen.

Bekanntlich gibt es viele Heiligen-Orte

Könnte nicht das Anfangs-S von Sempach vielleicht für heilig, lateinisch *sanctus* stehen?

Die Vermutung erwies sich als richtig: Das vorangestellte S bei Sempach ist als lateinisch SANCTUM aufzufassen.

Wir lesen bei SEMP-Ach also S/NP(L) und erhalten SANCTAM NEAPOLIM, *sancta Neapolis*, heiliges Neapel.

Als nächster Ortsname nahm sich der Autor den Städtenamen Genf vor. – Hier ist auffällig, daß sich *Genf* mit *Senf* reimt: ein Ortsname und der Name eines Gewürzes. – Der Reim ist kein Zufall.

Die Analyse führt über die italienische Bezeichnung für Senf: *senape* > S.NP(LM) = SANCTAM NEAPOLIM, *Sancta Neapolis*, heiliges Neapel.

Auch das lateinische Wort SACRUM, *sacer* muß wegen des vorangestellten S zusammengesetzt sein: S.CR(STM) = SACREM CHRISTUM = heiliger Christus.

Etwa dreißig Kilometer im Westen von Bern liegt im Waadtland das alte Städtchen Avenches, mit den Überresten einer Römerstadt, die *Aventicum* hieß.

Der Ortsname Avenches, lateinisch AVENTICUM, wird uns später beschäftigen.

Avenches hatte auch einen heute abgegangenen deutschen Namen *Wiflisburg,* ursprünglich *Wibelsburg.*

Der entscheidende Namensteil WIBLIS ergibt entvokalisiert VPLS.

Nun hat schon Fomenko erkannt, daß die alten Schreibweisen der Buchstaben in den Handschriften zu Vertauschungen führten:

Ein C wurde wegen des kurzen waagrechten Strichs auch als L gelesen und umgekehrt. Und ein V las man häufig als umgekehrtes N.

Diese Besonderheiten sind bei Wiflisburg anzuwenden:

Aus VPLS wird demnach NPLS. In jener Konsonantenfolge erkennt man sofort NEAPOLIS, Neapel.

Auch Avenches war also ein Neapel-Ort.

Den Beweis für die Richtigkeit der Deutung liefern andere Personennamen und Ortsnamen.

In Bern gibt es den Geschlechtsnamen NYFFEL-er – also NPL = NEAPEL - und Ortsnamen wie *Nyffelen.*

Bei diesen Erklärungen soll eingeschoben werden, daß eine Konsonantenfolge aus drei Buchstaben bestehen muß: Vier sind zu viel, zwei zu wenig.

Wir wenden das Prinzip an und sehen in WIFLIS = VPLS einen Konsonanten zu viel. Mit WIFLI oder VIFLI würden wir also auch durchkommen.

Nun soll es im Laupenkrieg auf Seiten der Berner auch einen guten Schützen namens VIFLI gegeben haben. Dieser erschoß einen der adeligen Feinde.

Aus einem Anfangs-L konnte auch ein R werden. Der Schütze NIFLI ist nicht unter diesem Namen bekannt, sondern als RY-FFLI.

In der Altstadt von Bern steht ein Ryffli-Brunnen. Dieser hat als Figur auf der Säule einen Armbrustschützen.

Aus der Gründungslegende der Schwyzer Eidgenossenschaft ist der Held Wilhelm Tell mit seiner Armbrust bekannt.

Schon jetzt können wir also sicher sein: Der Schütze Ryffli und der Schütze Tell sind identische Figuren. Beide Helden sind zuerst wackere Neapel-Männer.

Beiläufig soll bemerkt werden: Der Name Ryffli ist weltweit geläufig: Das englische Wort für Schießgewehr heißt nämlich RIFLE, was klar den Namen des Berner Meisterschützen enthält.

Weiter ist zu beachten, daß bei der Konsonantenfolge NPL ein Mitlaut am Anfang oder Ende abfallen konnte. Als Beispiel diene der *Apfel* und der Berg *Napf*:

APFEL > PL = NPL läßt sich ebenso mühelos zu Neapel ergänzen wie der NAPF > PL = NPL.

Es gibt auch Wörter, bei denen zwei der drei für die Konsonantenfolge wichtigen Mitlaute abgefallen sind. Durch den Vergleich ähnlich klingender Wörter läßt sich dennoch der richtige Ursprung herausfinden.

Als Beispiel dienen die Wörter *Waffen, Wappen* und *Affen.*

Das V ist ein umgekehrtes N; F und P haben die gleiche Bedeutung. *Waffen* und *Wappen* enthalten NP(L), die *Affen* nur mehr das (N)P(L). – Aber in allen drei Wörtern steckt Neapel.

Die legendäre Stadt der griechischen Sage hieß Troja oder Neapel.

Als dritter Name ist ILJUM, ILJON anzufügen.

Neapel, beziehungsweise Troja hatten als Wappentier den Löwen, französisch *lion*, woraus *Iljum* oder *Iljon* gebildet wurde. Wo dieses Tier vorkommt, steckt die Sagenstadt dahinter.

Also heißt die zweitgrößte Stadt Frankreich *Lyon*.

Und bei Bern gibt es den kleinen Ort Illis-Wil. Die einzige Gaststätte jenes Dorfs trägt deshalb folgerichtig den Namen *Zum Löwen*.

Neapel liegt am Fuß des Vulkans VESUV. Damit kommt ein weiterer wichtiger Name zur etymologischen Landschaft hinzu.

Vor zwanzig Jahren besuchte der Autor das Val d'Hérens, deutsch Eringertal im Wallis. - Vor der Talmitte fiel ihm ein über 3000 Meter hoher Bergkegel auf, der unwillkürlich an einen Vulkan erinnert.

Der Bergname war für ihn wie eine Offenbarung: *Dent de VEISIVI*. – Wenn man die verschiedenen Namen für jenen Vulkan kennt, *Vesuvius, Vesulius, Vesubius, Besbius*, dann gibt es keinen Zweifel, daß jene Alpenspitze von den Alten als Vesuv aufgefaßt und deshalb so benannt wurde.

Später lernte der Verfasser den Fluss La *Vésubie* in den französischen Meeralpen kennen und den Monte *Pasubio* im italienischen Trentino. Bei diesen Namen scheint der Vesuv ebenso deutlich durch wie im Dent de *Veisivi*.

Das OLDEN-Horn im Berner Oberland wird hier als Vesuv-Name behandelt werden. – Darin hört man das englische OLD = alt.- ALT ist demnach ein Vesuv-Wort.

Einige weitere Ortsnamen sollen hier vorweggenommen werden, weil sie phantastische Einblicke in die Entstehung der Ortsnamen offenbaren.

Schon immer staunte der Verfasser über die VANIL-Namen in den Freiburger Alpen: Es gibt einen *Vanil Noir, Vanil des Carrés, Vanil des Arpilles*, und andere.

Niemand wird behaupten, daß die tropische Orchidee *Vanille* in unseren Bergen wächst. Aber ein Zusammenhang muß bestehen!

Nun, die Entvokalisierung und die Vertauschung enthüllen den Ursprung: VANIL > VNL > PNL > NPL = Neapel.

Die edle und begehrte Gewürzpflanze bekam eben einen ebenso prestigeträchtigen Namen, also Neapel.

Dann gibt es nahe Solothurn eine Ortschaft namens *Kriegstetten*. – Nun, gehört der Krieg leider zu unserer Zivilisation. Aber man darf nicht annehmen, daß die Bewohner jenes Dorfs besonders kriegerisch wären.

Die Entvokalisierung bringt Klarheit: KRIEG > CRG > CRC = GRIECHEN.

Die Legende von Troja beinhaltet eine bewaffnete Auseinandersetzung unter Griechen. Es gab am Anfang nur einen Konflikt, eben einen Krieg der Griechen!

Namensbildende Wörter konnten auch verbunden werden.

Eben las ich die Meldung, daß der Vulkan STROMBOLI bei Sizilien erneut ausgebrochen ist.

Diesem Vesuv-Berg zollten die Alten offenbar eine besondere Ehrfurcht: Der Name bedeutet nämlich *heiliges Troja und Neapel* (S.TRM + PLM = SANCTAM TROJAM et NEAPOLIM) zusammen!

Bereits jetzt können wir auch belegen, daß bildliche Vorstellungen in die Bildung von Namen und Begriffen eingeflossen sind.

Als Beispiel diene das Wort Kirche (CRC).

In den römischen Städten gab es als Veranstaltungsorte neben ovalen Amphitheatern, halbrunden Theatern auch Stätten für Pferde- und Wagenkämpfe. Einen solchen Bau nannte man einen CIRCUS (CRC).

Doch wie kam man von einem Zirkus zu einer Kirche?

Nun, eine römische Rennbahn hatte die Form eines länglichen Rechtecks, bei welchem die eine Schmalseite abgerundet war.

Eine Kirche hat den gleichen Grundriß: ein Rechteck mit einer abgerundeten Schmalseite, der Apsis. – Und auch die Kirchenfenster sind länglich-vertikal mit Rundbögen oben.

Mit Zirkus (CRC) kommen wir wieder zu den Griechen (CRC). – Bei den Deutungen und Erklärungen kann es also Überschneidungen geben.

Zuletzt soll ein anderer Schweizer Ortsname vorangestellt werden:

Niemand soll fürchten, in der Ortschaft *Bettlach* angebettelt zu werden!

Hier liegt die Erklärung im Grunde offen zutage: BETHLEHEM, der Geburtsort des Heilands!

Aber jener Name selbst ist hebräisch: *bet'el* = Heim Gottes. – Wer bettelt, erhofft sich die Gnade des Retters.

Das letzte Beispiel führt zu dem umfangreichen Gebiet der hebräischen Namen und Ortsnamen in den deutschen Landen.

Dieses Thema erfordert eigene Überlegungen.

Die neuen Erkenntnisse nahmen an Umfang, Tiefe und logischer Schlüssigkeit zu.

Also darf schon jetzt die trojanisch-vesuvianische Ortsnamengebung in ihren allgemeinen Charakteristiken bestimmt werden.

Im zweiten Teil des Buches folgen eine Fülle von Beispielen aus der Schweiz.

Die alte und noch heute bestehenden Orts-, Länder-, Fluss- und Völkernamen fußen zuerst auf der Troja-Sage und den biblischen und christlichen Erzählungen.

Aus diesem Fundus von Geschichten leiten sich viele Dutzend besondere Namen und Begriffe her, welche die Ortsnamen und die Sprachen prägten.

Man kann zum Beispiel sicher sein, daß der Herrscher SALOMON sich in den Ortsnamen wiederfindet. Und kein Wunder, daß der geschätzte Speisefisch den Namen *Salm* trägt.

König oder Kaiser KARL muß ebenfalls wiederzufinden sein. Dabei ist es gleichgültig, welcher Herrscher und von welchem Land damit gemeint ist. - Und deshalb nennt man im Deutschen einen kräftigen, einen ganzen Mann einen *Kerl*.

Die GOTEN waren ein angesehenes Barbarenvolk. Ihr Name wurde mit dem der benachbarten Alanen gekoppelt. So entstand die Bezeichnung der besonders von den Franken gefürchteten Heerschar der *Katalanen*.

Also nannten die Franken ihre Hauptstadt auf Lateinisch LUTECIA (Parisiorum) > LTCM > CTLM = CATALONIA. – Und die Abwehrschlacht gegen die Hunnen unter Attila siedelten sie auf den „katalanischen" Feldern an.

Die SARAZENEN waren Seeräuber. Aber nichtsdestoweniger finden sie sich in den Ortsnamen wieder.

Gemeinsam ist diesen Namen und Begriffen ein besonderer, ein religiöser Bedeutungsinhalt, sowie ein Prestigewert.

Bei der Ortsnamengebung spielt die Größe oder die Art des Orts keine Rolle: Ein Gehöft konnte eine ebenso bedeutende Benennung erhalten wie ein Land oder eine Stadt.

Und die trojanische oder vesuvianische Namensgebung war länder- und sprachübergreifend: Kein Winkel Europas entging der einheitlichen Namensgebung – auch keine Sprache.

Der Vesuv, Neapel und Troja haben sich also mit den Sprachen und den Ortsnamen verwoben.

Bei der Namensgebung ist wie am Anfang des Johannes-Evangeliums: Am Anfang war das Wort – oder ein paar Wörter

Die letzteren Aussagen sind nicht ganz richtig: Am Anfang waren nicht die Wörter, sondern die Bilder.

Viele Berge sehen aus wie Vulkankegel. Etliche Flüsse mit ihren Windungen erinnern an Schlangen. Felsformationen in den Bergen sehen aus wie Türme, Festungen, Tierköpfe, Zähne und Elefantenrüssel oder Schnäbel und Körper von Vögeln.

Die alte Menschheit ahmte diese Formen im Grundriß ihrer Siedlungen nach. Also sehen wir in alten Burgen Figuren und manchmal ganze Erdzeichnungen mit menschlichen Porträts oder Körperteilen und Formen der verschiedensten Tiere, von Fischen über Schwäne bis hin zu Reihern, Muscheln und sogar exotischen Lebewesen wie Krokodile und Nilpferde. – Auch Sternbilder wurden auf der Erde abgebildet.

In den folgenden Kapiteln und in den Namenserklärungen werden diese aufgezählten allgemeinen Sachverhalte mit einer Fülle von Beispielen illustriert.

Die Geographie des Heiligen Lands Kampanien

Wissenschaft ist abstrakt, die Wirklichkeit konkret. Wenn man Neapel erwähnt, so muß man auch jene Stadt betrachten. So erfährt man den Grund, weshalb gerade dieser Name sich so verbreitete.

Wir kennen die große Hafenstadt in Süditalien. In Liedern wird sie besungen; bei Kunstmalern waren der Ort und seine Umgebung ein beliebtes Sujet.

Die bekannteste Sicht auf Neapel ist die von Nordwesten, der Gegend von Posillipo aus. Es war der bevorzugte Standort der alten Maler und ist auch heute bei den Photographen beliebt. Man sieht von dort die Hafengegend mit der Landzunge des Castel dell'Ovo, also der Eierburg. Links davon flankiert ein Berg mit dem Castel Sant'Elmo die Stadt.

Eine Bemerkung in Klammern sei erlaubt: Das Castel dell'Ovo hat nichts mit Eiern zu tun! Der Name ist eine Falschlesung von Castel Nuovo oder Castel Novo = Neuburg, Neuenburg, Neustadt, also Neapel.

Vor allem wird die Sicht auf Neapel von Nordwesten durch den Vesuv im Hintergrund abgeschlossen. Als schöner Kegel zeigt sich der Vulkanberg, welcher seiner Umgebung Schönheit und Fruchtbarkeit leiht, der aber manchmal Tod und Verderben bringt.

Neapel liegt in der Landschaft Kampanien. Und am Fuß des Vesuvs findet sich nicht nur Neapel, sondern auch die verschüttete alte Stadt Pompeji.

Bevor wir weiter Neapel und seine Umgebung schildern, kehren wir zurück zu unseren ersten Beispielen.

Neapel, Troja und Iljum sind als Synonyme aufzufassen und kommen überall vor, wo eine trojanische Sage angesiedelt ist.

Neapel liegt am Fuße des Vesuvs. Also muß dort, wo die Stadt vorkommt, auch der Name des Vulkans zu finden sein.

Damit wird das Thema allgemein: Neapel, Troja, Iljum, Vesuv, Kampanien gehören in den gleichen Begriffszusammenhang. Daher ist ganz Europa, die ganze Alte Welt von solchen Namen überzogen.

Wir erkennen eine trojanisch-neapolitanisch-vesuvianische Ortsnamengebung und versuchen, deren Struktur, Umfang und Bedeutung abzumessen.

Bleiben wir beim Vesuv. Dieser Name kommt so häufig vor wie Neapel oder Troja. Doch die Namensformen des Vulkanbergs sind meistens verschleiert oder abgewandelt.

Die Variationen von gleichen Bezeichnungen erkennt man als sinnvoll. Wenn Neapel nicht ein einzelner Name ist, sondern überall vorkommt, wie wollte man die einzelnen Orte auseinanderhalten?

Nun kann man sich ausreden, daß *Naples* in Florida nachträglich benannt worden ist, ebenso das Land *Nepal* am Fuße des Himalajas oder die Insel *Bali* in Indonesien.

Aber in der Alten Welt, besonders in Europa, muß das gehäufte Vorkommen von gleichen Namen einen Grund haben.

Neapel heißt auf deutsch *Neustadt*. Und wie viele Orte mit *Neustadt* und *Neuenstadt* gibt es?

Im Französischen heißt Neustadt *Neuveville* oder *Villeneuve*. Auch diese Namen sind häufig.

Die neapolitanischen Ortsnamen beschränken sich also nicht auf einzelne Sprachen.

Die einzelnen Begriffe formten sich zu Netzen aus.

Der gemeinsame und gleichzeitige Ursprung der europäischen Ortsnamen ist zu einer Tatsache geworden.

Neapel, Pompeji und der Vesuv führen zum bedeutendsten Sagenkreis am Ende der Vorgeschichte. Hinter der ganzen europäischen Namensgebung steht Troja. Solche Orte kommen überall vor, ausnahmsweise sogar unverändert: In Apulien gibt es eine Stadt *Troia*, in der Champagne ein *Troyes*.

Namen aus diesem Bedeutungskreis bilden Namenlandschaften.

Neapel und der Vesuv liegen in der alten Landschaft Kampanien. Diese Gegend war das ursprüngliche Heilige Land, bevor es von Palästina in der Levante abgelöst wurde.

Die Geographie und die Ortsnamen von Kampanien erklären einen großen Teil der neapolitanisch-trojanisch-vesuvianischen Namensgebung des alten Europas. Also müssen wir jener italienischen Landschaft ein eigenes Kapitel widmen.

Kampanien liegt an einer auffälligen Meeresbucht, dem Golf von Neapel. Dieser hat als Vorgebirge auf der einen Seite das Kap *Misenum*, auf der anderen Seite die Sorrentinische Halbinsel.

Neben Ischia ist dem Golf von Neapel und der Landschaft Kampanien die Insel *Capri* vorgelagert.

Hinter der Bucht liegt dräuend der Vulkan *Vesuv*. Dieser schläft oft viele Jahrzehnte, bis er plötzlich wieder ausbricht und manchmal große Verheerungen in seiner Umgebung anrichtet.

Am Fuße des Vesuvs gibt es eine Stadt mit Namen *Pompeji*. – Westlich davon liegt eine griechische *Neustadt = Neapolis, Neapel.*

Pompeji und Neapel haben Meeranstoß.

Bedeutende Häfen waren ferner *Pozzuoli*, das antike *Puteolis* und der Kriegshafen *Miseno,* das alte *Misenum.*

An Pompeji vorbei fließt der Fluß *Sarno,* lateinisch *Sarnus,* der gleich unterhalb der Stadt in den Golf von Neapel mündet.

Abgeschlossen wird die Ebene von Pompeji im Südosten durch die *Monti Lattari, Montes Lactarii,* die *Milchberge.* Dort gab es einen Ort für Molkenkuren.

Die europäische Geschichte wird erst gegen Ende des 18. Jahrhunderts glaubwürdig. Die älteren Geschichten sind im Grunde alles trojanische Sagen, nach der Blaupause jener Legende gestrickt.

Kampanien wurde wegen seiner Fruchtbarkeit *Campania felix = glückliches Kampanien* genannt. Dort hörte man die Glocken der Viehherden. Der Klangkörper heißt lateinisch *campana* = Kampanien.

Später werden wir von einem anderen heiligen Land, der Insel Sizilien hören: So wie Kampanien den italienischen Namen jener Klangkörper gegeben hat, so Sizilien den deutschen Namen: SICILIAM, *Sicilia* = SCL > CLC = Glocke.

Die „antike", „mittelalterliche" und frühneuzeitliche Geschichte spielen grundsätzlich nur in diesem Küstenland am Golf von Neapel.

Beispielsweise landet der Apostel PAULUS (PLM = (N)PLM = NEAPOLIM, Neapel) auf seiner letzten Reise nicht in Ostia bei Rom, sondern in Pozzuoli (oder in Misenum) in Kampanien.

Der Name *Kampanien* ergibt entvokalisert CMPN oder CNPN. – Da ein P im Wortinnern den Redefluß stört, wird es leicht ausgestoßen. Aus CNPN wird CNN, worin man leicht das Heilige Land CANAAN, *Kanaan* herausliest.

Meergolf heißt lateinisch SIN-US. – Jede Sprache hat eigene Endungen. Aber zwischen *Sin-us* und *Sin-ai* liegt kein Unterschied: Der *Sinai* ist ein Vulkanberg, der an einem Meerbusen liegt.

Mit SION oder ZION ist es das Gleiche; Aus SN ergibt sich ebenfalls *Sinus* oder *Sinai*.

Der Vulkanberg heißt in der Troja-Sage *IDA*. – Das ist das Land ITALIA. Auch das Volk und das Land JUDA stecken drin.

Die Insel *Capri* heißt lateinisch CAPREAM (CPR/M), *Capreae*, was mit *Ziegen-Insel* übersetzt wird.

Es gab einen „römischen" Kaiser namens TIBERIUM (TPRM > CPRM), Tiberius. – Sein Schicksal kann man erraten, wenn man es nicht wüßte: Der Herrscher Tiberius starb auf der Insel Capri (CPR).

Die Ziege, damit die Ziegeninsel Capri selbst hat einen trojanischen Ursprung: CAPRAM = CPRM > S.PRM = SANCTUM PRIAMUM, *sanctus Priamus*, heiliger Priamus.

Priamus war der alte Oberkönig von Troja, im Grunde der Herrgott, was schon die Analyse des Namens verrät: Priamus kommt von lateinisch *primus* = der Erste.

Bei den Ortsnamen wird nicht zu unterscheiden sein, ob hier die Insel im Golf von Neapel oder der heilige Priamus gemeint ist.

In Kampanien haben wir den heilsamen *Milchberg* erwähnt. Dieser heißt lateinisch MONTEM LACTARIUM, *mons lactarius*. – Weil nur Konsonanten zählen, so wurde MONTEM zu MNTM. Ein T ist ein umgestürztes L, das N in der Mitte wurde ausgestoßen. Übrig blieb MLM, was MELLEM, *mellis = Honig* ergibt.

Jetzt versteht man, weshalb Kampanien = Kanaan auch das Land genannt wurde, in dem Milch und Honig fließt.

Der Fluß, welcher durch Kampanien fließt und bei Pompeji ins Meer mündet, heißt *Sarnus* oder Sarno. Der Name ist leicht zu entschlüsseln: S/R(N)M = SANCTAM ROMAM, *sancta Roma* = heiliges Rom.

Neben Neapel und Pozzuoli hatte *Misenum* als Meerhafen eine große, eine trojanische Bedeutung.

Die Griechen, welche auf ihren Schiffen zur Eroberung Trojas auszogen, lichteten ihre Anker von zwei Häfen aus.

Zuerst AULIS. Ein Wort begann in alten Zeiten nie mit einem Vokal; also muß dieser entweder abgestoßen oder durch einen voranzustellenden Mitlaut ergänzt werden.

Wir wählen die zweite Möglichkeit, weil die erste ein zu kurzes Wort ergeben würde. – Wörter mit zwei Konsonanten sind unmöglich.

Dem AULIS = LS stellen wir ein C voran und erhalten CLS = CALAIS, die alte belgische, später französische Hafenstadt.

Das beweist wiederum, daß die Troja-Sage in Frankreich entstanden ist.

MISENUM (MSM), der alte römische Kriegshafen, muß nicht besonders analysiert werden: Die Griechen benützten als zweiten wichtigen Hafen MYKENE (MSM), im östlichen Peloponnes angesiedelt.

Der Vesuv am Golf von Neapel ist der einzige aktive Vulkan auf dem europäischen Festland. – Vielleicht bekam er deswegen eine solche Bedeutung.

Wir kehren zurück zum Vesuv.

Berühmt ist der katastrophale Ausbruch des Vesuvs, welcher die Städte Pompeji und Herculaneum an seinem Fuße zerstörte. Die Eruption wurde von einem „römischen" Schriftsteller namens Plinius dem Jüngeren beschrieben. Und datiert haben die alten Historiographen die Katastrophe in das sagenhafte Jahr „79 AD".

Die Beschreibung von Plinius ist recht genau, wie heutige Vulkanologen herausgefunden haben. – Doch die absurd frühe und genaue Datierung verhöhnt jede Chronologiekritik.

Die erfundene Geschichte vermeldet eine Menge von Vesuv-Eruptionen: 172, 203, 222 – 235, 379 – 395, 472, 505, 512, 536, 685, 787, 968, 1007, 1037, 1049, 1073, 1139, 1150, 1270, 1306, 1347, 1500, 1538, 1631.

Am Interessantesten ist der letztgenannte. Über die Vesuv-Katastrophe von „1631" gibt es nämlich auch gedruckte Flugschriften und Abbildungen. Also muß man annehmen, daß dies der berühmte Ausbruch war.

Das Datum 1631 aber stimmt nicht. Man muß es weit nach vorne verschieben. – Jener Ausbruch ist irgendwann am Beginn der schriftlichen Aufzeichnungen zu sehen. – Der Autor sieht das zu Beginn der 1760er Jahre.

Also kann man nicht schon „um 1750" mit Ausgrabungen auf dem Ruinengelände begonnen haben.

Eine andere Legende ist ebenfalls zu widerlegen: Es wird gesagt, man habe nach einer gewissen Zeit nicht mehr gewußt, wo genau Pompeji lag.

Doch auf alten Karten – zum Beispiel der berühmten Peutinger-Straßenkarte - ist Pompeji an der richtigen Stelle eingetragen.

Die bildlichen Darstellungen zeigen den Vesuv und seine Umgebung vor und nach jener Eruption.

Also ist die Geschichte so zu sehen:

Zu einer bestimmten Zeit - nach der Mitte des 18. Jahrhunderts - wurde das alte Pompeji durch einen Vesuv-Ausbruch zerstört. Bald darauf begann man mit Ausgrabungen.

Fomenko und der Autor widmen Pompeji eine besondere Aufmerksamkeit. Jene Stadt am Fuß des Vesuvs liefert wichtige Anhaltspunkte zum Ende der Antike, zum Beginn der Geschichtszeit und zu den Ursprüngen der heutigen westlichen Religion und Kultur.

Als Ergebnis seiner Überlegungen hält Fomenko das verschüttete Pompeji, das noch heute ausgegraben wird, für eine mittelalterliche Stadt der Renaissance. – Der plinianische Vesuvausbruch ist in die Neuzeit zu setzen.

In der *Matrix* widmet der Autor der Stadt Pompeji und dem Vesuv-Ereignis ebenfalls zwei Kapitel. Denn die ungefähre Datierung der Zerstörung jenes Orts liefert Anhaltspunkte für das Ende der Vorzeit oder den Beginn der Renaissance.

Hier einige Vermutungen:

Der Vesuv und seine zerstörerischen Ausbrüche wurden zum zentralen Teil einer altchristlich-vesuvianischen Religion.

Der Vulkan wurde zu einem heiligen Berg. Diesen verehrte man an seinem Fuß.

Die dortige Stadt wurde zu einem Kultort.

Der Name beweist es. Er ist zusammengesetzt aus POMP + *Iljum*. Der erste Namensteil enthält das griechische *pompé* = (religiöser) Festzug. - Und die Stadt am Fuße des Vesuvs hieß Neapel, Troja oder Iljum.

Als religiöses Zentrum bekam Pompeji den Nimbus eines Wallfahrtsorts, der Besucher aus ganz Europa anzog.

Die prächtigen – man darf ruhig sagen pompösen - pompejanischen Villen mit ihren Mosaiken und Wandmalereien wurden von den bekanntesten Renaissance-Künstlern ausgeschmückt.

Persönlichkeiten wie Caravaggio, Raffael, Tizian und Dürer müssen dort gewirkt haben. Anders sind die verblüffenden Ähnlichkeiten zwischen einigen Werken dieser Maler und den Bildern in Pompeji nicht zu erklären.

Sogar alte Schweizer Künstler müssen in Pompeji gewirkt und dort Anregungen erhalten haben.

Beispielsweise zeigt der Illustrator der Berner Chronik von Justinger – ebenfalls eine fiktive Person, hinter der sich andere Namen verstecken – in einem Bild eine verblüffende Ähnlichkeit mit dem um 1830 entdeckten Alexander-Mosaik aus Pompeji (Pfister: *Die alten Eidgenossen; Die Matrix der alten Geschichte)*.

Ein Wallfahrtsort mußte auch für die körperlichen und sinnlichen Bedürfnisse seiner Besucher sorgen. Pompeji war zur gleichen Zeit eine Bordell-Stadt, ein Sündenbabel.

Diese Feststellung hat sich in den Sprachen erhalten:

Die Syphilis wird im Französischen *mal de Naples* genannt.

Die deutsche Bezeichnung *Lues* = LS > VLS = VOLUSIUS drückt die Herkunft der Krankheit vom Fuß des Vesuvs aus.

Ebenfalls zeigt das Wort *Wollust* seine Herkunft von dem Vulkanberg an.

Sogar das lateinische Wort SYPHILIS > S.PLM = SANCTAM NEAPOLIM, *heiliges Neapel* weist auf die Stadt am gleichnamigen Meergolf hin.

Das alte Christentum vor der Reformation war eine bacchanalische Religion. In Pompeji finden sich kunsthistorische Spuren.

Die Bibel – besonders das Alte Testament – erzählen in einem fiktiven Zeitrahmen auch wahre Begebenheiten.

Die Zerstörung von Pompeji wurde als Strafe Gottes für die Versündigung der Menschen interpretiert. Deshalb gibt es in der Genesis die Geschichte von Sodom und Gomorra.

SODOM (STM) ist als SANCTUM = heilig zu lesen. Und GOMORRA muß man auflösen als h/MORRA (MR > RM). Das ist ROMA, Rom mit einem vorangestellten hebräischen Artikel.

Die ersten Chroniken sehen eine doppelte Katastrophe:

Als Pompeji durch den Vesuv zerstört wurde, habe Rom drei Tage lang gebrannt, vermeldet der Historiograph Sethus Calvisius.

Am Anfang waren die Namen Rom, Neapel, Troja, auch Jerusalem austauschbar. Es gab ein Alt-Rom am Tiber und ein Neu-Rom am Bosporus.

Weitere Fingerzeige gewinnen wir aus den Ortsnamen rund um Pompeji, besonders aus dem Namen des unheilvollen Berges.

Der Vulkan heißt VESUVIUS, *Mons Vesuvius, montem* VESUVIANUM. – Der Name braucht nicht entvokalisiert zu werden. Er stellt ein Beispiel für das andere Prinzip der vesuvianischen Ortsnamenprägung dar.

Manchmal wurden Klarnamen nur verschleiert, nicht durch Entvokalisierung und Umstellung der Konsonanten verändert.

VESUVIANUM hat Nebenformen wie VESULIANUM, VOLUSIANUM, VESEVIUM, BESBIUM, VISTILIUM. Diese führen durch Analyse und wiederholte Aussprache-Variationen zum Klartext:

Hinter *Vesuv, montem* VESUVIANUM steht *montem* SILVANUM, was WALDBERG bedeutet! – Der Fuß des Vulkankegels war früher bewaldet.

Der Vesuv als feuerspeiender Berg galt als heilig.

In der altrömischen Geschichte wird erzählt, daß die Plebejer zweimal von Rom an einen heiligen Berg gezogen seien, um ihre Gleichberechtigung zu erlangen. – Damit war sicher der Vesuv gemeint.

Ebenfalls in der römischen Geschichte gibt es die Legende von dem thrakischen Sklaven Spartakus. Dieser floh mit seinen Kumpanen aus *Capua* an den Fuß des Vesuvs. Dort tarnten sie sich mit Weinlaub.

CAPUAM = CP(L)M > S.PLM, heißt heiliges Neapel oder heiliger Paulus.

Im Grunde spielt die ganze römische Geschichte rund um den Vesuv – wie schon gesagt.

Pompeji lag am Fuße eines zugleich heiligen wie unheilvollen Waldbergs. Dessen Ausbrüche galten in der Vesuv-Religion als Mahnfinger Gottes, sich zum Glauben der Väter zurückzufinden.

Moses predigte seine neue Religion deshalb am Fuße des Vulkanbergs Sinai.

Und die römischen Kaiser, unter denen der Vesuv ausbrach und welche die neue Vesuv-Religion stifteten, waren selbstverständlich Vesuv-Kaiser.

Der bedeutendste dieser Vesuv-Kaiser hieß VESPASIANUS. Der Name stellt eine Verschleierung von VESUVIANUS dar. – Das ist bisher keinem Historiker aufgefallen.

Vespasians Sohn hieß TITUS. Das ist eine verkürzte Namensform aus TITULLUS oder TITULLIUS.

Aber was bedeutet Titullius? – Dazu gilt es eine Parallelität jenes Vesuv-Kaisers zu betrachten. Ein römischer Kaiser kurz vor Titus hieß VITELLIUS = VTL = VSL = VESULIUS = Vesuvius = Vesuv.

Sowohl *Vespasian* wie *Titus* bedeuten also *Vesuv*.

Titus, TITUM (TTM) rückwärts gelesen ergibt die Konsonantenfolge MTT.

Daraus formte der „römische" Geschichtsschreiber Livius den Herrscher METTIUS von Alba.

Auch ALBA bedeutet Neapel: ALBAM: LPN > NPL = NEAPEL.

Nach dem Ende der Herrschaft jenes Mettius soll ebenfalls ein Vulkan ausgebrochen sein. – Das Donnergrollen des Berges hörte man angeblich sogar in Rom.

Es gab noch andere Vesuv-Kaiser, zum Beispiel den römischen *Domitian*, den deutschen *Lothar von Supplinburg* und den biblischen *Jotham*.

Nun das chronologische Argument.

Es ist einleuchtend, daß ein Name wie VESPASIANUS = VESUVIANUS erst geschaffen werden konnte, nachdem der entsprechende Vulkan ausgebrochen war.

Die Namen *Pompeji, Vespasian, Titus, Vitellius* – und auch *Vesuv* – bedingen also das Vesuv-Ereignis, die Zerstörung einer Stadt.

Der Ursprung des Christentums als Vesuv-Religion zeigt sich noch heute an der Bezeichnung des höchsten kirchlichen Würdenträgers.

Der christliche Oberpriester nennt sich *Bischof*, auf französisch *évêque*, italienisch *vescovo*. Von der letzteren Bezeichnung läßt sich die ursprüngliche Bedeutung am leichtesten erschließen: VESCOVO = VSC > VSL = VESULIUM, *Vesuvius*, Vesuv.

Der Bischof ist ein Vesuv-Priester. Aber würde man das zum Beispiel dem Papst – der zugleich Bischof von Rom ist – erklären wollen, würde er es vermutlich entrüstet zurückweisen.

Unsere Terminologie ist noch immer vesuvianisch. Nur hat man den Ursprung vergessen oder will ihn nicht mehr erkennen.

Die Bedeutung des zerstörerischen Vulkanbergs am Golf von Neapel hat die Zeiten überstanden.

Noch immer raucht der Vesuv. Und mit den vesuvianischen Ortsnamen hat der Berg ganz Europa in Beschlag genommen.

Ganz Süditalien mit Sizilien galt als ein heiliges Land.

Der Sagenkreis um Troja

Seit langem beschäftigen sich Forscher mit der Frage, wo denn das berühmte Troja der Sage lag. Aber wer einen bestimmten Ort nennt, befindet sich notwendigerweise auf Abwegen.

Troja liegt überall, so wie der Vesuv überall ist: In allen Ortsnamen, in denen man *Neapel, Vesuv* oder sonstige ähnliche Bezeichnungen herausfindet, ist die erwähnte Sagenstadt und ihre Umgebung gemeint.

Wer einen bestimmten Ort als Troja, Neapel, Rom oder Vesuv bezeichnen will, versteht den Charakter der ursprünglichen Geschichtserfindung nicht.

Große Anstrengungen sind unternommen worden, um einen bestimmten Platz als das Troja der Sage zu beweisen.

Bekanntlich meinen heute viele, Troja liege im westlichen Kleinasien. Der Amateur-Forscher Heinrich Schliemann hat in der zweiten Hälfte des 19. Jahrhunderts dort eine kleine

Ruinenstadt ausgegraben und behauptet, dies sei der Ort von dem der Dichter Homer in seinen beiden Epen spricht.

Schliemanns Ruinenhügel *Hissarlik* war ein antikes Troja oder Iljon - doch nur eines von unzähligen.

Der begnadete Amateur Schliemann aber war besessen davon, daß es nur ein Troja gegeben und er es wiederentdeckt habe.

In diesem Troja im Westen Anatoliens wird noch heute gegraben. Wenn man die Befunde ansieht, so sind diese interessant. Aber es gibt andere antike Ruinenstädte, die Ähnliches oder mehr bieten.

Das scheint auch Schliemann geahnt zu haben. Mit altem Gemäuer und ein paar Bodenfunden kann man auf die Dauer niemanden beeindrucken. Deshalb stieß der Hobby-Forscher nach einiger Zeit auf einen angeblich sensationellen Fund, den Schatz des Priamus.

Irgendwo in einer Mauerecke fand Schliemann eines Tages einen bedeutenden Hortfund mit vielen kupfernen, silbernen und goldenen Gegenständen. Besonders die Goldfunde machten den Ruhm des Schatzes aus: Ohrringe, Ohrgehänge, Armreife, Ringe, Knöpfe, zwei Diademe und als herausragendes Prachtstück eine Saucière aus purem Gelbgold.

Der Goldschmuck war so üppig, daß Schliemann damit seine Frau Sophie behängen konnte und sie so photographieren ließ.

Angeblich habe Schliemann den Schatz heimlich aus dem Osmanischen Reich nach Athen gebracht. Dafür entschädigte er den Sultan mit einer hohen Geldsumme.

Die Wahrheit hinter dem Schatz des Priamus ist anders.

Die goldenen Gegenstände ließ Schliemann bei Juwelieren in Paris herstellen und nach Athen bringen. Sie kamen also nicht nach Kleinasien – schon gar nicht in das vermeintliche Troja.

Und bei der Frage nach dem antiken Ursprung der goldenen Funde langt es, die erwähnte Saucière zu betrachten und zu untersuchen.

Solche Saucen-Schalen sind eine Erfindung des Barocks oder Rokoko, nach der revidierten Zeitstellung ab dem ausgehenden 18. Jahrhundert zu sehen.

Die Saucière zeigt bei der technologischen Untersuchung einen Goldgehalt von 22 Karat. Standardisierte Edelmetallgehalte waren aber erst ab dem Beginn des 19. Jahrhunderts möglich.

Schliemanns angebliches Gold des Königs Priamus zeigt sich als eine plumpe Fälschung seiner Zeit. Doch der Nimbus der Funde, die heute in Rußland liegen, ist ungebrochen.

Das Troja an der Westküste Kleinasiens kann unmöglich die gesuchte Stadt der alten Sage sein.

Als reales Vorbild für die literarische Troja-Geschichte scheint die süditalienische Hafenstadt *Tarent – Taranto* gedient zu haben.

In dem Ortsnamen TARANTUM – TALANTUM (TLTM) steckt der Name ATLANTIS, einer anderen berühmten Sagenstadt.

Ähnlich wie bei Troja, wurde in der ganzen Alten Welt nach Atlantis gesucht. Man vermutete es in Südspanien, im Atlantik und auf Helgoland - um nur einige Orte zu nennen.

Und nicht nur der angeblich altgriechische Dichter Homer hat die Troja-Sage beschrieben.

In den Büchern des Alten Testaments finden wir die Geschichte: Im Buch Richter in den Kapiteln 19 und 20 figuriert die Sage als Kampf zwischen Israeliten und Benjaminiten. Die Letzteren sind dabei die Trojaner und ihre Stadt heißt Gibea (Pfister: *Die Matrix der alten Geschichte*).

In der „Antike" gab es zwei Troja-Romane. Beide Autoren wollen an dem Krieg teilgenommen haben, wobei sinnigerweise der eine auf griechischer, der andere auf trojanischer Seite. Die Schriftsteller verbergen sich unter den Pseudonymen Dictys der Kreter und Dares der Phrygier.

Daneben existieren vier große literarische Ausformungen der trojanischen Sage. Fomenko und der Autor haben sie beschrieben (Pfister: *Die Matrix der alten Geschichte*).

Da gibt es den berühmten lateinischen Text über den Gallischen Krieg, den jeder Gymnasiast im Latein-Unterricht vorgesetzt bekommt. Der Schriftsteller behauptet stolz, Julius Caesar zu sein und die römische Armee gegen die Gallier geführt zu haben.

Das erste Buch des Gallischen Kriegs handelt vom Auszug der Helvetier nach Gallien. Dieser Teil könnte in Bern geschrieben worden sein (Pfister: *Die alten Eidgenossen*).

Für die sagenhafte römische Frühgeschichte gibt es nur einen Autor, Titus Livius. Dieser beschreibt am Ende der Königszeit einen bereits genannten Krieg zwischen Rom und den Tarquiniern – eine voll ausgearbeitete Troja-Version.

Dann ist die Geschichte des Ostgotenkriegs zu erwähnen. Als Schriftsteller des griechisch verfaßten Werkes nennt sich ein Prokop von Caesarea. Dieser ist fast die einzige literarische Quelle für das angebliche tausendjährige Oströmische Reich.

Bei Prokop von Caesarea sind die Ostgoten die Trojaner und die Byzantiner die Griechen.

Bemerkenswert ist, daß Prokop den Ostgotenkrieg am Fuße des Vesuvs enden läßt: Dort sei der letzte König jenes Germanenstamms tapfer kämpfend gefallen, von Speeren durchbohrt.

Der Name des gotischen Anführers war TEJAS, entlehnt von dem unterlegenen Gegenspieler von Julius Caesar: (POM)PEJUS > PEJUS > TEJAS).

Der Ostgotenkönig ist nahe dem Ort gefallen, an dem POMPEJI stand: Die Stadt erlitt das gleiche Schicksal wie der römische Anführer Pompeius und der Gote Tejas.

Die vierte Parallelgeschichte zum Trojanischen Krieg neben Julius Caesar, Titus Livius und Prokop von Caesarea ist der genannte Homer.

Wie bei allen antiken Autoren kennen wir die wahren Männer dahinter nicht, auch nicht deren Herkunft. Doch die meisten Schriftsteller waren Franzosen und Italiener.

Bei Homer können wir ein paar begründete Vermutungen über einen möglichen Autor anstellen.

Im „mittelalterlichen" Griechenland soll es einen französischen Troubadour adeliger Herkunft gegeben haben, den Grafen von Saint-Omer.

Der Name deutet auf eine Stadt in Nordfrankreich. Und aus dem Namen erschließt man mühelos HOMER = SAINT-OMER.

Der sagenhafte französische Graf aus der Umgebung von Athen soll als einziger eine vernichtende Niederlage der Franken gegen die Aragonesen „im 14. Jahrhundert AD" überlebt haben.

Homer = Saint-Omer lebt auch in der griechischen Namenlandschaft weiter: Im nördlichen Peloponnes gibt es einen Ort SANDOMERI.

Der berühmte Homer scheint also Franzose gewesen zu sein. Und er schuf seine Dichtung nicht in Kleinasien, sondern in Westeuropa.

Zudem ist Homers Werk nicht als älteres, sondern als jüngeres literarisches Produkt zu werten. Es ist sicher erst im letzten Viertel des 18. Jahrhunderts entstanden. - Das homerische Griechisch stellt eine Kunstsprache dar, die ein hohes Alter vortäuschen will.

Der Kern der Troja-Sage sei hier kurz wiedergegeben.

Troja war eine mächtige, stark befestigte Stadt am Meer. Der Ort besaß mehrere Häfen und ein Netz von Kanälen. Zudem mündete in der Nähe der Stadt ein bedeutender Fluß namens Skamander ins Meer.

Troja lag in einer Ebene. Und hinter dem Ort lag ein heiliger, aber gefährlicher Waldberg namens *Ida*.

Sieben Tore besaß die befestigte Stadt, entsprechend einer Herrscherreihe von sieben Königen.

Die reiche Handelsstadt Troja wurde zuletzt von dem alten Oberkönig Priamus regiert, dessen berühmteste Söhne Paris und Hektor hießen.

Paris raubte den Griechen die schöne Helena. Das galt als Kriegsgrund.

Ein Friedenskongreß zwischen den beiden Parteien scheiterte.

In einer großen amphibischen Unternehmung zogen die Griechen vor die Gestade Trojas und begannen mit der Belagerung der Stadt.

Viele Gefechte, Schlachten und Verhandlungen folgten, unterbrochen von Turnieren und einem üppigen Lagerleben der Griechen.

In einem Gefecht mit dem Griechen Achilles unterlag der trojanische Königs- und Gottessohn Hektor.

Der Opfertod des trojanischen Helden entblößte Troja vom göttlichen Schutz.

Durch eine List konnten die Griechen schließlich in die Stadt eindringen. Die meisten Einwohner wurden niedergemetzelt und der Ort ging im Feuer unter.

Überlebende Trojaner gründeten im Westen neue Orte, vor allem Rom, und die Geschichte setzte sich fort.

Schon in der verkürzten Nacherzählung springen einige deutliche Elemente der Geschichte heraus:

Die Stadt liegt am Meer, an einem Fluß und am Fuß eines Vulkans.

Der Name der Stadt ist Troja, Iljum oder Neapel.

Der Name Troja enthält die französische Bezeichnung für die Zahl drei, also TROIS, und deutet somit auf die göttliche Trinität.

Der zweite Name, ILJUM oder ILJON, enthält die französische Bezeichnung für Löwe, LION. Die zweitgrößte Stadt Frankreichs nach Paris ist LYON.

Skamander weist wiederum auf Troja: SCAMANDERUM = SCMNTRM > SCTM/TRM = SANCTAM TROJAM = heiliges Troja.

Der Berg hinter Troja heißt IDA. Der Vesuv liegt in ITALIA, Italien.

Oberkönig von Troja ist Priamus. Sein Name leitet sich ab vom lateinischen PRIMUS = der Erste.

Priamus ist ein Gottvater. Unter seiner zahlreichen Nachkommenschaft ragt der Gottessohn HEKTOR hervor. Dessen

Namen enthält lateinisch VICTOR = Sieger, aber wahrscheinlich auch einen Anklang an NECARE, NECATUM = töten, getötet. Wie Jesus Christus und andere Heiland-Gestalten ist er ein moralischer Sieger, wird aber getötet.

Daneben hat Priamus als Sohn PARIS (PRS). Dahinter verbirgt sich PERSIA, Persien.

Die Franzosen bezeichneten sich ursprünglich als Phrygier oder als Perser.

Mit Persien ist ursprünglich Gallien oder Frankreich gemeint. So erklärt sich, weshalb die Hauptstadt jenes Landes PARIS heißt.

Die Griechen sind ebenso Christen wie die Trojaner. Es geht nicht um eine geraubte Frau, sondern um das richtige religiöse Dogma. Der trojanische Krieg verhüllt einen Religionskrieg: Welche Partei vertritt den rechten Glauben?

Die westlichen Christen siegen in der Auseinandersetzung. Aber die unterlegenen Trojaner bescheren dem Westen den Glauben an die göttliche Dreifaltigkeit.

Die Moral der Sage ist auch, daß die Unterlegenen den Sieg davontragen. Die christliche Religion wird geadelt durch den Opfertod des Gottessohns Hektor und der Trojaner.

Troja ging im Feuer unter. - Wurde dieser zerstörerische Stadtbrand von den Griechen gelegt? Oder war es nicht eher eine Eruption des nahegelegenen Feuerbergs, welche den Ort in Schutt und Asche legte?

Hat etwa die Zerstörung von Pompeji durch den Ausbruch des Vesuvs den Anstoß zur Erfindung der Sage gegeben?

Zu Troja gehören ein großes Gewässer, ein Fluß und ein Vulkanberg. – Und wenn der alte Ort durch eine Katastrophe zerstört wird, so baut man eine neue Stadt, auf griechisch *Neapolis*.

Neapel, Troja und der Vesuv gehören zusammen.

Man versteht, weshalb der Autor hier und Fomenko in ihren geschichtsanalytischen Werken so viel über Troja und den Trojanischen Krieg reden. Ohne Neapel, Troja oder Iljum sind die alten historischen Erzählungen nicht zu verstehen.

Umgekehrt stellen die genannten Namen den Schlüssel dar für eine Erklärung der europäischen Orts-, Fluß-, Berg- und Ländernamen. – Sogar die Bezeichnungen der Kontinente, also Europa, Asien, Amerika und Afrika sind eingeschlossen.

Die Troja-Sage wird in die Antike eingereiht. Man findet sie zum Beispiel in Gustav Schwabs berühmter Sammlung *Die schönsten Sagen des klassischen Altertums.*

Damit aber entstand ein Mißverständnis: Die Troja-Sage ist mitnichten antik oder heidnisch, sondern christlich.

Das gilt auch für die anderen angeblich antiken Geschichten.

Beim Sagenkreis von Troja verraten schon die Namen die christliche und westeuropäische Grundlage.

TROJA geht wie schon gesagt zurück auf französisch *trois* = *drei.* Grundpfeiler der christlichen Dogmatik ist die Lehre von der Trinität, bestehend aus Gottvater, Gott-Sohn und dem heiligen Geist.

Der alte König Priamus von Troja ist der Gottvater. Sein ältester Sohn Hektor demzufolge Gott-Sohn.

Die Griechen, die gegen Troja ziehen und es schließlich erobern, sind ebenfalls Christen: GRAECUM = CRC(T)M > CRSTM = CHRISTUM, Christus.

Ihr größter Held Achilles oder Achilleus wurde vom Kentauren CHEIRON = CRM > CR(ST)M, CHRISTUM, Christus im christlichen Glauben erzogen. Er verkörpert die ritterlichen Tugenden des „mittelalterlichen" Westeuropas.

Achilles hat einen Nachfolger in Odysseus oder Ulysses. Beide Namen könnten VESUV enthalten: ACHILLES = (V)LS, ULYSSES = VLS = Volusius.

Die Troja-Sage erzählt also eine christliche Auseinandersetzung. Die Trinitarier unterliegen gegen das griechische Christentum. Die überlebenden Trojaner aber retten das Dogma von der Dreifaltigkeit und bringen es in den Westen.

Griechisch und Latein und andere alte Sprachen

Die Darlegungen über die vesuvianische Ortsnamengebung erfordern auch eine Betrachtung der alten Sprachen.

So wie sich die Geschichte im Dunkel der Vorgeschichte verliert, so der Ursprung der Sprachen. Wir wissen nicht, wie im vorgeschichtlichen Europa gesprochen wurde. Wir wissen auch nicht, welche Völker den Kontinent bewohnten und wie sie sich nannten.

Oft wird von der keltischen Sprache und sogar von einem Keltenvolk im alten Europa gesprochen.

Aber der Begriff Kelten ist wie die anderen Namen erst mit der Schriftkultur aufgekommen. Damit kann man mit der neuen Wissenschaft vom Ursprung der Kultur nichts anfangen.

Dasselbe gilt von den keltischen Sprachen. Man bezeichnet damit westeuropäische Idiome wie Bretonisch, Walisisch, Gälisch und Irisch. Doch auch diese mußten zuerst schriftlich aufgezeichnet werden. – Vor dem Ende des 18. Jahrhunderts war dies nicht der Fall.

Die wenigen „keltischen" Wörter auf Münzen und Metallgegenständen, die zum Vorschein gekommen sind, reichen nicht aus, um eine Sprache zu erschließen.

Was soll zum Beispiel das Wort VATICO, das sich auf sogenannten Keltenmünzen findet? Der Begriff bedeutet lateinisch VATES = Seher.

Oder es gibt die Bronzetafel von Coligny, bei Bourg-en-Bresse in Frankreich gefunden. Der Kalender zählt eine Menge Monate und Tage auf. Zum Beispiel erwähnt er einen Schalttag namens TRINOX SAMONIS.

Der Coligny-Kalender ist interessant, aber auch dunkel.

Eine Sensation stellt das in den 1980er Jahren gefundene Zinktäfelchen von der Engehalbinsel bei Bern dar. Die vier mit griechischen Buchstaben geschriebenen Wörter DOBNO-REDO GOBANO BRENODOR NANTAROR erhellen ein wenig die Vorgeschichte der Schweiz und besonders von Bern (Pfister: *Die Ursprünge Berns*).

Aber man soll die Inschrift von der Engehalbinsel nicht überschätzen: Vier oder besser gesagt sieben Wörter ersetzen keine fast schriftlose Vorgeschichte. – Und datieren läßt sich der Fund auch nicht.

In der jüngeren Vorzeit wurde also mit griechischen Buchstaben geschrieben. Bei dieser Gelegenheit soll auf den banalen, aber wichtigen Umstand hingewiesen werden, daß zuerst ein verbindliches Alphabet geschaffen werden muß, bevor man eine Sprache aufzeichnen kann.

Griechisch scheint die erste geschriebene Sprache gewesen zu sein, die im vorgeschichtlichen Europa verwendet wurde.

Doch den Ursprung jener Sprache soll man nicht in dem Land suchen, das heute Griechenland genannt wird. Es war sicher der Westen, genauer gesagt Gallien.

Und Griechisch wurde nicht gesprochen, sondern nur geschrieben. Es war eine künstlich geschaffene Sprache für den Kult und andere Mitteilungen, eine Art antikes Esperanto.

Später wurde das Griechische vornehmlich im Osten verwendet. Man könnte meinen, es sei als eine Art Kolonialsprache der Kreuzfahrer verwendet worden.

Der Westen scheint bei der Anwendung des griechischen Alphabets Mühe gehabt zu haben. Das beweisen die Rechtschreibfehler auf griechisch geschriebenen alten Wörtern.

Also schuf sich der Westen eine andere Kunstsprache, das Latein. Dieses fußte auf dem Wortschatz, der in Westeuropa verbreitet war, also vor allem dem „Keltischen".

Latein wurde wie Griechisch nie gesprochen. Es diente als Kult- und Inschriftensprache.

Das Lateinische durchdrang die entstehenden nationalen Sprachen Westeuropas. Deshalb sind sich heute Französisch, Italienisch, Spanisch, Portugiesisch und Rumänisch so ähnlich. Man nennt sie die romanischen Sprachen.

Doch der griechische Einfluß, sowohl auf den Wortschatz wie auch auf die Grammatik und Syntax des Lateinischen war bedeutend.

Wie genau das Verhältnis zwischen Latein und Griechisch gewesen ist, läßt sich nicht herausfinden.

P.F.J. Müller in seinem Werk Die *Ursprache* (1815) gibt dem Lateinischen den Vorzug gegenüber dem Griechischen.

Doch die sogenannten klassischen Sprachen, die wir heute vor uns haben, entstanden erst zu Beginn der Schriftkultur, also nach der Mitte des 18. Jahrhunderts, genauer gesagt nach 1760. - Das Latein von Caesar, Tacitus und Cicero, von Ovid, Vergil und Horaz ist eine späte Entwicklung, desgleichen das Griechisch von Herodot, Thukydides, Pindar und Hesiod.

Griechisch galt als Ziersprache. Der christliche Kult im Osten verwendete sie ebenfalls. Auch die slawischen Sprachen übernahmen Einflüsse aus dem Griechischen.

Englisch selbst ist eine deutsch-romanische Mischsprache.

Und die isolierte Stellung des erwähnten Rumänisch läßt nach dem Grund fragen.

Aus der Verteilung und der Art der entstandenen Sprachen werden wir bald ein paar Anhaltspunkte für geschichtliche Entwicklungen vor dem Beginn der wahren Geschichte gewinnen.

Es gilt dabei auch einige Länder und Kulturen außerhalb Europas zu betrachten.

Ägypten soll eine mehrtausendjährige Kultur gehabt haben. Doch von dieser ungeheuerlichen Behauptung bleibt nichts übrig. Neben griechischen und hebräischen Einflüssen trifft man in dem Land am Nil viele französische Sprachelemente an.

Wir bewundern die Pyramiden von Gizeh bei Kairo. Man hielt sie für Grabmonumente. Gizeh enthüllt französisch *gésir* = im Grabe ruhen.

Und die Namen der ägyptischen Pharaonen?

Ramses ist ein Römer, *Thutmosis* enthält Theodosius, *Seth* steht für Sixtus, *Chephren* ist der Chef von Rom und *Sesostris* läßt sich mit allerheiligster Trojaner wiedergeben.

Dazu kommt *Amenophis*, später Echnaton. Amen-Hotep ist zusammengesetzt aus Amen oder Amun und dem aus der Bibel bestens bekannten Joseph.

Der hebräische Name für Ägypten lautet *mi(t)s'rajm*.

Fomenko hat erkannt, daß damit ursprünglich nicht das Land am Nil gemeint ist, sondern ein Land im Westen, das Weströmische Reich.

Die hebräische Bezeichnung für Ägypten läßt sich aufschlüsseln mit MS/RM, also Moses + Rom. – Moses war ein jüdischer Römer, der höchste Beamte unterhalb des Pharaos (PRM = PRIAMUM, Priamus).

Hofmeister heißt auf hebräisch *sar'is* (SRS). Deshalb nennt das Französische die Maus *souris*.

Auch das französische Wort *musaraigne* für Spitzmaus verrät die hebräische Bezeichnung für Ägypten.

Sowohl die Hieroglyphen wie die Keilschrift haben somit nicht jenes hohe Alter, welches ihnen die konventionellen Zeitstellungen zubilligen.

Von der hethitischen Sprache im mittleren Kleinasien wird im nächsten Kapitel gesprochen.

Dann gibt es einige alte Sprachen in Asien. Im heutigen Persien existierte ein Altpersisch und in Indien das berühmte Sanskrit – lateinisch *sanctum scriptum* = heilige Schrift - mit einem eigenen Alphabet.

In Zentralasien wurden Texte des sogenannten Tocharischen gefunden, die vom Wortschatz her ebenfalls nach Europa weisen.

Weil die große Sprachgemeinschaft angeblich von Indien bis Europa reichte, nannte man diese die indogermanische oder indoeuropäische Sprachfamilie.

Es ist richtig, sprachliche Gemeinsamkeiten zu sehen. Aber die Wissenschaft hat daraus falsche Schlüsse gezogen. Getreu der falschen Devise *Ex oriente lux* sah man das Morgenlicht der Kultur im Osten.

Das Gegenteil ist wahr.

Das Alter des Sanskrits wurde maßlos überschätzt. Also vermutete man den Ursprung der indogermanischen Sprachen in Indien.

Dabei stellt das Sanskrit einen Ableger des Lateinischen und Griechischen und vor allem des Slawischen dar. Die Einflußnahme ist umgekehrt. Indien legte sich wie Europa eine eigene Kultsprache zu und verwendete dabei westliche Grundlagen.

Die Kunstsprache Sanskrit ist wohl erst um 1800 entstanden; und geschaffen wurde sie von serbischen und bulgarischen Missionaren.

Es langt, ein paar Sanskrit-Wörter zu analysieren:

Brahma geht zurück auf Priamus; *Kharma* hat seinen Ursprung in lateinisch *carmen* = Gedicht, Lied. - Der Gott *Shiva* ist trojanisch, denn *she'va* oder *shi'va* heißt hebräisch *sieben*. *Krishna* ist Christus – was schon etlichen Forschern aufgefallen ist.

Dazu kommt der Feuergott *Agni*, abgeleitet von lateinisch i*gnis* = Feuer.

Sogar die heilige Dreifaltigkeit existiert in der indischen Religion unter dem Namen *Trimurti*, der Dreiheit aus Brahma, Vishnu und Shiva.

Das angeblich uralte Epos *Mahabharata* erweist sich als eine indische Variante des trojanischen Kriegs. – Der Titel enthält griechisch *mega* = groß und das slawische Wort *rat* für Krieg. – Der Kampf um Troja war bekanntlich ein großer Krieg.

In dem indischen Staatslehrbuch *Arthashastr*a, zu übersetzen als Staatskunst, erkennt man die Gedanken des italienischen Staatsphilosophen Machiavelli.

Auch andere Sanskrit-Texte zeigen in der Analyse, daß sie erst um 1800 entstanden sind:

So gibt es das vedische Gesetzbuch des Manu, das bereits von „Feuer-Gewehren" spricht.

Was wir beim Sanskrit feststellen, gilt auch die angeblich alten Vorläufer-Sprachen Europas: Diese sind als späte Schöpfungen, als bewußte Fälschungen des ausgehenden 18. Jahrhunderts zu entlarven.

Althochdeutsch und Mittelhochdeutsch, das Italienisch von Dante und das Englisch von Shakespeare sind erst im letzten Fünftel des 18. Jahrhunderts entstanden.

Vor der Schriftkultur und dem Buchdruck, die um 1760 begannen, ist keine der heutigen alten und neuen Sprachen nachzuweisen.

Das angeblich klassische Latein und Altgriechisch sind erst um
die letztgenannte Zeit geformt worden.

Wie die Ägypter, so erweisen sich die Babylonier und Assyrer
in der Geschichtsanalyse als junge Völker und Kulturen.

Es gibt zum Beispiel die strengen Gesetze, die einem Ham-
murabi zugeschrieben werden. – Da erinnert man sich an die
Mosaischen Gesetze der Bibel. – Diese angeblich uralten
Schrifttafeln sind also jung.

Und weshalb heißt ein berühmter akkadischer König Sargon? –
Der Name bedeutet *heiliges Aragonien*. Also kann er erst in der
Kreuzfahrer-Zeit entstanden sein.

Das Akkadische, die Sprache der Keilschrift-Texte, verweist
nach Europa. Die Ähnlichkeit mit dem Deutschen dem Jiddi-
schen und dem Hebräischen ist verblüffend:

Jahr heißt auf Akkadisch *jahrka*, der Erbe *erbi*, machen
maachen, Mann *men*, Bruder *brona*, Gemüse *gemisch*, Sams-
tag *shabta*, groß *gora*, zehn *ezra* und die Sonne *schemscha*,
worin man das Hebräische *shemesh* = Sonne erkennt.

Damit aber kommt eine Ahnung hoch: Waren vielleicht Deutsch
und Hebräisch die ältesten Sprachen? – Das wurde von dem
genannten P.F.J. Müller in seiner *Ursprache* schon vor über
zweihundert Jahren vermutet. Aber niemand hat diese These
weiterentwickelt.

Deutsch und Hebräisch

Als der Autor begann, Ortsnamen in der Schweiz zu analysieren, tauchten neben den neapolitanisch-trojanisch-vesuvianischen und christlichen Begriffen auch immer mehr Namen mit
hebräischem Ursprung auf.

Also schuf der Schreiber ein gesondertes Kapitel mit hebräischen Ortsnamen, ohne zuerst nach den Gründen für das

gehäufte Vorkommen von Wörtern aus jener alten Sprache zu forschen.

Aber die Zahl der hebräischen Ortsnamen wurde immer größer.

Und sonderbarerweise finden sich solche Namen nur in deutschen Landen.

Also stellte sich Frage nach dem Ursprung des Hebräischen; ebenfalls nach dem Verhältnis zwischen Deutsch und Hebräisch.

Für die bisherige Wissenschaft ist alles klar: Hebräisch sei die älteste Sprache unseres Kulturkreises, im nahöstlichen Palästina „vor dreitausend Jahren" entstanden, die Sprache des Alten Testaments.

Orthodoxie und Dogmatismus ist der Todfeind der richtigen wissenschaftlichen Erkenntnis. Die hebräische wie die „indogermanische" Philologie sind solche zu Gedankenbeton erstarrte Systeme.

Der Ursprung des Hebräischen ist vollständig neu zu sehen, desgleichen die deutsche Sprache.

Schon Fomenko erkannte richtig in dem angeblich rein hebräischen Namen *Sinai* die lateinische Wurzel *sinus* = Meergolf (von Neapel). Der Sinai ist ein anderes Wort für den Vesuv.

Eine beachtliche Anzahl hebräischer Wörter hat einen lateinischen Ursprung.

Die Namen Sinai und Horeb wurden schon erwähnt.

Der hebräische Friedensgruß heißt *shalom*. Doch wenn man das Wort entvokalisiert, ergibt sich SLM oder SRM. Letztere Konsonantenfolge bedeutet S(anctam) R(oma)M, heiliges Rom. Die Hebräer waren also am Anfang gute Römer und grüßten folglich die heilige Stadt Rom – wo immer man sie sucht.

Das Kernstück der hebräischen Bibel, des Alten Testaments, ist die *tor'ah*, also die fünf Bücher Mose. – In der Bezeichnung erkennt man TROJA. – Warum sollten nicht auch die Hebräer vollständig von der Geschichte jener Sagenstadt geprägt worden sein?

Übrigens läßt sich Hebräer folgendermaßen aufschlüsseln: he/BRM = he/PRM = hebräischer Artikel + PRIAMUS. - Die Hebräer sind Priamus-Leute, also Trojaner oder Römer.

Als zweiter wissenschaftlicher Hinweis ist das Buch des Engländers Joseph Yehuda: *Hebrew is masked Greek* von 1982 zu nennen. Darin beweist jener Autor auf 800 Seiten, was der Titel ausdrückt: Hebräisch fußt auf dem Griechischen, ist also jünger.

Die Ähnlichkeit ergibt sich schon aus dem Vergleich zwischen den Namen des griechischen und hebräischen Alphabets:

Alpha ist *aleph*, Beta *bet*, Gamma *gimel*, Delta *dalet*.

Damit wird die orthodoxe Rangordnung der alten Sprachen auf den Kopf gestellt: Hebräisch ist jünger als Griechisch und jünger als Latein.

Und die hebräische Sprache entstand nicht im heutigen Palästina, sondern in Europa, genauer gesagt in Mitteleuropa, im deutschen Sprachbereich.

Etwa zwei Drittel des alten deutschen Grundwortschatzes sind hebräischen Ursprungs.

Diese Erkenntnis zwingt zu einem vollständigen Umdenken über das Verhältnis zwischen Deutsch und Hebräisch und die Entstehung der beiden Sprachen.

Gleichzeitig konnte der Autor eine Frage beantworten, die er sich schon in der Jugendzeit gestellt hatte:

Deutsch gilt als „indogermanische" Sprache. Das belegen etwa die Worte für Vater: *pater* im Lateinischen, *pitar* im Sanskrit.

Aber gleichzeitig ist der deutsche Wortschatz doch sehr eigenartig. Viele Wörter sind völlig anders als in den romanischen Sprachen.

Irgend etwas stimmt da nicht.

Die offizielle Wissenschaft weiß natürlich Antwort auf die Eigenständigkeit des Deutschen und der germanischen Sprachen: Diese sei das Ergebnis von „Lautverschiebungen". Durch diese habe sich das Germanische zuerst vom Indogermanischen, dann vom Germanischen getrennt.

Aber diese Theorie beantwortet nicht des Schreibers Frage: Weshalb sind so viele deutsche Wörter anders als im Romanischen?

Die Romanen sagen *bellus, bello* oder *beau*; die Deutschen *schön*. – Desgleichen sagen die ersteren *castellum, castello* oder *château*; wir aber *Schloß*. – Oder die Romanen blicken in den *caelum, cielo* oder *ciel*; wir aber in den *Himmel*.

Lautverschiebungen wie der Wechsel zwischen P und F kommen auch innerhalb einer Sprache vor. Also lautet das Wort manchmal *pater*, manchmal *Vater* oder *father*.

Warum schweigt die Wissenschaft zu den vielen unterschiedlichen Wörtern zwischen dem Deutschen und den romanischen Sprachen?

Die offizielle Theorie der Sprachentstehung ist ein kolossaler Humbug.

Hier die Lösung:

Der deutsche Wortschatz ist deswegen so unterschiedlich von den anderen Sprachen, weil ein bedeutender Teil der Wörter nicht aus dem „Indogermanischen", sondern aus dem Hebräischen kommt.

Ist Hebräisch älter als Deutsch?

Der Schreiber hält dafür, daß beide Sprachen gleichzeitig entstanden sind.

Und zwar ist am Anfang eine hebräisch-deutsche Mischsprache anzunehmen. Diese war wie alle anderen Sprachen ungefestigt und wurde nicht geschrieben.

Deutsch, Hebräisch, aber auch alle anderen heutigen Kultursprachen – Latein und Griechisch nicht ausgenommen - wurden erst am Anfang der Buchkultur grammatikalisch und orthographisch fixiert.

Wer weiß, wie es geendet hätte, wenn die Entwicklung weiter gegangen wäre? Vielleicht würden die Deutschen heute Hebräisch reden und die Juden das Deutsche als Kultsprache verwenden!

Zu einem gewissen Zeitpunkt hörte der hebräische Einfluß auf das Deutsche auf. Beide Sprachen gingen getrennte Wege. Das Hebräische wurde die Kultsprache der Juden und teilweise auch der Christen, besonders der Protestanten.

Doch eine alte deutsch-hebräische Mischsprache blieb bestehen: das Jiddische, nach Osteuropa verdrängt.

Zur gleichen Zeit als die Reformierten das Alte Testament und damit das Hebräische schätzenlernten, begannen die Entdekkungen und die Gründung europäischer Kolonien in anderen Kontinenten, besonders in beiden Amerikas.

Nun wunderten sich die Forscher, daß die nordamerikanischen Indianersprachen auch hebräische Wörter enthalten.

Die Lösung ist einfach: Englische und schottische Geistliche im späteren 18. Jahrhundert versuchten die Eingeborenen zum Christentum zu bekehren. Dazu brachten sie ihnen die Bibel und neben Englisch auch hebräische Wörter.

Also wurde ein Stamm als IOWA-Indianer bezeichnet. Darin steckt das hebräische *jeho'va* = Gott.

Einen anderen Stamm nannten sie die HURONEN: Wir reden richtig vom Huronengebrüll, denn hebräisch *ha'ron* heißt das Geschrei, das Gebrüll.

Ein großer Indianerhäuptling hieß *Hiawatha*. Der Name ist zusammengesetzt aus dem hebräischen Artikel ha und dem lateinischen Wort *vates*. Jener war also ein großer Seher. Hiawatha gründete den Bund der Irokesen – eine Vorahnung der Vereinigten Staaten von Amerika.

Doch der Name Irokesen ist mitnichten indianisch: Darin steckt *ir*, hebräisch Stadt, Staat und lateinisch *quinque* = fünf. Es war also der Bund der fünf Stämme.

Und auf den Hawaii-Inseln lernten die Eingeborenen ALOHA sagen. Das ist nur schwach abgewandelt das hebräische Wort *eloh'a* = Gott.

Deutsch gehört also nur bedingt zur europäischen Sprachfamilie. Der Wortschatz ist zu einem guten Teil fremdartig, nämlich hebräisch.

Die universitäre Philologie gibt zwar zu, daß es hebräische Wörter im Deutschen gibt.

Pleite machen geht zurück auf *pleth'a* = Rettung durch Flucht, Schmiere stehen auf *shemu'ah* = Wache, einen Reibach machen auf *rib'a* = Gewinn, meschugge auf *meshu'ga* = verrückt.

Die angeführten Beispiele stammen aus dem Rotwelschen, aus der Gaunersprache.

Nun muß man wissen, daß die germanische Philologie von deutschen Professoren des 19. Jahrhunderts geschaffen wurde. Und diese waren zumeist Nationalisten und Antisemiten.

Als diese gelehrten Häupter die vielen hebräischen Wörter im Deutschen feststellten, haben sie einfach die unsauberen Wörter ausgewählt und behauptet, dies sei alles, was aus jener Kultsprache eingeflossen sei.

Das Rotwelsch sei aus Osteuropa, aus der deutsch-jüdischen Mischsprache Jiddisch nach Deutschland gekommen.

Das stellt eine groteske Verdrehung der Befunde dar, bei einer gleichzeitigen Herabsetzung des Judentums und der osteuropäischen Länder. – Der Boden, auf dem der Nationalsozialismus gedieh, war also ideologisch schon lange vorbereitet.

In Tat und Wahrheit stellen die rotwelschen Wörter und Ausdrücke nur einen kleinen Teil der hebräischen Wörter im Deutschen dar.

Hebräischen Ursprungs sind unter anderem die deutschen Wörter: *Arbeit, Bär, beten, betteln, brechen, Brot, Eiche, Erz, Galgen, Gott, gut, Hag, Hagel, Hand, Harz, Haus, helfen, Himmel, Hirn, Hirsch, hören, Honig, Hosen, Hügel, Huhn, Hund, hundert, Hut, Käse, Kuchen, Kummer, Magen, Metzger, Mund, Pilger, Rache, Rauch, rauh, rechnen, schallen, Schelm, schlafen, Schlamm, schlimm, schlürfen, Schloß, Schlüssel, Schmutz, scheinen, Scholle, schwarz, Sod, Vieh, viel, Zinne, Zitze.*

Viele angeblich rein deutsche Wörter sind als hebräisch anzusehen, besonders fast alle Wörter, die mit H und SCH beginnen.

Die hebräische Sprache muß also im deutschen Sprachgebiet entstanden sein. Anders kann man nicht erklären, weshalb es nur in diesem Raum Namen mit hebräischer Wurzel gibt.

Das deutsche Sprachgebiet ist groß, das Entstehungsgebiet des Hebräischen also einzuschränken.

Als Ursprungsgebiet ist Süd- oder Südwestdeutschland anzunehmen, also das Schwabenland oder sogar Helvetien.

Der Autor hält die Gegend rund um Bern für das Entstehungsgebiet der hebräischen Sprache. Dies auf Grund der Verwandtschaft einiger Laute zwischen dem Hebräischen und dem Berner Dialekt, auch wegen der Häufung hebräischer Wörter im gleichen Gebiet.

Zuerst das CHET-Argument:

Das Berndeutsche und das Schweizerdeutsche allgemein kennen einen besonders rauhen Anlaut CH, wie er dem hebräischen Buchstaben *chet* entspricht.

Der Schreiber erwähnt das Beispiel *chuchi* und *chueche* für Küche und Kuchen. Die Wörter gehen zurück auf hebräisch *ko'chav* = Stern, weil Kuchen meistens eine rundliche Form haben.

Dann das CHUTZ-Argument:

Der *Chutz* oder *Chutzen* war ein auf einer Höhe aufgestelltes Warnfeuer, welches bei einem landesweiten Alarm angezündet wurde und so die ganze Landschaft auf eine Gefahr aufmerksam machte.

Chutz(en) ist ein hebräisches Wort: *chuts* bedeutet Draußen. Denn das Wachtfeuer war vor der Hütte des Wächters, unter freiem Himmel aufgestellt.

Das Wort *Chutz, Chutzen* aber gibt es nur im Bernbiet. Im Aargau und in der Ostschweiz wird ein solches Alarmfeuer eine Hochwacht genannt.

Jetzt ist klar: Das Deutsche gehört nur bedingt zu den europäischen Sprachen.

Ein größerer Teil des deutschen Grundwortschatzes ist Hebräisch.

Wie steht es mit dem Rest?

Die Ortsnamenliste im besonderen Teil wird die Antwort geben: Dieser Wortschatz ist aus neapolitanisch-trojanisch-vesuvianischen und römischen Begriffen und Namen geformt.

Peter Franz Joseph Müller in seiner *Ursprache* vor über zweihundert Jahren hatte also teilweise recht: Im Umfeld von Deutsch und Hebräisch liegt mehr an sprachlichem Ursprung verborgen als man annimmt.

Aber wie ist die Entstehung der Verwandtschaft zwischen hebräischen und deutschen Wörtern zu erklären?

Die Entstehung der heutigen europäischen Sprachen verliert sich im Dunkel. Das wurde schon gesagt.

Doch scheint es eine undeutliche vordeutsche oder vorhebräische Sprachgemeinschaft gegeben zu haben, die schwer zu fassen ist, weil nichts aufgezeichnet wurde.

Die ältesten Sprachen Anatoliens und Mesopotamiens liefern uns jedoch ein paar Hinweise.

Zu Beginn des zwanzigsten Jahrhunderts gelang es, eine auf tausenden von Tontafeln überlieferte, in Keilschrift geschriebene Sprache im zentralen Kleinasien zu entziffern.

Das Archiv wurde in der Ruinenstadt Hattuscha im Halys-Bogen entdeckt, welche man für Zentrum des sagenhaften Hethiter-Reichs hielt.

Die verschollene und neu entdeckte Sprache, die dem im Alten Testament erwähnten Hethitern zugeordnet wurde, erwies sich als „indogermanisch" und hat merkwürdigerweise eine Ähnlichkeit mit dem Deutschen – damit auch dem Hebräischen.

Es gibt nur wenige hethitische Wörter, die wir eindeutig zuweisen können: Beispielsweise heißt Schüssel *zuppa*, worin man unsere Suppe erkennt. Und in *teppu* erkennt man unschwer unseren Topf oder die Töpferware.

Dazu kommt ein berühmter Satz der lautet: *Lindan-an de ezzateni, wadarma de ekuteni.* Darin erkennt man das deutsche Wort *essen* und das niederdeutsche und englische Wort *water*.

Wer hat diese Sprache aus dem Westen nach Anatolien gebracht?

Und wie steht es mit dem schon erwähnten sogenannten Keilschrift-Akkadisch im Zweistromland? - Diese Wörter oder diese Sprache kann nur aus dem Westen gekommen sein.

Ein anderer Aspekt kommt hinzu: Der Autor hat festgestellt, daß die geographischen Bezeichnungen Zentralanatoliens eine verblüffende Ähnlichkeit haben mit der Berner Geographie (Pfister: *Die Ursprünge Berns*).

Interessanterweise enthält auch das Kurdische in Anatolien urdeutsche Elemente.

Und zu guter Letzt: Auch das Arabische als „semitische" Sprache ist dem Hebräischen entsprungen.

Eine Synthese aus den Darlegungen über den Ursprung und das Verhältnis der romanischen Sprachen, des Griechischen und Lateins, von Deutsch und Hebräisch, scheint gewagt.

Doch lassen sich folgende Dinge als begründet festhalten.

Es gab zuerst den romanisch-griechisch-lateinischen Sprachraum. In diesem entstand auch die vesuvianisch-trojanischen Begriffe und Namen.

Parallel dazu entwickelte sich eine Art proto-deutsches Sprachsubstrat.

Nach der Mitte des 18. Jahrhunderts entstanden die fixierten Kultursprachen der Romania, sowie das klassische Latein und Griechisch.

Ebenfalls parallel entstand das Deutsche in Auseinandersetzung mit dem klassischen Hebräisch.

Das Slawische bildete sich etwas später aus und übernahm viele Elemente aus dem kirchlichen Griechisch, aber auch aus dem Deutschen oder Hebräischen.

In jedem Fall formten sich die heutigen alten und modernen Sprachen schnell aus. Es war eine Angelegenheit von wenigen Jahren. - Man möchte fast sagen, es dauerte nur Monate.

Von Rom zu Spätrom oder die Entstehung des Abendlands

Die Religion des Abendlandes war das Christentum. Und bevor die „mittelalterlichen" und neuzeitlichen Städte und Staaten entstanden, gab es ein Römisches Reich.

Doch mit den Römern sind wir bereits weit in der geschichtlichen Dämmerung und können nur vage Vermutungen anstellen und undeutliche Entwicklungslinien nachzeichnen.

Und mit dem in unzähligen Werken wiedergegebenen „Verfall und Untergang des Römischen Reiches" bewegen wir uns auf höchst unsicherem Boden.

Ein wichtiger Einschub sei erlaubt: Im Deutschen spricht man von REICH, in den romanischen Sprachen von IMPERIUM.

Wir werden sehen, daß *Reich* ein *Griechen*-Wort ist: Der Sage nach war es das Griechische Reich, welches Troja eroberte.

Die Entstehung der Vesuv-Religion liegt im Dunkel der Vorgeschichte. Aber wir können diese Zeiten doch etwas genauer bestimmen.

Vor etwa dreihundert Jahren hat der Vesuv als Name und Bedeutung sicher schon existiert. In den nächsten Jahrzehnten sind die Bezeichnungen rund um den Vulkan in Süditalien zu allumfassenden und alles prägenden Begriffen geworden.

Vesuvianische Namen kommen überall in Europa vor. Vom Atlantik bis ins Zweistromland, von der Ostsee bis nach Nordafrika stellen wir die gleiche Namensgeographie fest.

Hinter der vesuvianischen Namengebung stand sicher ein großer politischer Zwang, aber auch ein Nachahmungstrieb.

Sofort fragt sich, welches Reich denn in der Morgendämmerung der Geschichte über so viel Macht verfügte.

Ein solches Imperium kann nur das sogenannte Römische Reich gewesen sein. – Das Gebilde hat zu einer gewissen Zeit tatsächlich existiert. Das Römerreich existierte nicht zweitausend Jahre vor heute; es lag unmittelbar vor der historischen Neuzeit.

Erinnern wir uns, daß jenes Heilige römische Reich Deutscher Nation erst 1806 offiziell aufgelöst wurde.

Wir wissen, daß es in diesem spätrömischen Reich einen Kaiserkult gab. Ein römischer Imperator ließ sich als Gott und Herrscher *(dominus et deus)* verehren.

Der erste Herrschertitel war CAESAR, erhalten im Deutschen als Kaiser, im Russischen als Zar.

Jeder Caesar war auch ein AUGUSTUS, ein Mehrer des Reichs, ein verehrungswürdiger Herrscher.

Geistliche und weltliche Macht waren in einer Person vereinigt.

Jenes späte Römerreich war auch schon im ursprünglichen Sinne christlich: Der Kaiser war zugleich Pontifex Maximus, Brückenbauer, also Papst. Als solcher verwaltete er das Erbe des Heilands oder des Erlösers.

Der italienische Autor Francesco Carotta hat im 1999 erschienenen Buch *War Jesus Caesar?* überzeugend dargelegt, wie aus der römischen Herrscher-Ideologie das Christentum entstand.

Der vesuvianische und der christliche Glaube verschmolzen ineinander.

Machtpolitisch ist das späte Römerreich nachher in mehrere Länder zerfallen.

Besonders macht es den Anschein, als ob das Zentrum des Reichs am Rhein lag. Köln, Mainz, Speyer, Trier und Aachen scheinen Hauptstädte gewesen zu sein.

Man darf auch annehmen, daß die Deutsch-Römer am Rhein versuchten, die Länder der Romania im Westen und Süden zu unterwerfen – was nicht gelang. Das könnte der wahre Hintergrund sein für die mißlungenen sogenannten Völkerwanderungen nach England, dem Frankenreich, Spanien, Italien und sogar nach Tunis in Nordafrika.

Aber die grundlegende Ideologie, die christlich-vesuvianisch geprägte Religion blieb und entwickelte sich weiter.

Neben den weltlichen Herrschern entstand das Papsttum mit dem Pontifex Maximus als christlicher Universalherrscher anstelle des universellen Weltherrschers.

Noch heute behauptet der römische Papst, über alle Städte und den ganzen Erdkreis (*urbi et orbi*) zu regieren.

Päpstliche Zentren waren zuerst offenbar die südfranzösischen Städte Arles, Nîmes und Avignon. – Doch auch Ravenna an der Adria ist zu erwähnen.

Die neuen Länder und Reiche Europas setzten die Expansionspolitik des alten römischen Macht- und Gewaltstaats fort.

So entstanden die Kriegszüge Westeuropas gegen das östliche Mittelmeer. Sie tragen den treffenden Namen Kreuzzüge. Die Kriege wurden nun unter dem Zeichen des christlichen Kreuzes geführt.

Die römischen Nationen Westeuropas kolonisierten Unteritalien, Griechenland, die Region um den Bosporus mit Konstantinopel, die westlichen und südlichen Küsten Kleinasiens, Syrien, und Palästina.

Die Landnahme im heutigen Rumänien war dagegen nur kurzfristig, ebenfalls die Herrschaft über das Zweistromland.

Die Eroberung Ägyptens mißlang.

Zur gleichen Zeit begannen die überseeischen Unternehmungen zur Eroberung und Kolonisierung der sogenannten Neuen Welt, die man später Entdeckungen nannte.

Die Entdeckungen in Amerika und Asien waren ein Erfolg für Europa, die Kreuzzüge gegen den Orient hingegen ein Fiasko.

Nach der Mitte des 18. Jahrhunderts eroberten die Türken oder ihre Vorgänger zuerst Konstantinopel, dann Athen später den Peloponnes. Zuletzt beherrschten sie den ganzen Südosten Europas bis zu den Grenzen Polens und der Ukraine. – Sogar Wien wurde einmal von den Türken belagert. Aber das war nicht „1683", sondern vielleicht hundert Jahre später.

Die einzige westliche Stadt in der Levante, Saint-Jean d'Acre (Akkon) an der Küste von Palästina ging nach 1760 an die

Osmanen verloren. – Das Fiasko der Kreuzzüge war offensichtlich geworden.

Auch die ursprünglich eine vesuvianisch-christliche Religion zerbarst. Es entstand ein großer Streit um die richtige Auslegung von der Auffassung Gottes.

Das Judentum und der Mohammedanismus entwickelten einen radikalen Ein-Gott-Glauben.

Die Religionen des Westens hingegen behielten den ursprünglichen römischen Heiland samt einem heiligen Geist.

Aber auch dort führten unterschiedliche Auffassungen zur Abspaltung der Lutheraner und Protestanten und zur Ausbildung von Landeskirchen in England und im Frankenreich.

In Europa selbst löste sich die Romania, also Frankreich, Spanien und Italien von Germanien. England war eine Zeitlang zwischen den Germanen und Franken umstritten und wurde hernach selbständig.

Die wahren Ereignisse lassen sich nur mühsam rekonstruieren.

Beispielsweise bleibt rätselhaft, wie sich in Südosteuropa fremde Sprachen wie das Ungarische und Türkische entwickeln konnten.

Und vereinzelte Sprachen wie das Baskische lassen sich nur schwer einordnen.

Es bleibt dabei: Vor dem letzten Drittel des 18. Jahrhunderts bleibt das sprachliche Bild Europas unbestimmbar.

Die Durchdringung der europäischen Sprachen mit trojanisch-vesuvianischen Namen und Begriffen

Die Geschichtserfinder schufen eine reichhaltige historische und literarische Überlieferung aus dem Nichts.

Ebenfalls bauten die Ortsnamen-Erfinder aus wenigen Elementen das beeindruckende Gebäude der geographischen Namen rund um das Mittelmeer auf.

Die Phantasie und Kreativität jener unbekannten Schöpfer waren staunenswert. Niemand hätte es für möglich gehalten,

Hunderte von Variationen für die Bezeichnungen Neapel, Troja und Vesuv zu erschaffen.

Der Autor sieht in den Ortsnamen den wahren gemeinsamen Wortschatz der alten Völker, ungeachtet der einzelnen Sprachen.

Schon bei der Betrachtung über das Hebräische und das Deutsche haben wir gesehen: Nicht nur die Ortsnamen, auch die Sprachen wurden von denselben Wörtern und Begriffen geprägt.

Am Anfang waren die Zusammenhänge unklar. So hielt der Autor Orts- und Burgnamen wie Liebe(n)fels, Liebefeld und Liebegg zwar für neapolitanisch, aber für nicht gleich mit dem deutschen Wort Liebe und lieben.

Eben doch! Man kann Ortsnamen nicht von gewöhnlichen Wörtern trennen. Neapel und der Vesuv bildeten die Grundlage sowohl für die Wörter der Sprachen wie für die Ortsbezeichnungen.

Neapel, Troja, Iljum, der Vesuv und die anderen paar Dutzend Begriffe, die wir aufzählen, haben die europäischen Sprachen geprägt. Die Sprachgemeinschaft ist das Ergebnis eines gemeinsamen Begriffsschatzes, vor allem der Namen von Orten, Flüssen, Bergen und Ländern.

Also muß hier neben den Ortsnamen auch ein summarischer Überblick über die vesuvianisch-neapolitanischen Wörter in den europäischen Sprachen geboten werden.

Das eingangs genannte deutsche Wort *Liebe* mit dem Verb lieben ist neapolitanisch: LIEBEN = LPN > NPL = NEAPEL. Also hat der Deutsche bei dieser Gemütsbewegung zuerst an Neapel gedacht hat. Wer liebt, der liebt zuerst Neapel.

Bei den Romanen ist der Fall ähnlich: Diese sagen AMARE = MR > RM = ROMA, Rom. Wer liebt, der liebt zuerst Rom. Und sowohl Rom wie Neapel sind heilige Städte.

Gehen wir zurück zu Neapel. In einer eindrucksvollen Anzahl von Wörtern steckt der Name jener Stadt drin:

Affe, Apfel, Ballen, Balm, Beil, bellen, Büffel, Bühl, Bulle, Dampf, Eibe, Feile, Felsen, laben, Laub, Laube, laufen, leben, Leber, Leib, lieben, loben, Nabe, Nabel, Napf, Nebel, Nessel, Nippel, Noppen, Pol, Rabe, Rappe, Sand, Sumpf, taufen, Waffe, Wappen, Weibel, Welpen, Winter, Winzer, Wolf.

Neapel konnte auch den hebräischen Artikel vorangestellt bekommen. Also gibt es die Wörter *Hopfen* = *ha*/(NAP(L) und *Hanf* (H/NP(L).

Auch in der Geschichtserfindung gibt es ein hübsches Beispiel einer solchen Namensbildung, nämlich HANNIBAL = *ha*/NPL. Als Neapolitaner liebte jener angebliche Feldherr bekanntlich ELEFANTEN = LPN > NPL.

Neapel ist überall.

Der gleiche Begriff konnte für Bezeichnungen von unterschiedlichen Dingen verwendet werden. Beispielsweise leiten sich sowohl *Stahl* wie *Stall* von *Sanctum Ilium* (Sankt Ilium) ab.

In den romanischen Sprachen stellt man eine ähnliche Häufung von Neapel-Wörtern fest: Italienisch *nuvola* = Wolke enthält Neapel, auch *nave* = Schiff.

Sogar Möbel wurden neapolitanisch benannt: Französisch *canapé* heißt übersetzt heiliges Neapel, und Italienisch *poltrona* bedeutet Neapel und Troja zusammen.

Das Deutsche scheint mehr neapolitanische Wörter übernommen zu haben, besonders etwa bei den Einzelheiten einer Burg oder Stadt.

Auch der Vesuv findet sich in Wörtern, wenngleich weniger häufig und mit teilweise komplizierter Herleitung.

Den Vulkan-Berg enthalten die Wörter *alt, See, selig, Volk, Wald, welsch.*

Rom hat in der Überlieferung die gleiche Bedeutung oder den gleichen Bedeutungswert wie Neapel.

Sodom und Gomorra zum Beispiel stehen für Neapel und Rom.

Also findet sich auch Rom in Wörtern.

Allgemein bezeichnet die Verwendung von Zement oder Mörtel eine römische Bauweise. Das Ergebnis ist MURUM, *murus*, deutsch Mauer (MR > RM = ROMAM, Rom).

Man denke also bei einer zementierten Mauer zuerst nicht an die alten Römer, sondern an eine Bauweise, die zu einer gewissen Zeit in der jüngeren Vorgeschichte die europäische Baukultur revolutioniert hat.

Mauern brauchte man zur Befestigung einer Burg oder Stadt. Eine solche hatte neben einer Ringmauer vor allem Türme und Tore.

Sowohl TURM = TRM und TOR = TR(M) ergeben Troja, jene Stadt mit sieben Türmen und sieben Toren.

Auch der Vesuv lieh einem Festungs-Element den Namen: WALL (VL) geht darauf zurück. Im Englischen bedeutet jenes Wort Mauer.

Und es wird das angeblich keltische DURUM (TRM) oder DUNUM (TM) herumgereicht, was Stadt oder Burg bezeichnet. – Auch darin steckt Troja.

Die antiken Götter kennen wir nur aus den Namen, die ihnen die Große Namensschöpfung gegeben hat. - Der Gott SATURN (S.TRM) zum Beispiel bedeutet ganz einfach *heiliges Troja*.

Die Konsonantenfolge TRM von TROJAM, Troja ergibt rückwärts gelesen MRT. Daraus wurden die Wörter *Markt*, ursprünglich *mart*, gebildet; aber ebenso die Marter.

Neapel und Troja bezeichnen auch düstere Dinge, welche mit einer gewalttätigen Regierung und Herrschaft verbunden sind.

Die *Marter* wurde eben genannt, auch MORTEM, *mors* = Tod.

Trampeln (TRM + (N)PLM) ist aus Troja und Neapel zusammengesetzt.

Das gleiche gilt für das Wort *foltern* ((N)PL + TRM). – Wir werden dieses Doppelwort in dem Ortsnamen *Affoltern* antreffen.

Schimpfen (S.NP(L)), aber auch *schnappen*, verrät ein heiliges Neapel.

Strafen (S.TR + PN > S.TRM + NPLM) ist aufzuschlüsseln als heiliges Troja und Neapel.

Die Strafen werden von einem SATRAPEN verordnet, einem persischen oder fränkischen Statthalter.

Und wer sich unter Neapels Knute befindet, muß *Steuern* (S.TRM = heiliges Troja) bezahlen.

Auch das romanische Wort *prison, prigione* (PRS) gehört in diesen Zusammenhang: Der strenge Oberkönig Priamus ist *Perser.*

Und wir erfahren jeden Tag etwas über *Politik* und *Polizei,* zwei typische Neapel-Begriffe.

Die letzteren Wörter beweisen, daß die Ortsnamengebung ein gewalttätiger Vorgang war.

Der Gattungsnamen *Tier* = TR(M) selbst ist trojanisch, was Burgnamen wie Tier-Stein belegen.

Als König der Lüfte gilt der *Adler.* Aber dieser Vogel ist eher kaiserlich als königlich: ADLER = TL > TTL enthält TITULLIUS, TITUS.

Neapel steht manchmal sogar gegensätzlich zu Rom:

Der *Winter* (VNT > VNL > NPL) ist eine neapolitanische, der *Sommer* (S.MR > S.RM = heiliges Rom) dagegen eine römische Jahreszeit.

Der *Regen* kommt vom Himmel, genauer gesagt von der Himmelskönigin, lateinisch REGINA COELI.

Die alte vesuvianisch-neapolitanische Ortsnamenschöpfung war religiös geprägt, wie schon ein paar Male gesagt.

Kein Wunder, daß Neapel, der Vesuv und andere besondere Orte des alten Glaubens die Terminologie der nachfolgenden Kirchen und Bekenntnisse prägten.

Neben Rom, Neapel, Avignon muß auch Ravenna an der Adria ein bedeutendes religiöses Zentrum des Altchristentums gewesen sein. Die alten, mit prachtvollen Mosaiken geschmückten Kirchen jener ehemaligen Hafenstadt beweisen es.

Im Alten Testament wird Ravenna ebenfalls genannt. König David soll das ausdrücklich als Wasserstadt (*urbs aquarum*) bezeichnete RABBA erobert haben (2. Samuel, 12, 26 ff.).

Zu einer gewissen Zeit muß Ravenna so bedeutend gewesen sein, daß man den jüdischen Priester fortan einfach den RAVENNATEN nannte.

Wissen die Anhänger der heutigen jüdischen Religion, daß ihr Priester ein Ravennate, ein RABBI(NER) ist?

Die Hafenstadt Ravenna wurde im Deutschen und Englischen zur Bezeichnung für den Anlegeort der Schiffe: Der Name Rabba, mit dem vorangestellten bestimmten hebräischen Artikel ergibt *h/rabba'*. Daraus entstand das englische Wort *harbo(u)r*.

Auch das deutsche Wort *Hafen* geht auf die hebräische Wurzel zurück. Allerdings ist dabei das R ausgefallen, welches sich im Englischen erhalten hat.

In der Normandie heißt ein wichtiger Hafen *Le Havre*.

Das deutsche Wort für Hafen sollte also HARFE oder HARFEN heißen.

Das Musikinstrument *Harfe* geht ebenfalls auf die hebräische Bezeichnung für Ravenna zurück: Ein Hafen hat eine bauchige Form – gleich wie eine Harfe

Die Worte entsprechen sich. Das Klanginstrument heißt englisch *harp*, französisch *la harpe*.

Aus den Wörtern lassen sich manchmal eine Bedeutung und eine Herkunft erschließen.

Das deutsche Wort für ein christliches Gotteshaus ist *Kirche*.

Da gilt es zu wissen, daß der Ort ursprünglich *die Kirch* geheißen hat. Aus KIRCH erschließen wir die Konsonantenfolge CRC. Damit sind die GRIECHEN gemeint. In den ältesten Texten werden sie KRIECHEN genannt.

Daraus ergeben sich zwei interessante Folgerungen:

Das heutige Gotteshaus der Christen ist baulich eine östliche, eine griechische Erfindung.

Die griechischen Kirchen im Westen hatten es zuerst schwer. Die ersten christlichen Kapellen fanden sich im Schutz von römischen Kastellen – in der Schweiz etwa in Kaiseraugst, Zurzach und Irgenhausen. Und am Anfang der

„mittelalterlichen" Städte standen die Kirchen meistens vor den Stadtmauern.

Dann gibt es das deutsche Verb *kriechen*.

Wir ahnen etwas: Für die alten Religionen war der griechische Ritus ungewohnt. Warum sollte man auf die Knie gehen, sich flach auf den Boden legen und sich dort wie eine Robbe bewegen?

Die Merkwürdigkeit drückt die noch heute im Deutschen gängige Redensart *zu Kreuze kriechen* aus.

Die Griechen haben uns aber nicht nur die Kirche, sondern auch den Krieg gebracht:

KRIEG ergibt klar CRCM, also GRAECUM, griechisch. Des Rätsels Lösung ist nicht weit zu suchen:

Am Anfang der Geschichte gab es nur einen, nämlich den Trojanischen Krieg. Und begonnen und zu Ende geführt haben ihn die Griechen, die Kriechen oder *die Kriegen*.

Auch das gängige Wort KRACH (CRC) geht auf den Schlachtenlärm des griechisch-trojanischen Kriegs zurück.

In einem Krieg kann man sterben. Das lateinische und romanische Wort dafür ist MORTEM = MRT > TRM = TROJAM, Troja. - Schließlich wurde Troja am Ende des Krieges erobert und fast alle Bewohner getötet.

Das deutsche Wort TOD (TT) hingegen geht auf TITUS, also Vesuvkaiser zurück: Ein Vulkan spendet Leben. Aber wenn er zürnt und Feuer speit, ist er todbringend.

Gewisse Begriffe der altchristlichen Religion sind komplex und mehrdeutig. Die Analyse fordert viel Überlegung, wie das folgende Beispiel zeigt.

TAURUM, *taurus* heißt lateinisch *Stier*. Dieser floß auch in geographische Namen ein: Im antiken Kilikien im südöstlichen Anatolien gibt es das Taurus-Gebirge. – Der zentrale Teil der österreichischen Ostalpen bilden die Hohen Tauern. Und die Hauptstadt des Piemonts heißt Turin oder Torino.

Das deutsche Wort *Stier* ist als S.TRM zu entvokalisieren. Damit kommen wir zum wiederholten Mal zum lateinischen Wort für heiliges Troja.

In *Stier* erkennt man auch griechisch STAVROS = Marterkreuz (Christi). – Die Anspielung ist bildlich zu verstehen:

Ein Stierkopf mit seinen nach außenstehenden Hörnern ähnelt dem T- Balken eines Marterkreuzes.

Vielleicht daß auch das lateinische Wort ursprünglich mit einem S begann, das dann abgefallen ist.

Mit einem S beginnt auch das deutsche Wort Schlange (S.LANC), aber auch *schlank*. Das ist die heilige Lanze, um die sich jenes Reptil windet.

Den Umfang der Durchdringung der europäischen Sprachen durch die Begriffskreise um Neapel, Troja und den Vesuv ist vielfältig.

Hier müssen ein paar Beispiele genügen.

Wein, lateinisch *vinum*, zeigt schon durch das Anfangs-V seine Herkunft vom Wald- und Weinberg des Vesuvs. – Bekanntlich tarnte sich Spartakus und seine Sklaven am Fuße jenes Vulkans mit den Blättern von Weinreben.

Priamus, der christlich-trojanische Oberkönig von Troja, steht am Ursprung von Wörtern wie *frech, frei, fröhlich, froh* und *Freund* – aber auch von *Frau*, eigentlich Herrin.

Auch *Brunnen* (PRM) geht auf Priamus zurück.

Der gleiche Oberkönig steckt in dem lateinischen Wort für Eisen: FERRUM = PRM = PRIAMUM, Priamus. Der geschätzte Werkstoff war dem Gottkönig gewidmet.

Im Deutschen ist das EISEN (Dialekt: *ise*) dem Gottessohn Jesus zugeordnet.

Weiß heißt auf lateinisch *albus* (LPN). – Darin aber steckt ALBAM (LPN = NPL), Alba, eine Konsonanten-Vertauschung von NEAPEL.

Die Vanille ist ein geschätztes und teures Gewürz. Dieses Prestige findet sich auch im Namen selbst; VANIL = VNL > PNL >

NPL = NEAPEL. – Darauf und auf die Verwendung als Ortsname wurde bereits hingewiesen.

Das romanische Wort *blancus* (deutsch: *blank*) für weiß kommt ebenfalls von Neapel: BLANCUS = PLNC > PLNS > NPLS = NEAPOLIS, Neapel.

Das hebräische Wort *la'van* für weiß hat den gleichen Ursprung: LAVAN = LPN > NPL = NEAPEL.

Sogar die Bezeichnung Vulkan ist vesuvianisch.

Der „antike" Gott des Feuers heißt Volcanus: VULCANUS = VLC > VLS = VOLUSIUS = VESUVIUS.

Und auch das deutsche Wort *Volk* enthält *Vesuv*: VLC > VLS = VOLUSIUS, Vesuvius. – Schließlich konnte es nur ein Volk geben, eben die Leute vom Waldberg.

Nicht von ungefähr soll das „antike" Volk rund um den Vesuv die Osker geheißen haben: OSC > VSC > VSL = VESULIUS, Vesuvius.

In der Schweiz werden wir das OSC in Ortsnamen wiederfinden, die mit *Oesch* beginnen.

Das Wort *Berg* hat einen Bezug zum griechischen und christlichen Begriff Paraklet.

Der letztere Begriff lieferte die Grundlage für *burgum* oder *burgus*, also *Burg*. Eine solche ist also ein Mahnmal des Parakleten.

Aus einer Burg entstand manchmal eine Stadt.

STADT ist aufzulösen als S + TT(M). Das S steht für ein lateinisches SANCTUM, *sanctus*. Und in dem TTM steckt TITUM, Titus oder Titullius, der Vesuvkaiser.

Bei den Lateinern heißt eine Stadt URBEM, *urbs*. – Auch diese Bezeichnung ist neapolitanisch: (V)URBEM > VPRM > NPLM = NEAPOLIM, Neapel. – Also werden wir in der Schweiz Ortsnamen wie *Worb* und *Worben* antreffen.

Eine Stadt liegt meistens an einem Gewässer, wenn nicht an einem See oder Meer, dann an einem *Fluss*, lateinisch *fluvius*.

FLUSS lautet entvokalisert PLS. Wir brauchen nur ein N davor zu setzen und erkennen in der Konsonantenfolge NPLS die Vesuv-Stadt NEAPOLIS.

Es gibt also nur einen Fluß, und der fließt durch Neapel.

Fluss heißt im Serbischen *reka*, etwa in der kroatischen Hafenstadt *Rijeka*, italienisch *Fiume*.

Auch das slawische Wort ist vesuvianisch: REKA (RCM) ist zu ergänzen als GRCM = *Graecum*, griechisch. - Der Begriff bezieht sich auf den trojanischen, den griechischen Krieg.

Das Weichbild der Stadt selbst ist vesuvianisch. In *weich* steckt das lateinische VICUM, *vicus*. Wir lesen die Konsonanten VCM oder VSM und erhalten VESUVIUM, Vesuvius.

Der Bürger wohnt in einem HAUS, im Dialekt *hus* oder *huus* genannt. Daß ein hebräisches Wort dahintersteht, verrät das H am Anfang: *ha'os* heißt auf hebräisch Macht, Zuflucht und Burg.

Die Engländer sagen deshalb zu Recht: *My home is my castle*.

Oberhaupt einer Bürgerstadt in der Schweiz war der SCHULT-HEISS oder SCHULTHESS. Diese Bezeichnung ist ein hebräisches Doppelwort:

SCHULT, das ist das hebräische *shul'chan*, was Tisch bedeutet. Das C im Innern des Wortes ist im Deutschen zu T geworden. - Auch der türkische Würdenträger nennt sich Sultan, nicht „Sulkan".

HEISS geht auf das hebräische Wort *ha'ish* zurück, welches der Mann bedeutet: Der Schultheiß ist ein Mann, ein Herr, der zuoberst am Tisch der Räte sitzt.

Das zweitwichtigste Amt in einer alten Stadt war jenes des Säckelmeisters, also des obersten Finanzbeamten.

SÄCKEL ist leicht zu erkennen als das hebräische *shekel*, das eine Gewichtseinheit, dann eine Münze bezeichnet.

SCHEKEL (SCL) selbst ist ein lateinisches Lehnwort im Hebräischen. Dahinter steht SICILIAM, *Sicilia*, die Kreuzesinsel in Süditalien.

Auch im alten Rom gab es eine Gewichtseinheit, die *sicilicus* genannt wurde.

Eine Stadt schwelgte in ihren Bannern und Fahnen. Also waren auch die obersten Bannerträger, die Venner, geachtete und wichtige Amtsleute.

VENNER ergibt PNR, mit der ursprünglichen Endung L, also PNL. Diese Leute trugen die Fähnlein der Stadt.

Ein Venner (PNL > NPL = NEAPEL) entpuppt sich als neapolitanischer Beamter.

Die hohen städtischen Würdenträger hatten noch andere Gehilfen, die man WEIBEL nannte.

Wenn der Vesuv und Neapel alle Sprachen durchtränkten, machten sie auch vor den Geschlechtsteilen nicht Halt.

Das lateinische PENIS ergibt die Konsonantenfolge PNS, die man zu PNLS ergänzt. Das ist eine anagrammatische Vertauschung von NPLS. – Der Phallus ist schließlich etwas Männliches, etwas Festes – eben mit einer Burg Neapel vergleichbar.

Die romanischen Wörter SAXUM und SEXUM sind etymologisch identisch: Beide Begriffe bezeichnen etwas Festes, etwas Hartes.

Das weibliche Pendant VULVA ergibt als Konsonantenfolge PLP oder NLP. – Auch hier ergibt sich eine anagrammatische Konsonanten-Versetzung, die NPLS = NEAPOLIS, Neapel ergibt.

Die weiblichen Brüste werden TITTEN genannt, weil sie hervortreten und aussehen wie ein Berg von TITUM (TTM), Titus, also ein Vesuv-Berg.

Die Brustwarzen selbst heißen NIPPEL (NPL), weil sie eben fest und stark sind wie eine Burg NEAPEL.

Die Erklärung der alten Ortsnamen ist grundsätzlich simpel. - Weshalb? - Nun, zwischen dem Wallis und Italien gibt es den SIMPLON-Paß: SNPL > S.NEAPEL = heiliges Neapel.

Simplon und *simpel* haben den gleichen Ursprung.

Beispiele für Orts-, Fluss- und Ländernamen in Europa und im Orient

In diesem Buch wird von den Ortsnamen der Schweiz gehandelt. Aber ohne einen Überblick über die Orts-. Fluss- und Ländernamen in ganz Europa, im Orient, in der gesamten Alten Welt geht es nicht.

Diese Namen sind nämlich universell, sie kommen überall in alten Erdkreis vor, drangen sogar in die Neue Welt, nach Amerika, nach Afrika, nach Ostasien und den Pazifik vor.

Die Beispiele sprechen für sich.

Zuerst die Kontinente. Wir nennen Europa, Asien, Afrika, Indien und Amerika.

Wir haben den Ursprungsort der hebräischen Sprache analysiert. Wüßten wir das nicht, so könnten wir den Kontinent erraten: Es ist EUROPA, dessen Namen *ivr'i(t)* = hebräisch, Hebräer enthält.

Mit Asien wurde zuerst die Westküste Kleinasiens bezeichnet. Dabei ist zu bemerken, daß ein Ortsname nicht mit einem Vokal beginnen kann. Man muß einen Konsonanten davorsetzen. Und ein altes I konnte wegen des kurzen Querstrichs auch als L gelesen werden.

Also ergibt sich aus ASIAM, *Asia* die Konsonantenfolge (V)S(L)M = VESULIUM. Jener Kontinent ist also ein Vesuv-Land.

Südlich des Mittelmeers liegt Afrika. Auch dieses Wort beginnt mit einem Vokal. Nur ist dieser hier wegzulassen, womit wir AFRICAM = PRCM lesen. Voll ausgeschrieben erkennt man darin PRCLM, also PARACLETUM, *paracletus*, den Parakleten.

Afrika ist der Kontinent jenes Fürsprechers oder Trösters, der in der alten Religion eine große Rolle spielte.

Den gleichen Namen wie Afrika trägt der Colle d'APRICA, der Verbindungspaß zwischen Südtirol und dem Veltlin.

Und im französischen Departement Aveyron gibt es eine Kleinstadt, welche Saint AFFRIQUE heißt.

Schwer zu schaffen machten dem alten Europa die Seeräuber aus Tunis. Dort wird das antike CARTHAGINEM, *Carthago* angesiedelt. Die alten Römer sollen Karthago in Nordafrika gleichzeitig mit Korinth in Griechenland zerstört haben.

Den gleichen Namen hatte auch der Mönchsorden der Karthäuser.

Karthago scheint zuerst schwer zu deuten. Man muß den Namen zweiteilen.

CRT(M) ist durch ein N zu vervollständigen: CRNTM > CR.NTM = CHRISTUM NATUM; *Christus natus* = Christi Geburt.

Damit erklärt sich auch die griechische Stadt *Korinth* (CRNTM).

Wenn die Römer angeblich „146 vor Christus" zwei weit entfernte Städte gleichzeitig zerstört haben, so beruht das auf einer Verwechslung: Die ersten Schreiber konnten Karthago und Korinth nicht auseinanderhalten.

Im zweiten Wortteil von Karthago erscheint das hebräische Wort *hus*, welches Haus oder Burg bedeutet.

Die düsteren Karthager als seefahrende Nation mit dem Hafen Tunis sind Teil der Geschichtserfindung.

Aber im 18. Jahrhundert waren die seeräuberischen Sarazenen eine furchtbare Plage für die Küsten Südeuropas, von Spanien bis Sizilien.

Die SARAZENEN (SRCM = S.RCM > S.MRT) enthüllen *heilige Marter*, also *heiliges Troja* als Ursprung. – Auch das Wort *Schrecken* könnte von da kommen.

Zwischen Karthago oder Tunis und Ägypten liegt LIBYEN = LPN > NPL, also ein NEAPEL-Land.

Weiter als Asien liegt INDIAM, *India.* – Auch hier setzen wir bei der Entvokalisierung einen Konsonanten davor: VNTM. Revokalisiert ergibt sich hier VENETUM, also die *Veneter*, die Bewohner von Venedig und Umgebung.

Venedig ist ein Neapel-Wort, so gut wie der Groß-VENEDIGER, einer der höchsten Berge Österreichs: Englisch und französisch VENICE ergibt PN(L)S = PENIS, eine anagrammatische

Vertauschung der bekannten Konsonantenfolge NPLS = NEA-POLIS, Neapel.

Und Venedig legte sich auch ein antikes seefahrendes Volk zu: die PHÖNIKIER:

Venedig und Genua waren führende seefahrende Städte. Also verwundert es nicht, daß sie bei ihren überseeischen Entdek-kungen sogar einen Kontinent benannt haben.

AMERICA (MRC) ist leicht als MARCUS, der Stadtpatron von Venedig zu entschlüsseln.

Marokko, MOROCCO (MRC) hat denselben Ursprung desglei-chen Kamerun (CMR > MRC).

Wir gehen von Westen nach Osten einige Ländernamen durch.

PORTUGAL ist gleich wie BURDIGALA, Bordeaux: Das Ästuar des letzteren Ortes ist die Dordogne, bei Portugals Hauptstadt Lissabon der Tajo. Beide Orte sind Hafenstädte und nannten sich PORTUS GALLIAE = Hafen von Gallien.

GALLUS ist der Hahn, der dem Lande Gallien den Namen ge-geben hat. Das ist richtig. Aber das G verbirgt ein umgewandel-tes V. In VALLIA liest man nicht nur das Wort für Tal, sondern auch VLM > VLSM, also VOLUSIUM, eine Variante von VESU-VIUM, Vesuvius.

England und Frankreich gehörten in der jüngeren Vorge-schichte zusammen. Deshalb nennt sich der englische Thron-folger noch heute Prinz von WALES, also VALLIA, *Gallia*.

Im südspanischen Andalusien liegt die bekannte Stadt GRA-NADA (CRNTM)). Evident ist, daß der GRANAT-Apfel die glei-che Etymologie hat. Letztere Frucht ist bekanntlich ein Attribut von Christus.

Nicht nur Granada, auch CANADA (CNTM), hat den gleichen Namensursprung – mit dem einzigen Unterschied, daß bei letz-terem das R ausgefallen ist.

Die Analyse von Granada und Canada führt zum Latein, zu la-teinischen Handschriften und den Abkürzungen, die dort zu fin-den sind.

Die Konsonantenfolge von Granada ist als CRM/NTM = CHRISTUM NATUM zu lesen, wobei in den Manuskripten über den beiden Dreiergruppen je ein Kürzungsstrich stand.

Mit dem Beispiel Granada kann man ferner den Ländernamen *Kärnten* und den Namen des sagenhaften Herzogsgeschlechts der *Zähringer* erklären.

Das *Christum natum* steckt auch im Namen der Römerstadt CARNUNTUM (CR/N(N)TM) an der Donau östlich von Wien.

Auch das vulgärlateinische GRANDIM, *grandis* = groß geht zweifellos auf *Christum natum* zurück. – Schließlich ist die Geburt des Heilands das größte Ereignis, das in der Christenwelt stattgefunden hat.

Englands erfundene Geschichte basiert auf der erfundenen oströmischen, der byzantinischen Geschichte. Die griechischen ANGELOI = Engel gaben der Insel den Namen.

England wird auch ALBION genannt. Der Name enthält ALBANIEN, ein Land nördlich von Griechenland. – Wie in ALBA steckt auch hier Neapel drin.

Die iberische Halbinsel hat den gleichen Namensursprung wie Europa: IBERIAM, *Iberia* = hebräisch *ivr'i*. – Die Spanier haben zu einer gewissen Zeit die Juden aus ihrem Land vertrieben. Sie wußten offenbar warum.

HISPANIAM, Hispania oder ESPANA oder SPAGNA selbst stellt eine durchsichtige Verschleierung dar für VESPANIA, also den Vesuvkaiser VESPASIANUS.

Beiläufig enthält auch das Wort *Wespe*, französisch *guêpe*, jenen römischen Kaiser.

Bei ITALIAM, *Italia* haben die Sprachforscher richtig geraten. Wie üblich ist dem Anfangsvokal ein Konsonant davor zu setzen, also ergibt sich VITALIA. Dies wird als Kälberland gedeutet, in Anlehnung an italienisch *vitello* = Kalb.

Im vesuvianischen Kontext ist Italien das Land des Vesuvs, also des Vesuvkaisers VITELLIUM, *Vitellius*. Dieser galt als kurzzeitiger Herrscher vor Vespasian. Vitellius aber klingt an TITULLIUS = Titus an.

Die Kälber sind Vesuv-Tiere.

Wir dürfen den *Ätna* nicht vergessen. Der Vulkan an der Ostküste der Insel Sizilien ist ebenso bedeutend. Auch der Ätna liegt an einem Meergolf, nämlich dem von Messina. Sein alter Name *Mongibello* enthält MONTEM, *mons*, also Berg und hebräisch *gib'ah* = Hügel, Berg. Der mächtige Ätna war also ein Hügelberg.

Vor der Nordküste Siziliens gibt es den bereits erwähnten Vulkan Stromboli. Auch dieser hatte bei den Alten seine Bedeutung.

Damit kommen wir zu Sizilien. Es ist dies eine heilige Insel, gleichwertig mit der Landschaft Kampanien – und überhaupt mit ganz Süditalien.

Der bekannteste Mann Siziliens im legendären Altertum hieß CICERO. Der Übername des bekannten Feldherrn und Redners CCR > SCL = SICULUM, *Sicilia* weist darauf hin.

Cicero vertrat die Insel gegen den räuberischen Gouverneur *Verres* (VRS = PRS = PERSER).

Cicero war auch einmal Gouverneur der kleinasiatischen Provinz *Kilikien*. – Aber das war eine Verwechslung. Denn KILIKIEN (CLCM) und SIZILIEN (SCLM) sind identische Namen.

Sizilien wurde auch *Trinacria* genannt, was Dreispitz bedeutet. In der Form der Insel wurden aber nicht nur drei Spitzen gesehen.

Das deutsche Wort *Sichel* geht auf Sizilien mit der sichelförmigen Form zurück.

Der weibliche Name *Cäcilia* (CCLM = SCLM) verrät eine Bewohnerin jener Insel.

Glücklich, wer auf Sizilien lebt. Das deutsche Wort *Glück* enthält ebenso den Namen der Insel wie der Klangkörper *Glocke*.

Weshalb wohl hat Friedrich Schiller ein langes Lied von der Glocke gedichtet?

Zwischen Kampanien und Sizilien gab es noch die Länder Kalabrien und Apulien. – Beide Bezeichnungen wurden früher nicht auseinandergehalten: Kalabrien sei der alte Name für Apulien gewesen und umgekehrt.

Viele bedeutende Personen der erfundenen Geschichte sind am Ende ihres Lebens nach Süditalien gezogen, um dort zu sterben. – Neben Cicero waren das Vergil, dann mehrere römische Kaiser wie Augustus, Tiberius und Valentinian.

Später sei der Rom-Eroberer Alarich, genannt der Zorn Gottes, auf dem Weg nach Sizilien in Cosenza in Kalabrien gestorben. Es wird erzählt, daß man den König im Fluss *Busento* (BSNT > BSNT = BYZANTIUM = BYZANZ) begraben habe.

Noch viel später wurde der mittelalterliche Heiland namens Hildebrand, später Papst Gregor VII., aus Rom zu seinem Sterbeort im süditalienischen Salerno geleitet.

Hildebrand, genannt der schwarze Christus, ist parallel zu setzen mit Alarich. Das beweist die Analyse des Namens SALERNO = SLRNM > S.ALR(C)M = heiliger Alarich.

Südlich von Salerno gibt es einen Fluss SILARUM, *Silarus*. Auch dieses Gewässer bedeutet *heiliger Alarich*.

Und der letzte aus dem hochmittelalterlichen Herrschergeschlecht der Hohenstaufen, König Konradin, sei auf dem Marktplatz in Neapel geköpft worden.

In der Kreuzfahrerzeit war Sizilien für die nordspanischen Königreiche der wichtigste Stützpunkt auf ihrem Weg nach Griechenland und in den Vorderen Orient.

Die gewaltigen „griechischen" Tempel von Segesta, Selinunt und Agrigent sind das Werk jener spanischen Eroberer - nicht der alten Griechen.

SEGESTA (S.C(R)STM) zum Beispiel bedeutet *heiliger Christus*.

SELINUNTEM (SLM/NTM) enthüllt die *Geburt von Salomon*, sollte also einen Tempel jenes biblischen Königs darstellen.

Die Spanier ließen ihre Namen in mehreren sizilianischen Städtenamen zurück.

Zuerst die *Katalanen*.

An ihre Herrschaft erinnert CATANIA = *Catalonia*.

Vor allem wirkten in Sizilien die *Aragonesen*.

Zuerst soll die Landschaft Aragon *Terraconensis* geheißen haben.

Und neben Aragonien gab es eine Nebenform *Araconensis* und das Volk der *Aragonesen*.

Also erklärt sich RAGUSA in Sizilien und in Dalmatien.

Die bedeutendste „antike" Stadt Siziliens war SYRAKUS, *Siracusa* (S.RCSM). Hier steckt das *heilige Aragonesien* dahinter; ebenso in der spanischen Stadt SARAGOSSA.

Der Ortsname Syrakus erweist sich als „mittelalterlich", nicht „antik".

Dasselbe gilt von der Geschichte des angeblichen griechischen Mathematikers Archimedes: Dieser soll bei der Eroberung von Syrakus durch die Römer einem Soldaten zugerufen haben: „Störe meine Kreise nicht!" – Aber hier haben wir es mit einer christlichen Legende zu tun.

Süditalien besteht also aus Sizilien, APULIEN (PL > NPL = Neapel) und KALABRIEN. - Im letzteren Ländernamen erkennt man CALVARIA, also den Kalvarien-Berg.

Kalabrien erklärt auch mehrere wichtige Begriffe und Namen.

Da gab es in der römischen Geschichte die Revolte des schon erwähnten Spartakus. Dieser thrakische Sklave und Gladiator floh mit den Unterführern Crixus und Oenomaus und Kumpanen aus Capua an den Vesuv und sammelte dort ein Heer.

Später kämpften die Anhänger des Spartakus in Lukanien und Kalabrien gegen die römischen Heere. Aber das Sklavenheer konnte weder nach Norden vordringen, noch nach Sizilien übersetzen. Schließlich wurde es am Fluss Silarus geschlagen. Die Aufrührer wurden wie Jesus Christus ans Kreuz geschlagen.

Die Spartakus-Geschichte ist christlichen Ursprungs und hat mehrere Namen geprägt.

Das lateinische Wort für Sklave ist *servus*.

Doch die europäischen Sprachen übernahmen das Wort SKLA-VEN = S.CLB(R)M > SANCTAM CALABRIAM, heiliges Kalabrien.

Desgleichen nannte sich die Volks- und Sprachgruppe im Osten Europas S(K)LAWEN: Sie waren stolz darauf, die ersten Christen gewesen zu sein.

An Kalabrien und an die Geschichte von Spartakus muß man glauben:

Das deutsche Wort GLAUBEN (CLB(R)M) geht auf jene süditalienische Landschaft zurück.

Unbedingt ist zu erwähnen, daß Italien zwischen zwei trojanischen Meeren liegt:

Sowohl die ADRIA (TRM) wie das TYRRHENISCHE (TRM) Meer enthalten TROJAM, Troja.

Also waren auch die beiden römischen Kaiser der Glanzzeit Trojaner: TRAJANUS und h/TRAJANUS = HADRIANUS.

Bedeutsam ist die Küstenlandschaft gegenüber der Adria, nämlich Dalmatien.

Julius Caesar segelte über das Adriatische, früher das Gallische Meer genannt, nach DALMATIEN.

Jesus – die Parallelgestalt Caesars – überquerte ebenfalls das Galiläische, also das Gallische Meer und landete nach dem Evangelium des Markus, Kapitel 4, in DALMANUTA = Dalmatien.

Viele Ortsnamen enthalten Dalmatien, unter anderem LONDON = (T)LNTM > TLMTM, aber auch die LIMMAT = LMT > (T)LMT = DALMATIAM, Dalmatien.

Das deutsche und englische Wort LAND hat Dalmatien als Hintergrund

Von Dalmatien leitet sich auch das sagenhafte ATLANTIM, *Atlantis* (TLNTM) ab.

Vorbild für Atlantis – aber auch für Troja - war der Hafen von Tarent (TARANTUM = TRNTM > TLNTM). – Dies wurde bereits erwähnt.

Der bedeutendste Fluß Norditaliens ist der PO. Die Kürze des Namens läßt dennoch einen NEAPEL-Fluß erahnen.

Der Po hieß lateinisch ERIDANUS, was Roter Fluß bedeutet. Zur Erinnerung heißt ein unbedeutendes Flüßchen bei Rimini der RUBICON.

Der Po bildete in alten Zeiten die Grenze zu Gallien. Also mußte der legendäre Julius Caesar zuerst den Roten Fluß überschreiten, um in Italien einzudringen.

Der *Eridanus* lieh nachher dem Grenzfluß den Namen, welcher Palästina gegen Osten abschließt: der JORDAN, hebräisch YARDEN.

Im Norden der Adria liegt die Hafenstadt TRIESTE, auf serbisch *Trst* = TRSTM. Das TR verrät Troja, das STM aber SANCTUM. – Auch Dresden in Sachsen bedeutet also *heiliges Troja*.

In Italien regierte nach der Geschichtssage einmal das germanische Volk der Ostgoten.

Die deutsche Heldensage hat ein ehrendes Andenken an deren König Theoderich oder Dietrich bewahrt. Dieser regierte in RABBA = RAVENNA, auf deutsch RABEN oder in VERONA = BERN. Also nennt ihn die Sage Dietrich von Bern. - Seine größte Tat ist der Sieg in der Raben-Schlacht.

Die versprengten Reste der Ostgoten flüchteten an den Alpenkamm, an einen Paß, der danach GOTEN-Hard = GOTTHARD genannt wurde.

Nördlich des Gotthards liegt das Land HELVETIAM, *Helvetia*. Dort siedelte das hebräische Priestervolk, abgeleitet von *ha'le'vi* = der Levi, der Priester.

Die Helvetier bildeten eine noch heute bestehende Schwurgenossenschaft. Lateinisch nennt man Geschworene IURATI. Deshalb heißt der Gebirgszug, der Helvetien von Gallien trennt JURA.

Auch rechts des Rheins wohnten Verwandte der helvetischen Schwurgenossen, die SCHWABEN. Diese benannten sich nach dem hebräischen Wort *shvu'ah* = Schwur.

Das Land rechts des Rheins bis zur Nord- und Ostsee besiedelten die GERMANI, die Germanen. Das G stellt ein umgewandeltes H dar, also den hebräischen Artikel: Jenes Volk waren h/ROMANI, also die Römer.

Wir haben geschlossen, daß jenes undeutlich erkennbare Römerreich zuletzt sein Zentrum in Germanien hatte. Die Germanen waren Römer und wollten als Regenten des Heiligen Römischen Reiches anerkannt werden.

Später nannten sich die Germanen die DEUTSCHEN. In der lateinischen Bezeichnung TEUTONICUM (TTN/CM = TTM) erkennt man wiederum TITUM, also Titus, den Kaiser, unter welchem der Vesuv ausbrach und Pompeji verschüttete.

Im östlichen Germanien entstand das Land PRUSSIAM, *Prussia*, Preußen. Die Entvokalisierung PRS(M) läßt darin unschwer PERSIA erkennen.

Was den Preußen teuer war, konnten auch die Russen gebrauchen. Der Zar nannte sich Kaiser aller REUSSEN (RS). Ein altes Wort muß aus drei Konsonanten bestehen. Also lesen wir PRS: Die Preußen und die Russen haben den gleichen Namensursprung.

Östlich von Rußland liegt das weite Land SIBIRIEN, geographisch zu Asien gehörig. In dem Ländernamen SPRM > S.PRM erkennt man SANCTUM PRIAMUM, heiliger Priamus.

Zwischen Rußland und Preußen liegt (NA)POLONIAM, *(Na)Polonia*, Polen. Dieses ist ein klassisches Neapel-Land.

Der größte Fluß Polens neben der Oder ist die VISTULA, Weichsel, also ein Vesuv-Fluß. Dieser entspringt im Gebirge TATRA (TTRM > TTLM), das auf TITULLIUM, Titullius = Titus zurückgeht.

Und die Hauptstadt des Landes Neapolitanien heißt Warschau (VRS > VLS = VOLUSIUM), folglich mit Vesuv-Stadt zu übersetzen.

Wie die Weichsel fließt auch die Oder in die Ostsee. An ihrer Mündung liegt STETTIN = S.TTM = heiliger Titus, damit heilige Stadt.

POLEN wurde Ende des 18. Jahrhunderts zwischen Preußen, Österreich und Rußland aufgeteilt. – Doch bald nach 1800 kam

Polens Befreier in jenes Land. Er hieß NAPOLEONE, war also ein guter Neapolitaner, mit dem LEONE auch ein Troja-Löwe.

Das Land Böhmen, lateinisch BOHEMIA scheint zuerst hebräisch gewesen zu sein, denn *behem'ah* heißt Vieh. Es wurde von Österreich erobert und katholisch gemacht.

Das Land an der Donau liegt im Osten. Doch Österreich geht wahrscheinlich zurück auf VST = VSL, also VESULIUM, Vesuv. Die Hauptstadt jenes Land heißt Wien, lateinisch VINDO-Bona. – Die Wenden haben wir bereits als Neapolitaner erkannt.

In Österreich ist der Name des Berglands TIROL bemerkenswert. Dieser geht zurück auf hebräisch *tir'ah*, in der Mehrzahl *tirah'ot* oder *tir'ot* = Burg. - Tirol bedeutet also „Burgenland".

Östlich von Italien, jenseits der Meerenge von Otranto, liegt ein zweites klassisches Land. Die Einwohner selbst nennen sich HELLENEN, die Westeuropäer nennen sie GRIECHEN.

Beide Bezeichnungen verraten ein christlich-religiöses Land und Volk:

Die HELLENEN gehen zurück auf *ha'el*, hebräisch der Gott.

Die GRIECHEN (GRC) verraten CHRISTUM, Christus.

Möglicherweise ist der Name GRIECHEN aufzuspalten in CH als Kürzel für Christus und das hebräische *rish'on*, das *erster* bedeutet.

Sowohl der Name Hellenen wie Griechen enthalten also hebräische Wörter. Das verschiebt die Entstehung der altgriechischen Kunstsprache auf die Zeit nach der Mitte des 18. Jahrhunderts.

Schon gesagt wurde, daß das deutsche und slawische Wort KIRCH auf das fromme Land oder Volk im Osten zurückgeht.

Die Griechen waren auch bei den Slawen hochangesehen. Das serbische Wort für Kirche lautet *crkva* (CRC).

Unbedingt müssen einige griechische Landschaften und Städte erwähnt werden, zumal sie Teil der „klassischen" Bildung sind.

Die westlichen Kreuzfahrer teilten sich Griechenland in zahlreiche Länder, Baronien und Grafschaften auf.

ATHENAM, *Athena* beginnt mit einem Vokal. Dieser fordert einen vorangestellten Konsonanten, der abgefallen ist: Aus TNM wird L/TNM. Daraus erschließt man LATINUM, *lateinisch*. Athen war also das Zentrum der Westeuropäer, der Lateiner.

In ATTIKA waren zuerst die Franken dominierend. Später kamen die Katalanen, Navarresen und Italiener.

Der Name ATTICAM, *Attica* fordert wie Athen ein vorangestelltes L – hier in Form eines romanischen bestimmten Artikels. Aus LTCM ergibt sich anagrammatisch ein L/C(TL)M = La CATALONIA, Katalonien.

Die schon erwähnten Katalanen waren Seefahrer. Ihr Hafen war BARCELONA, eine verkürzte Form von PORTUS CATALONIAE.

Wie andere nordspanische Nationen zogen die Katalanen nach Griechenland, nahmen zu einer gewissen Zeit den Franken die Stadt Athen und die Landschaft Attika weg und etablierten dort ihre Herrschaft.

Angeblich im römischen Altertum gab es den schon erwähnten Redner Cicero. Dieser hielt Brandreden gegen CATILINA, also gegen die KATALANEN. - Niemandem ist bisher aufgefallen, daß sich diese Geschichte auf eine Bedrohung Athens im Mittelalter, nicht auf eine Gefahr im antiken Rom bezieht.

Der Peloponnes enthält im zweiten Teil das griechische Wort *nesos* für Insel. Das PELOPS (PLPS > PPLS) jedoch enthüllt ein leicht umgestelltes PAPALIS = päpstlich.

Der Peloponnes war eine Halbinsel des christlichen Glaubens. Dort finden sich nicht nur antike Reste und mittelalterliche Burgen, sondern auch die Ruinen von vier gotischen Klöstern und Kirchen.

Die wichtigste Stadt auf dem Peloponnes war SPARTA. Der römische Rebell SPARTACUS beweist mit seinem Namen, daß er ein Christ war: Dahinter steht das griechische STAVROTIKOS = der Gekreuzigte. Sparta stand also unter dem Zeichen des Kreuzes.

SPARTA (S.PRTM > S.PTRM > SANCTUM PETRUM, heiliger Petrus) ist demnach die Stadt des heiligen Vaters, also des Papstes mit Namen Petrus.

Vom antiken Sparta hat sich nichts erhalten. Aber die mittelalterliche Ruinenstadt MISTRA ist bekannt. Jener Name verrät MISTER = Herr. - Mistra ist Sparta und umgekehrt.

Im nördlichen THESSALIEN (TS > T(R)S = THRAKIEN liegt der mythologisch bedeutendste Berg Griechenlands, der OLYMP = (V)LM + P(L)M, was Vesuv-Stadt bedeutet. – Wo anders als in einem solchen vesuvianisch-neapolitanischen Ort könnten die Götter wohnen?

Die Türken kamen aus Thrakien und eroberten von dort aus Südosteuropa, Konstantinopel, Griechenland, Anatolien, Syrien, Palästina und Ägypten.

Auch die Türken waren zuerst gute Christen: In Thrakien steckt griechisch STAVROS = das Kreuz (Christi).

Später bildeten die Thraker eine eigene Religion aus. Die antike Bezeichnung für das Volk und das Land nördlich von Griechenland drückt es aus: MACEDONIAM, Makedonien. Darin versteckt sich nur leicht verhüllt MAHOMET. Begründer dieses Glaubens war in der Antike König Philipp. Sein Sohn Alexander der Große hat ein großes alexandrinisches oder mohammedanisches Reich erobert.

Das größte Hindernis auf ihrem Eroberungszug bildete für die Thraker oder Türken die Stadt Byzanz oder Konstantinopel. Diese war neben Athen der zweite große Stützpunkt der Franken im Osten.

Angeblich „364 AC" eroberte Philipp von Makedonien Byzanz. – Und weil die Geschichten häufig dupliziert wurden, eroberte ein Herrscher namens Mohammed im Jahre „1453 AD" nochmals die Stadt, damals Konstantinopel genannt, nach dem sagenhaften römischen Herrscher KONSTANTIN der Große.

Der Name Byzanz verweist auf die französischen Ursprünge jener Stadt an der Meerenge zwischen Europa und Asien:

BYZANZ heißt zuerst die französische Stadt BESANÇON am Doubs in der Freigrafschaft.

Der Name Byzanz, Besançon, deutsch *Bisanz*, lateinisch *Vesontio*, besteht aus zwei Teilen: B/SANZIUM. Das B oder V steht für Vesuv, der zweite Teil hingegen läßt klar SANCTUM, heilig erkennen.

Byzanz bedeutet also heilige Vesuv-Stadt.

Den gleichen Namen trägt die schon erwähnte süditalienische Stadt COSENZA, lateinisch *Consentia* > VSNTM = VESONTIO-NEM, *Vesontio*, angeblich die Todesstätte des westgotischen Königs und Rom-Eroberers Alarich.

Weshalb bekam die Stadt am Bosporus den Namen von Besançon in der Freigrafschaft?

Besançon liegt in einer Schleife des Doubs. Der Fluß umgibt die Stadt auf drei Seiten.

Auch die Stadt am Goldenen Horn ist auf drei Seiten von Wasser umgeben.

Was lag für die Franken näher, als den neuen Ort im Osten *Byzance*, Byzanz zu nennen!

Auch Bern hielt sich für ein Byzanz: Die Stadt ist auf drei Seiten von einem Fluß umgeben.

Wir finden viele Beispiele für den Transfer von Namen mit geographischen Ähnlichkeiten von West nach Ost.

Die Geschichte behauptet, daß Konstantinopel einige Jahrzehnte Hauptort eines lateinischen Reichs war. Die Daten stimmen nicht, aber der Inhalt ist richtig.

Der Beweis, daß Konstantinopel oder Byzanz französisch dominiert war, liefern auch wieder Namen der näheren Umgebung.

Die Meerenge zwischen der Ägäis und dem Schwarzem Meer wird BOSPORUS genannt. Das ist mitnichten ein griechisches Wort, sondern eine Folge von zwei Wörtern aus einem französischen Satz:

Um die Meerenge zu überqueren, sagen die Franzosen: *On passe par le détroit* = Man überquert die Meerenge.

Die zwei Wörter PASSE PAR ergeben französisch BOSPORE, lateinisch BOSPORUS.

Gegen die Ägäis hin gibt es eine zweite Meerenge, die Dardanellen, bei der Stadt GALLIPOLIS = Gallier-Stadt.

Die DARDANELLEN, benannt nach dem Helden DARDANUS bilden einen Meeres-Trichter. Dieser erinnerte die Franken an eine ähnliche geographische Eigentümlichkeit in ihrer Heimat: Dort weitet sich nach Bordeaux die DORDO(G)NE zu einem Trichter, einem Ästuar, bevor sich der Fluß in den Atlantik ergießt.

Bei Konstantinopel liegt auf der asiatischen Seite die Landschaft BITHYNIEN. Der Name tönt antik, aber dahinter steht die nordfranzösische Stadt BÉTHUNE bei Lille.

Das alte Anatolien besteht aus einer Unzahl von schön klingenden alten Landschaftsnamen, die sich bei der Analyse als nicht so alt und als konstruiert erweisen.

Dem römischen Herrscher Sulla soll ein gewalttätiger König Mithridates aus PONTUS am Schwarzen Meer zu schaffen gemacht haben. Dieser Name ist eine verkürzte Form aus BORGONTUM > PONTUM.

PHRYGIEN enthält FRIESIEN. Bekanntlich sollen die Phrygier gegen Troja gezogen sein. – Aber in beiden Wörtern steckt PERSIEN.

LYDIEN (LT) ist die Landschaft der Lateiner.

GALATIEN verrät die Gallier.

Der Name der Landschaft KAPPADOKIEN besteht aus zwei Wörtern: lateinisch CAPUT = Haupt und DOCERE = lehren.

Kappadokien war das Land, aus welcher die drei größten griechischen Kirchenväter kamen, nämlich Basilius von Caesarea, Gregor von Nazianz und Gregor von Nyssa. Diese Theologen oder Häupter lehrten den richtigen, den christlichen Glauben.

An der östlichen Südküste liegt KILIKIEN (CLCM > SCLM). Der Name ist gleich wie die der Kreuzesinsel SIZILIEN (SCLM).

Der Redner Cicero verteidigte nicht nur die Sizilianer vor Gericht, er soll sogar einmal Gouverneur der Provinz Kilikien gewesen sein. – Auch der Apostel Paulus kam von dort – von Kilikien oder Sizilien.

Von Kilikien oder Sizilien sind die deutschen Wörter *Glück* und *Glocke* abgeleitet – wie schon gesagt.

PAMPHYLIEN an der Südküste enthält POMPILIUM, *Pompilius*. – Doch dieser Name ist zusammengesetzt; der zweite Teil enthält ILJUM: Der römische Herrscher Pompeius war ein Trojaner.

Die letztgenannte Landschaft und die nördlich anschließenden Gebiete sind merkwürdigerweise auch für Bern interessant: Mehrere Städte dort entsprechen in ihrer Anordnung gewissen Orten zwischen Bern und dem Seeland. – In *Die Ursprünge Berns* geht der Autor auf diesen sonderbaren Sachverhalt ein.

Wenigstens zwei Städte Anatoliens müssen betrachtet werden, da sie auf Schweizer Städte hinweisen.

Mitten in Zentralanatolien, in der Landschaft Phrygien, liegt am Fluß SANGARIUS die Ruinenstadt GORDION oder Gordium.

Dorthin soll Alexander der Große auf seinem Kriegszug von der Südküste her eine Extratour ins Innere Anatoliens unternommen haben.

Die riesige Abschweifung Alexanders ins zentrale Anatolien wird in des Autors Buch *Die alten Eidgenossen* behandelt.

Der Sage nach habe Alexander auf dem Burgberg von Gordion den Knoten einer Wagen-Deichsel durchtrennt und so offiziell dem Perserkönig den Krieg erklärt.

Die Archäologen haben Gordium ausgegraben. Aber einen Burgberg gibt es dort nicht.

Doch Gordion ist Bern, genauer gesagt der Hügel GURTEN = CURTIM, *curtis* = Hof, Königshof, Stadt.

Die Alexander-Sage scheint in Bern erfunden worden zu sein.

Und einen Fluß *Sangarius* gibt es auch im Bernbiet, nämlich den SANGERN-Bach. Aus Sangern (SCRM > SANCTUM ROMAM, heiliges Rom, ist *die Sense*, französisch *La Singine* geworden.

An der Südwestküste Anatoliens liegt die Hafenstadt *Bodrum*. Der heutige Name geht zurück auf die alte Bezeichnung *Petronium*.

Doch in „antiker" Zeit soll die Stadt *Halicarnassus* geheißen haben und war berühmt als Ort eines der sieben Weltwunder, des Grabmals des Sagenkönigs *Mausolos*.

Für einen Ortsnamen ist HALICARNASSUS viel zu lang. Der Wort-Wurm ist aufzuspalten:

Ha/LICARN/NASSUM beginnt mit einem hebräischen Artikel. Und am Ende kommt NEUSS. Das Wort geht auf NOVUS = neu zurück. Es gibt ein Neuss am Niederrhein, ein Nancy in Lothringen und ein Neuss = Nyon am Genfersee.

Der mittlere Teil enthält eine Konsonantenfolge LCRN(M). Revokalisiert liest man darin LUZERN (Lucerna). – Der Städtename geht zurück auf LUTERUM = LUTHER.

Nach der Geschichtssage ist Alexander der Große auf seinem Zug nach Osten in *Halicarnassus* vorbeigekommen.

Alexanders Parallelität im eidgenössischen Mittelalter ist Karl der Kühne. Dieser kam auf seinem Feldzug gegen die Eidgenossen zuerst nach LAUSANNE: Diese Stadt hat die gleiche Namenswurzel wie Luzern und spielt in der Sage die Rolle von *Halicarnassus*.

Die Sache mit letzterer Stadt hat eine Fortsetzung. Der Name des Königs MAUSOLOS geht auf MASSILIA = MARSEILLE zurück.

Die Verwandtschaft zwischen diesen beiden Städten ergibt sich dabei aus der bauchigen Form des Binnenhafens, der sowohl Marseille wie Bodrum = Halicarnassus gemeinsam ist.

Und monumentale Grabmäler wie jenes des sagenhaften Königs Mausolus – von welchem das Wort Mausoleum abgeleitet ist – gibt es auch im Westen, besonders in Südfrankreich:

In Saint-Rémy in der Provence steht ein Kloster, das Saint-Paul de MAUSOLE heißt. In der Nähe findet sich ein bekanntes römisches Grabmonument.

Der Südküste der Türkei ist CYPRUS (CPR), Zypern vorgelagert, welche an CAPRI (CPR), die Insel des heiligen Landes Kampanien erinnert.

Die Levante, das Ostufer des Mittelmeers, nehmen Syrien, der Libanon und Palästina ein.

Südlich von Palästina beginnt an der Küste des Mittelmeers der Weg nach Ägypten.

Die Franzosen versuchten offenbar mehrmals mit kriegerischen Mitteln zu Lande und zu Wasser das Land am Nil einzunehmen. Diese Bemühungen hatten keinen dauerhaften Erfolg.

Die Ägypter nannten die fränkischen Kreuzfahrer Seevölker und feierten die Siege über sie historisierend auf Reliefs im ägyptischen Medinet Habu.

Etliche geographische Namen Ägyptens sind vesuvianisch. Allem voran die Lebensader des Landes der NIL > (V)NL(S) > NPLS = NEAPOLIS, Neapel.

Und die von den Franzosen verfaßten Chroniken über die Kreuzzüge sprachen von der Eroberung und dem Verlust der Festung Damiette im Nildelta.

Wichtige französische Ortsnamen gibt es schon auf dem Landweg von Palästina nach Ägypten: GAZA enthält *le gazon* = Rasen und die antike Stadt PELUSIUM *la pelouse*, was ebenfalls Rasen bedeutet. Die Küste dort ist von feinem Sand bedeckt.

Die berühmten drei Pyramiden bei Kairo stehen in GIZEH. – Die Analyse verrät das französische *gésir* = im Grabe ruhen. – Man hielt diese kegelförmigen Monumente für Grabmäler.

Den Christen gilt heute Palästina als das heilige Land. Aber dies wurde es erst mit den Kreuzzügen.

Nicht nur die hebräische Sprache, auch die christliche Religion, die biblischen Schriften mit den Legenden und den Schriften der Kirchenväter sind im Westen entstanden.

Beweis dafür ist wiederum ein Ländername:

PALAESTINA geht zurück auf die heutige Kleinstadt PALESTRINA, knappe vierzig Kilometer östlich von Rom.

Die Sache mit Palestrina – Palästina umschließt einen ganzen Bedeutungskreis.

Die hügelige Gegend östlich von Rom sind die Albaner Berge. Das nachmalige Palästina ist ebenfalls eine hügelige

Landschaft, welche die westlichen Besucher an die Umgebung von Rom erinnerte.

Palestrina hieß in „antiker" Zeit Praeneste. Auf dem Stadthügel stand das monumentale Höhenheiligtum der Fortuna. Dieses war ein beliebtes, aber auch viel angefeindetes Kultzentrum.

Praeneste enthält PRIAMUM, Priamus; Palestrina aber PALA-TIUM, Palast. PALESTRINA selbst ist also ein Doppelname: *palatium* + Troja.

Sowohl der römische Herrscher Sulla im Altertum wie Papst Bonifaz VIII. im Mittelalter hätten aus einem großen Haß heraus die geweihten Stätten von Praeneste – Palestrina zerstört.

Auch in Palästina gab es etliche Heiligtümer auf Höhen: das Herodion bei Bethlehem, der Berg Garizim bei Naplus = Neapel und die Bergkette Karmel bei Haifa.

Der bekannte Name CARMEL wird von der Wissenschaft hebräisch erklärt: *kerem'el* = Weinberg Gottes.

Der Autor aber meint, der Name CRML sei als S.RML aufzufassen. In diesem Fall ergibt sich SANCTA RUMELIA, heiliges Rumelien, also das Vorland von Ostrom, von Konstantinopel.

Auf jeden Fall kommt von Carmel das geschätzte *Caramel.*

In Palästina gründeten die christlichen Kreuzfahrer übrigens die einzige Stadt in der Levante:

Die heutige Hafenstadt Akko oder Akkon hat ihren französischen Namen nicht verloren: *Saint Jean d'Acre.* - Gotische Baudenkmäler, besonders der sogenannte Johanniter-Saal, sind erhalten.

Das Alte Testament erzählt von den PHILISTERN (PLST), die in das Heilige Land eingedrungen seien. Jenes Volk aber sind die PALAST-Leute. - Gemeint sind damit die Gefolgsleute der Römischen Kaiser.

Kaiser Diokletian soll den Palast von SPALATO (kroatisch: Split) = S.PLTM = heiliger Palast erbaut haben.

Von PALATIUM sind auch die Wörter *Blatt* und *Blut,* vielleicht auch *Feld* abgeleitet.

Der LIBANON enthält das hebräische *la'van* = weiß. Das Libanon-Gebirge ist bis zu 3000 Meter hoch und zuoberst schneebedeckt. Die Franzosen, die den Libanon erblickten, dachten zuerst an den schneebedeckten Berg in ihrem eigenen Land, nämlich den *Mont Blanc*.

SYRIEN war eine Domäne des französischen Königs, dessen Anrede SIRE lautete. Also ist die Hauptstadt eine königliche Herrenstadt: DAMASKUS, französisch DAMAS = DMS = DOMINUS = Herr.

Östlich von Syrien liegt des SIRE seine zweite Provinz AS-SYRIEN.

Etliche Städte haben sich den gleichen Herren-Namen zugelegt, unter anderem MOSKAU = (D)MSC = DAMASKUS.

Für wenige Jahre habe das Römische Reich unter Kaiser Trajan im Osten seine größte Ausdehnung erreicht. Eine solche läßt sich sprachlich und in den Namen nachweisen.

Schon erwähnt wurde das ROM-Land RUMÄNIEN.

Dann besetzten die Franken oder Franzosen von Syrien aus das Zweistromland. Dieses grenzte an Persien (PRS) und an das ROM-Land ARMENIEN (RM).

Mesopotamien liegt zwischen den Flüssen Euphrat und Tigris. Doch die Namen – und auch die geographische Situation eines Zweistromlands – stammen aus Westeuropa:

Der EUPHRAT hat die gleiche Namenswurzel wie *Europa*: hebräisch *ivr'i(t)*. Gemeint ist damit der EBRO in Katalonien.

Der TIGRIS enthält den lateinischen Namen der Loire: LIGER, *ligris*. Bekanntlich wurde ein L häufig als T gelesen – und umgekehrt. Die Westler sahen im östlichen Zweistromland ihre Heimat wieder.

Im Gebiet des Tigris war damals eine bekannte Raubkatze, der Tiger verbreitet.

Zwei Städte in Mesopotamien beeindruckten die Franken oder Franzosen besonders: Ninive und Babylon.

Beide Städte liegen am Euphrat, beides waren Kultstädte. Und die Mauern und die Architektur jener Orte hatten eine gewisse Ähnlichkeit mit der südfranzösischen Stadt Avignon.

Beispielsweise gleichen sich die Stadtmauern von Avignon und Babylon mit ihren Türmen in verblüffender Weise.

Und das angebliche Weltwunder der hängenden Gärten der Königin Semiramis in Babylon hat sein Vorbild in den auf einem Felsen über der Rhone thronenden Gärten des päpstlichen Palasts von Avignon.

Beiläufig verbirgt sich hinter SEMIRAMIS = S.MRM die heilige Maria, die Himmelskönigin.

Die Berner wollten Avignon nacheifern. Auf dem Weg dorthin sahen sie am rechten Ufer der Rhone das Städtchen Pont-Saint-Esprit. Deren Kirche Saint-Saturnin nahmen sie als Vorbild für ihr Münster.

Und vor dem Münster in Bern wurde gleichzeitig eine monumentale Terrasse mit einer Gartenanlage darauf errichtet. – Damit ahmten die Städter an der Aare die hängenden Gärten von Avignon – oder von Babylon nach.

Nun ist Avignon, mit dem lateinischen Namen AVENNONEM, *Avenno* (VNN) eine besondere Stadt. Sie galt als ursprünglicher Sitz des gallischen Papstes (*papa*, PAPALIS).

Das *Babel* (PPL), *Babylon* am Euphrat bekam seinen Namen also von der Stadt des Papstes in Südfrankreich.

Auch Ninive am Tigris hat eine Ähnlichkeit mit Avignon. Deshalb tragen beide Städte den gleichen Namen: AVENNO (VNN) und NINIVE (NNV > VNN).

Bei den Propheten des Alten Testaments hatten die Städte Babel und Ninive einen schlechten Ruf. Der mag berechtigt gewesen sein. Aber der Haß richtete sich gegen Avignon an der Rhone, nicht gegen ferne Städte im Morgenland.

Der Überblick über die Namensbezeichnungen der Alten Welt ist mehr als summarisch. Ein paar wichtige Flußnamen und Namen von Gebirgen sollen den Rundgang beenden.

Der Rhein war das Rückgrat des römischen Germaniens. Die Altphilologen leiten den Namen des Flusses ab von griechisch *rhein* = fließen.

Aber wir suchen eine Bedeutung aus dem vesuvianischen Umkreis – und entvokalisieren Rhein, lateinisch RHENUM zu RM: Die Lebensader des germanischen Römer-Reiches war folgerichtig ein ROM-Fluß.

In den Rhein ergießt sich auch die AARE (RM) aus Helvetien: Wie der Rhein ist dieser Fluß also römisch benannt.

Bei der Aare sind weitere Bedeutungen zu erkennen.

Die Aare heißt lateinisch ARURAM, *Arura*. – Doch weshalb trägt auch die *Saône* in Burgund den gleichen Namen: ARORAM, *Aror*? – Der Zusammenhang ist schwer zu erklären.

Der andere Name für die Aare ist AROLA. – Hier scheint der große römisch-deutsche Herrscher KARL durch. Der Vierte seines Namens soll Bern besucht haben.

Die RHONE heißt auf deutsch ROTEN oder Rotten, lateinisch *Rhodanus*. Der Fluß ist also rot wie der Eridanus – Jordan – Po in Italien und in Palästina.

Die Hebräer überquerten bei ihrem Auszug aus Ägypten ein rotes Gewässer.

Genau so machten es die hebräischen Helvetier. Diese setzten bei Genf über den Roten Fluß, um ins gelobte Land Gallien = Galiläa zu gelangen.

Die DONAU ist zu entschlüsseln über lateinisch DANUVIUS oder serbisch DUNAVA = TNP. Hier ist wiederum ein T auf den Kopf zu stellen und als L zu lesen: LNP. Unschwer scheint hier in anagrammatischer Vertauschung der Konsonanten NEAPEL durch.

Der linke Nebenfluß der Donau in Ungarn ist die *Theiss*: TS > TRS = TROES oder TROJANUS.

Manchmal sind die geographischen Namen so durchscheinend, daß man eigentlich sofort darauf stoßen sollte. Das ist aber meistens nicht der Fall.

In Belgien gibt es die MAAS. – Erkannte niemand den Namen des biblischen Patriarchen MUSA = MOSES, der sich in dem Flußnamen verbirgt?

Nach der Form MUSA nennen sich die Anhänger der MOSES-Religion die MUSUL-Manen, genauer gesagt eigentlich die Moses-Römer.

Die gleiche Bedeutung steckt in dem Wort MUS/LIM – eigentlich MUS/RIM.

Die Maus (MS) war ein überaus geachtetes Tier in den alten Vorstellungen. Alle drei alten Religionen – Christentum, Judentum und Islam - verehren den Patriarchen Moses als ihren Stifter.

In der Nähe der Maas fließt die MOSEL in den Rhein. Der lateinische Name MOSELLA = Klein Moses sagt, was damit gemeint ist.

VERONA, das bekanntlich Welsch-BERN heißt, liegt an der Etsch, lateinisch ATESTIM, *Atestis* genannt. – Aber der Fluß hat wahrscheinlich einmal SARNO geheißen: Nördlich von Verona, südlich von Rovereto im Trentino, gibt es einen kleinen Ort namens San Bernardo in SARNIS.

Das Gebirge nördlich davon sind die LESSINISCHEN (LSM > VLSM = VOLUSIUM), also die Vesuv-Alpen mit dem Monte PASUBIO = VESUVIO.

Ein paar weitere wichtige Gebirgszüge Europas müssen erwähnt werden.

Die ALPEN kommen von ALBA(M) = LPN = Neapel, sind also eine neapolitanische Gebirgskette.

In den Pyrenäen (PRM) steckt PRIAMUS, der Oberkönig von Troja.

Am atlantischen Ende der Pyrenäen wohnen die Basken. Dieses sind Gebirgsbewohner. Der Name BASKEN > VASC ist gleich wie die Berglandschaft der Vogesen, deutsch auch WASGEN-Wald genannt.

Etwas schwieriger sind die KARPATEN (CRPTM) zu erklären.

Hier muß man das anfängliche C als S auffassen, dann ergibt sich SRPTM = SAREPTAM, Sarepta.

Man kennt aus dem Alten Testament die Begegnung des Propheten Elias mit der Witwe von Sarepta.

Die Witwe von Sarepta wird auch im Neuen Testament erwähnt. Also sind die beiden Teile der Bibel zur gleichen Zeit verfaßt worden.

SAREPTAM ist ein Doppelname: SR oder CR und PTM oder PLM. Es ergibt sich CAESAR und POLIM, *polis* = Stadt.

Sarepta (in der Lutherbibel: *Zarpath*) ist die Kaiserstadt, im Slawischen *Zargrad* genannt. Gemeint ist damit Konstantinopel - für die Ostkirche noch heute das religiöse Zentrum, so wie es Rom am Tiber für die katholische Kirche ist.

Wie Zargrad ist auch die kroatische Hauptstadt ZAGREB, deutsch *Agram* zu erklären.

Und vor allem ist Sarepta in SERBIEN (SRP(T)M) enthalten, einem Vorland von Ostrom.

Sarepta ist bedeutungsgleich mit *Rumelien*.

Bulgarien, das unmittelbar an Konstantinopel grenzt, wurde im späteren 19. Jahrhundert zuerst Ost-Rumelien genannt.

Die ganze Alte Welt ist also durch und durch vesuvianisch benannt.

Aus Zwang und sicher auch aus einem Nachahmungstrieb wollte jeder Winkel nach dem Themenkreis von Neapel und Kampanien benannt werden.

Die Vesuv-Verehrung ging so weit, daß man sogar künstliche Vulkan-Kegel schuf.

Die Burghügel, französisch *mottes* genannt, ahmten häufig solche Bergformen nach.

Doch die MOTTE = MTT > TTM enthüllt TITUM, *Titus*, den wohlbekannten Vesuv-Kaiser.

Bei Bethlehem in Palästina wurde gar ein 60 Meter hoher künstlicher Kegel erbaut, das schon erwähnte Herodion. − Ob wirklich ein Herrscher namens Herodes dieses Vesuv-Bauwerk errichtete, spielt keine Rolle.

Sogar die Verschüttung von Pompeji wurde literarisch nachgeahmt.

An der Ostsee vor Usedom und Wollin soll sich unter dem Meer die versunkene Stadt VINETA = VNTM > NPLM = NEAPOLIM, Neapel finden.

Die Glocken der Kirche von Vineta habe man vor Zeiten bergen können. – Aber Neapel liegt in Kampanien. Doch Glocke heißt lateinisch und italienisch *campana*.

Und im alten Graubünden – heute in Italien gelegen – soll es ein reiches Städtchen namens Plurs – Piuro gegeben haben. Dieses sei ob seiner Sünden durch einen Bergsturz vom *Monte Disgrazia* = Berg des Unglücks verschüttet worden.

Auch von diesem Städtchen habe man danach noch die Glocken der Kirche bergen können.

Im Ortsnamenteil und in dem Buch des Autors *Historische Denkmäler in der Schweiz* wird Plurs als alpines Pompeji behandelt.

Die wissenschaftliche Ortsnamenforschung und ihre Irrwege

Die hier skizzierten Erklärungen des Ursprungs der Sprachen der Alten Welt und ihrer Ortsnamen sind knapp. Aber schon so wird offenkundig, wie sehr sich die neuen Erkenntnisse von den Deutungen abheben, welche uns die bisherige Wissenschaft lieferte.

Das verwundert nicht. Die historisch-philologischen Wissenschaften sind seit langem in Orthodoxie und Dogmatismus gefangen, die offiziellen Lehrmeinungen zu Beton erstarrt. Die staatliche Wissenschaftskirche der Universitäten und Akademien fördern nicht den freien Geist, sondern das Nachbeten von Glaubenssätzen.

Die wissenschaftliche Sprach- und Ortsnamenforschung hat ein gewaltiges Material angesammelt, das aber in falsche

Kategorien gezwängt wird und deshalb nur in Einzelheiten brauchbar ist.

Die universitäre Ortsnamen-Forschung krankt an verschiedenen Irrtümern. Diese seien hier vorangestellt, weil wir ihnen ständig begegnen werden.

Zum ersten ist jene Wissenschaft eine Sklavin der herrschenden Chronologie und Geschichte. Also soll es bereits vor Jahrtausenden Griechisch, Latein und Hebräisch gegeben haben. – Und die heutige Namenlandschaft - zum Beispiel der Schweiz - sei ohne die sagenhafte „Völkerwanderung" nicht zu verstehen.

Dann sucht die universitäre Etymologie nach frühen Namensformen. Diese findet sie in „mittelalterlichen" Urkunden, die zu Tausenden in den Archiven liegen. – Aber diese Dokumente sind wertloses Papier oder Pergament, weil sie erst ab dem letzten Viertel des 18. Jahrhunderts fabriziert wurden und alte Zeiten und Namensformen nur vorgaukeln.

Für Üechtland zum Beispiel vermelden Urkunden unter anderem die folgenden Namensformen: *Ohtlannden, Othlandia, Ohteland, Oechland.*

Bewußt werden hier die unsinnigen Jahrzahlen weggelassen, welche diese auf alt getrimmten „urkundlichen" Dokumente begleiten.

Und vor allem erklärt die universitäre Wissenschaft Ortsnamen beliebig, je nachdem, aus welchem Wörterbuch sich ein passender Sinn ergibt. So entsteht keine Namenlandschaft, sondern ein etymologischer Flickenteppich, unlogisch und absurd.

Die Ortsnamenforscher wenden eine gewaltige Gelehrsamkeit auf, um lächerliche Deutungen wie „Sommerweide", „rauschendes Wasser", „Paßhöhe" und „Vieh-Trift" aus den Namen zu lesen. – Diese Wissenschaftler glauben, die Alten seien Romantiker und Idylliker gewesen, die ihre Ortsnamen an schönen Plätzen ausdachten.

Und *last but not least*: Besonders die deutsche Philologie, Germanistik genannt, ist vollständig abzulehnen. Noch immer ignoriert diese Wissenschaft den dominanten Einfluß des Hebräischen auf den Wortschatz und die Ortsnamengebung.

Stattdessen wird weiter von Lautverschiebungen, von gotischer Sprache, von Althochdeutsch und Mittelhochdeutsch gesprochen.

Ein paar Beispiele aus dem leidigen Kapitel Namensforschung genügen.

Zu Beginn des 20. Jahrhunderts hat der Berner Professor Ferdinand Vetter überzeugend nachgewiesen, daß Bern Deutsch-Verona, die italienische Stadt folglich Welsch-Bern sei.

Die Herleitung ist überlang, und Vetter vertraut ganz auf die erfundene Geschichte und die absurde Chronologie. Trotzdem ist ihm ausnahmsweise ein guter Wurf gelungen.

Natürlich sollte man sich hüten, bei der Erkenntnis Bern = Verona weiter zu fragen. Woher kommen die beiden Städtenamen? Welches ist der gemeinsame Ursprung? Und wie steht es mit den anderen Bern-Namen?

Bei den meisten Wort- und Namenserklärungen machen die orthodoxen Forscher häufig richtige Ansätze, die dann aber nicht zu Ende verfolgt werden. – Ein Denkverbot verhindert das Weiterschreiten zu einer richtigen Lösung.

Jedem Sprachkundigen fällt auf, daß wichtige Wörter wie Vater, Mutter, Sonne, Wein und *neu* in fast allen europäischen Sprachen ähnlich sind. Die Verwandtschaft erstreckt sich bis weit nach Asien, zum Altpersischen, zum indischen Sanskrit und zu ausgestorbenen Sprachen wie dem Tocharischen in Zentralasien.

Doch was bedeuten diese Gemeinsamkeiten der Sprachen der Alten Welt? Sicher ist nur, daß zu einer gewissen Zeit ein starker geistiger und kultureller Zusammenhang zwischen diesen Gebieten bestanden hat.

Den gemeinsamen Wörtern in den verschiedenen Sprachen nachzugehen, ist faszinierend.

Aber die Wissenschaft von der Sprachverwandtschaft ist problematisch. Die Indogermanistik haben wir schon vorher als irriges Konstrukt verworfen.

Was für einen Sinn macht es, aus bestimmten Wörtern" indo-germanische" Wort-Wurzeln herauszudestillieren?

Was soll zum Beispiel ein synthetisches Wortmonster wie *kmtom*, angeblich das Urwort für hundert?

Und wenn in der Folge „indoarische" Reitervölker erfunden werden, die aus den Steppen Asiens über Osteuropa die „indogermanische" Sprache gebracht hätten, so wird der pseudowissenschaftlichen Mythologie gehuldigt.

Die Wörter und Sprachen sind vom Westen nach Osten gewandert, nicht umgekehrt.

Das Deutsche, also die germanischen Sprachen, haben wenig zu tun mit der behaupteten Ursprache. Und die angebliche Ursprache Indiens, das Sanskrit ist nicht die älteste, sondern eine junge Kultsprache.

Um weiterzukommen braucht es einen völlig neuen Ansatz, den wir in den trojanisch-vesuvianischen Wörtern, Namen und Ortsnamen sehen.

Einige Ansätze der bisherigen Ortsnamenforschung kann man gelten lassen.

So haben Forscher wie Hans Krahe und Hans Bahlow schon vor über achtzig Jahren die alteuropäischen Gewässernamen untersucht und dabei gemeinsame Substrate festgestellt.

Es ist richtig, daß die europäischen Flüsse und Bäche gleiche Namenswurzeln haben. Die Frage ist nur, wann diese entstanden sind und welches ihre häufig wiederkehrenden Bedeutungen sind.

Aber bei der Deutung sind die Alteuropa-Forscher aufs Glatteis geraten und lieferten haufenweise haarsträubenden Unsinn.

Beispielsweise erkannten jene Wissenschaftler in Flußnamen wie *Eisack* oder *Isonzo* eine gemeinsame Namenswurzel IS. Diese deuteten sie als indogermanisch „schnell fließend".

Wer ins obere Eisacktal in Südtirol oder an den Oberlauf des Isonzo in Slowenien geht, der sieht doch, wie schnell das Wasser dort den Berg hinunterfließt! – Aber ist das wirklich die Erklärung?

Daß in IS jedoch JESUS steckt, durften die Forscher nicht einmal erwägen, denn die Ortsnamen seien schließlich „uralt", also vorchristlich!

Die überzüchteten historisch-philologischen Wissenschaften haben es fertiggebracht, sogar gute Ansätze zum Absurden zu wenden.

Vor einiger Zeit trug jemand dem Autor ein Buch zu, von dem er annahm, daß es genau zu meiner Sicht der Ortsnamen passe.

Die Rede ist von dem Buch von Theo Vennemann, das mit *Europa Vasconica, Europa Semitica* betitelt ist.

Der Titel ist verlockend: VASCONICUS (VSC) hat klar eine vesuvianische Grundbedeutung. – Und die Semiten, also die Hebräer begegnen uns in Europa überall.

Wie der Autor aber in dem Buch blätterte, verflog seine Neugier im Nu und wich einem Ärger über das düpierte Interesse.

Vennemanns Buch ist ein Schinken von beinahe 1000 (!) Seiten, in einem für normale Leser unverständlichen Wissenschaftsjargon geschrieben; dabei kein homogenes Werk, sondern eine Zusammenstellung von Aufsätzen und Vorträgen.

Eine klare Aussage ist in dem dicken Buch nicht drin. Kein einziges hebräisches Wort wird erklärt. – Ortsnamen mit *Eber*, denen wir bald begegnen werden, leiten sich nach dem Autor von *Eber* ab. – Ist doch klar, nicht wahr?

Die größte Enttäuschung war das Vaskonische: Damit meint Vennemann die Basken, und niemand anderes. Nicht aus dem Orient, sondern aus dem kleinen Baskenland, beidseits der Pyrenäen, sei also die europäische Namenlandschaft geprägt worden!

Die Schweizer Ortsnamen-Forschung ist nicht besser als die übrige.

In der Zwischenkriegszeit hat ein Philologe namens Johann Hubschmied die schweizerischen Ortsnamen untersucht und eine Gesamtschau versucht.

Dabei faszinierte ihn das Keltische als angeblich älteste erhaltene europäische Schriftsprache. Er sah folglich überall in den Ortsnamen keltische Wurzeln.

Der Jura zum Beispiel war für Hubschmied von gallisch *jurowia* = Weide abgeleitet! – Der Mann hat nicht *Jura* studiert, sonst wäre er zu einem anderen Ergebnis gekommen: Jenes Gebirge trennt Gallien vom Gebiet der Schwurgenossen, der *Iurati*.

Auch folgte Hubschmied wie andere einer gelehrten Theorie, wonach die alten Namen auf –ach oder lateinisch –acum im ersten Teil einen „gallorömischen" Personennamen enthielten.

Wir greifen *Wichtrach* heraus. Dieser acum-Ort erinnere angeblich an einen Gutsherrn, der *Victorinus* oder *Victrius* hieß. – In gallorömischer Zeit muß ein unglaublicher Personenkult geherrscht haben!

Die acum-Theorie ist eine gelehrte Spielerei.

Es ist nicht schwer, die Fehler in Johann Hubschmieds Argumentation nachzuweisen.

Das Keltische ist uns in den Rückzugsprachen der Bretagne, von Irland und von Wales erhalten. Und diese sind kaum vor dem Ende des 18. Jahrhunderts aufgezeichnet worden.

Trotzdem hat die Kelten-Interpretation einen gewissen Charme, was den neueren Ortsnamen-Deutungen abgeht.

1977 veröffentlichte der Philologe Peter Glatthard ein Buch *Ortsnamen zwischen Saane und Aare.* – Sein Ziel war nicht in erster Linie die Deutung von Ortsnamen. Vielmehr wollte Glatthard deren Veränderung an der Sprachgrenze zwischen Deutsch und Französisch untersuchen. Dabei bietet er eine Fülle von Erklärungen – und diese sind meistens mehr als problematisch.

Murten – französisch Morat wird zum Beispiel als keltisches Doppelwort *Morio-Dunum* erklärt.

Erlach ergibt nach Glatthard den zungenbrecherischen „gallorömischen" Personennamen *Caerelliacus*.

In Einzelheiten trifft der erwähnte Autor aber manchmal sogar etwas Richtiges: *Giffers*, französisch *Chevrilles*, geht tatsächlich auf ein *Caprilias* zurück. – Aber was bedeutet die Anspielung auf *capra*, dle ZIege? – Wird hier nicht auf die Ziegeninsel *Capri* angespielt?

Das Werk von Glatthard ist interessant zum Lesen – eine Seltenheit heutzutage.

Doch die Sache mit der Sprachgrenze zwischen Deutsch und Welsch geht zu wenig tief.

Der Ausbau der Universitäten und der Forschung im Zuge der allgemeinen Wohlstandsentwicklung nach 1945 brachte eine starke Ausweitung der wissenschaftlichen Forschung – leider eher zum Schaden der Sache.

Die Wissenschaft der Onomastik verlor sich in Detailbetrachtungen, die keinen Beitrag zum allgemeinen Gegenstand haben.

Die Feststellung, daß man in der westlichen Deutschschweiz meistens *Matte* sagt, während in der Ostschweiz *Wiese* überwiegt, ist interessant; ebenso Unterschiede in den Endungen von Ortsnamen: In Bern heißen die Orte *Zollikofen* und Wittikofen, in Zürich *Zollikon* und *Wittikon*.

Aber für den trojanisch-vesuvianischen Komplex ist dies ohne Belang.

In der Deutschschweiz hat sich seit den 1950er Jahren vor allem eine etymologische Doktrin verheerend ausgewirkt. Diese wurde von Paul Zinsli begründet und gilt noch heute.

Danach seien bei den Ortsnamen Schichten zu unterscheiden, wie in der Archäologie. Also gäbe es vorindogermanische, indogermanische, keltische, römische und alemannische Namensschichten. Und jeder neue Eroberer habe versucht, die älteren Namen zu tilgen.

Zuletzt hätten die „Alamannen" die romanischen Ortsnamen verdrängt. – Nur in der Westschweiz, wo die ehemaligen „Burgunder" gewesen seien, soll sich die ältere, die romanische Stufe erhalten haben.

Aber die Alamannen gehören ebenso wie die Burgunder ins historische Märchenland.

Die Ortsnamen-Doktrin nach Zinsli ist ein riesiger Unfug. – Zuerst sind die „Indogermanen", „Burgunder", „Alamannen" und anderen antiken Sprachen und Völker professorale Hirngespinste.

Dann ist diese Schichtenlehre vollständig von der erfundenen Geschichte geprägt. Also seien „vor über 2000 Jahren" römische Legionen" in die Schweiz eingedrungen, hätten das Land kolonisiert und die einheimischen „Kelten" verdrängt.

Vollends empörend ist die Behauptung, die „Alamannen" hätten in unserem Land eine Art ethnische oder Ortsnamen-Säuberung betrieben, so daß nur noch wenige ältere Namen übriggeblieben seien.

Doch solche Ereignisse einer unbekannten Vergangenheit anhängen zu wollen, wie das die universitäre Etymologie tut, ist allerhand.

In den Einzelheiten bleibt Paul Zinsli ein konventioneller Ortsnamen-Forscher, der mit den meisten seiner Deutungen sogar barocke Phantastereien übertrifft.

In einer Abhandlung über die Ortsnamen des Amtes Erlach analysiert Zinsli zum Beispiel *Finsterhennen*.

Nein, *finster* heiße nicht dunkel, sondern bedeute *feist*, also *fettig*!

Der Ortsname sei nach jenem Gelehrten auf einen Hof zurückzuführen, der gezwungen wurde, seinem Grundherrn „feiste Hennen" abzuliefern!

Die anderen Bauern im Seeland waren offenbar besser dran. Sie durften ihren Vögten „magere Hennen" abliefern!

Aber wie steht es mit dem Ortsnamen *Finsterwald*? - Mußte man dort den Grundherren „fette Bäume" abliefern?

Jeder Forscher kann manchmal daneben langen. Aber wenn der Stumpfsinn zur Methode wird, hört der Spaß auf.

Zu allem Unglück begründete Paul Zinsli auch noch das Bernische Ortsnamenbuch. – So wurde eine Garantie geschaffen, daß die verqueren Namensdeutungen auch für die Zukunft festgeschrieben werden.

In der Nachfolge dieser unsäglich platten etymologischen Spielereien bewegen sich auch die Arbeiten der letzten Jahrzehnte. Diese mögen hoch wissenschaftlich daherkommen, sind aber ungenießbar und in vielen Einzelheiten empörend.

Die offizielle Ortsnamen-Forschung hat jeden Bezug zur Namens-Wirklichkeit verloren.

Ein paar Beispiele genügen.

1988 ist ein 450-seitiges Buch über die Ortsnamen-Landschaft des Entlebuchs von Erika Waser erschienen. – Der wissenschaftliche Aufwand ist gewaltig, das Ergebnis inakzeptabel.

Auf zweieinhalb Seiten wird zum Beispiel der Orts- und Tal-Name Entlebuch analysiert. Als Schlußfolgerung ergibt sich für die Autorin: Der Name bedeute „zum Fluß Entle gehöriger Buchenwald"!

Die alten Vesuvianer und Christen waren offenbar waschechte Romantiker, die ihre Landschaften säuberlich nach den vorkommenden Baum-Arten, also Tannen, Buchen, Eichen und Ulmen benannten. - Und vor allem schätzten sie lauschige Flußufer – wenn sie sich nicht gerade dem Ackerbau und der Viehzucht widmeten!

Und zum wiederholten Mal muß gesagt werden: Die alte Ortsnamengebung war religiös geprägt. Die heutigen Forscher wollen mit weltlichen Vorstellungen die alten, die heiligen Namen erklären.

Letzthin wurde dem Autor eine besonders abstruse Ortsnamen-Deutung zugetragen:

Der Name des aargauischen Städtchens Zofingen gehe zurück auf einen alemannischen Sippen-Chef namens ZOFO.

Man müßte Dummheit mit gleichem vergelten. Also schlägt der Schreiber vor: Der Name Zofingen ist entstanden, weil dort einmal eine bekannte Kammer-ZOFE lebte!

Der letzte in dieser Neuauflage analysierte Ortsname - ein Doppelname - ist VIEL-BRINGEN (Dialekt: *vil-brige*) bei Bern.

Der Neugier halber hat der Autor in das offizielle etymologische Ortsnamenbuch des Kantons Bern hineingeschaut. Dort ist

sonnenklar: Vielbringen enthalte den alemannischen Personennamen *Vilomar* oder *Vilmar*!

Findet sich dieser Name etwa im Telefonbuch des Landes Ale-
mannien?

Auch die Westschweiz verfügt heute über zwei neue, abenteu-
erliche Ortsnamen-Werke.

1999 erschien von Charles Kraege und Gilbert Künzi ein mit
Zeichnungen illustriertes Buch über die *Rivières romandes.*

Daraus zwei Beispiele.

Das Flüßchen Aubonne westlich von Lausanne wird richtig abgeleitet aus *alba* = weiß, silbern. – Wir aber erkennen dahinter
ein Neapel-Wort.

Einem richtigen Ansatz mußten die Autoren aber offenbar unbedingt noch einen Unsinn nachschieben. Sogar die Endung
soll etwas bedeuten!

Das ONA heiße gallisch *Wasser*!

Bei der *Saane,* französisch *Sarine,* werden Erklärungen in der
Art eines *multiple choice* vorgeschlagen:

Da gäbe es eine „vorindogermanische" oder „vorkeltische" Wurzel *sar,* die „Flußlauf" bedeute.

Wer lieber Keltisch als Ursprung haben möchte, dem steht ein
Wort *sagos* zur Verfügung, das „Kraft, Mächtigkeit" beinhalte.

Flüsse entwickeln mächtige Kräfte. Aber die pseudowissenschaftlichen Erklärungen sind an Macht nicht zu überbieten!

Von den gleichen Autoren ist 2001 ein Buch über die *Monta-
gnes romandes* erschienen. – Auch dort genügt es, zwei unsin-
nige Deutungen herauszugreifen, mit denen das Werk voll ge-
spickt ist.

Zuerst die *Gastlosen,* jenen zackigen, bei Bergsteigern belieb-
ten Felsengrat bei Jaun, an der Grenze zwischen den Kantonen
Freiburg und Bern.

Nach den Autoren stecke das dahinter, was der heutige Name
sagt, eben daß dies ein gastloser, ein unwirtlicher Berg sei.

Offenbar muß man die beiden Forscher entschuldigen. Sie haben sich die Form der zinnengekrönten GASTLOSEN nicht angesehen. Sonst wären sie darauf gekommen, daß hier lateinisch CASTELLUM = Schloß dahintersteht, durch die deutsche Erstbetonung zur heutigen Form verballhornt.

Dann gibt es zuhinterst im Val d'Hérens, deutsch Eringertal, im Wallis die über 3000 Meter hohen *Dents de Veisivi* .

Der Name ist hier bereits erklärt worden: Deutlicher als in VEISIVI kann man VESUVIUS wohl nicht ausdrücken.

Aber nein, die beiden Autoren leiten den Namen von einem zungenbrecherischen Dialektwort *veijivic* ab, welches „Wiese oder Alp für Rinder ohne Kälber" bedeute!

Und wie nannten die frühen Alphirten wohl eine „Alp für Kühe mit Kälbern"?

Spätestens nach diesem etymologischen Irrsinn wird man das oben genannte Buch empört weglegen.

Es ist interessant, daß die universitären Wissenschaftler vor allem Begriffe des Ackerbaus und der Viehzucht aus den Flurnamen herauslesen wollen.

Die offizielle Ortsnamen-Forschung ist eine eigentliche Viehtrift-Etymologie. Der erwähnte Johann Hubschmied schrieb sogar eine Abhandlung über die milchwirtschaftlichen Ausdrücke im Keltischen!

Ein Beispiel für diese Bauern-Etymologie muß genügen.

Oberhalb von Sempach, im Umkreis der angeblichen Schlacht, findet sich ein ganzes Bündel von Ortsnamen, die auf das pseudohistorische Ereignis hinweisen.

Sempach stellt ein Jesus-Ereignis dar: Der Held Winkelried ist ein Heiland. Wie dieser stirbt er durch einen Speerstich in die Brust.

Und Jesus wirkte in Gallien oder Galiläa.

Nun gibt es in unmittelbarer Nähe des legendären Schlachtorts Sempach einen Hof GALEE oder GALEIE.

Man muß schon sehr befangen oder sehr engen Geistes sein, um nicht zu erkennen, daß hier GALILEIA, Galiläa gemeint ist, das Land, in dem die Geschichte von Jesus spielt.

Aber in einer Untersuchung über die Ortsnamen von Sempach wird der Flurname so erklärt: *Galee* sei eine Umformung aus dem Altdeutschen und bedeute „Vieh-Trift!"

Ob Viehtrift, Heuboden, Milchkessel oder andere bäuerliche Ausdrücke: Hier werden Dinge in Ortsnamen interpretiert, welche die romantische Sehnsucht nach ländlicher Idylle befriedigen, aber nicht den nüchternen Überlegungen am Anfang der Geschichte entsprechen.

Spätestens hier muß man aufhören, in solche Ortsnamen-Bücher auch nur reinzuschauen.

Nach so viel wissenschaftlichem Unsinn tut es gut, zum Abschluß einen Schweizer Forscher vorzustellen, der wenigstens im Ansatz die alte Ortsnamen-Schöpfung richtig erkannt hat.

Die Rede sei von Otto Marti. Dieser war ein Berner Jurist, der von 1944 bis in die frühen 1970er Jahre eine Anzahl Bücher über Ortsnamen in der Schweiz schrieb.

Otto Marti suchte die Ortsnamen nicht nur zu deuten. Er sah sie als Quellen an, mit denen man religiöse Anschauungen, politische und soziale Verhältnisse der Vorzeit erschließen könne.

Grundsätzlich hielt Marti das Keltische für die einzige Sprache, die man aus den Wörtern noch erschließen könne. Und diese lebe in den heutigen Sprachen fort - auch im Deutschen.

Martis Ortsnamen-Deutungen sind aus heutiger Sicht nicht erhaben; sie schleppen viele wissenschaftliche Irrtümer mit.

Zum einen vertraut Marti wie alle anderen vollständig den Datierungen und Inhalten, so wie sie in den Geschichtsbüchern stehen. „Julius Caesar" ist für ihn ebenso real wie die „Helvetier".

Dann pflegt auch Marti den Mythos von vorgeschichtlichen Völkerwanderungen, die sich in den Ortsnamen niedergeschlagen hätten. – Aber wir wissen nichts über die alten Völker und ihre Verbreitung.

Man muß Martis Darlegungen deshalb unterschiedlich beurteilen. Es ist eine Mixtur von richtigen und falschen Annahmen.

Am deutlichsten zeigt sich das in Otto Martis umstrittenem Buch *Die keltische Landvermessung im 4. Jahrhundert v. Chr. und ihre toponymischen Zeugnisse* (1959).

Hier unternimmt Marti den kühnen Versuch, auf Grund der Schweizer Ortsnamen eine „keltische" Landvermessung und Verwaltungseinteilung nachzuweisen.

Es ist richtig, daß das alte Helvetien aus vier Gauen bestand, nämlich dem Waldgau, dem Aargau, dem Linth- oder Zürichgau und dem Boden- oder Thurgau.

Aber Gebietseinteilungen in Zehnt- und Hundertschaften sind nicht nachweisbar.

Die Schwächen in Otto Martis namensarchäologischen Versuchen sind offensichtlich.

Marti behauptet eine Landvermessung in undenkbarer Vorzeit, die sich allen Veränderungen zum Trotz bis heute gehalten habe.

Nicht nur die Namen, auch die Sprache müßte sich über einen so großen Zeitraum kaum verändert haben – eine absurde Vorstellung!

Und wie die meisten anderen Ortsnamen-Forscher schießt Marti übers Ziel hinaus: Er will alle Namen als Keltisch und als Elemente der Landeinteilung erkennen.

Doch Otto Marti hat wenigstens ein Faktum erkannt, das in diesem Zusammenhang wertvoll ist:

Unsere Ortsnamen sind nicht zu verschiedenen Zeiten und aus unterschiedlichen Sprachen entstanden. Sie sind das Ergebnis einer einheitlichen, umfassenden und zeitgleichen Aktion.

Zweiter Teil: Die einzelnen Begriffe mit ihren Ortsnamen

Caesar oder Christus

Der römische Kaiser war weltliches wie geistliches Oberhaupt.

Das Christentum beginnt mit Caesar. Dieser bekleidete auch das Amt des Pontifex Maximus, also des Papstes.

Christus (CRSTM) und Caesar (CRM) waren identische Begriffe: Aus der Caesar-Legende wurde die Christus-Legende oder umgekehrt (Francesco Carotta).

Bei den Ortsnamen läßt sich folglich nicht bestimmen, ob Caesar oder Christus enthalten ist.

Ebenso gehen die Namen, die lateinisch Hof (*curtim, curtis*), französisch *cour* bedeuten, auf den Gottkaiser Caesar oder Christus zurück.

Bei mehreren Christus-Namen steckt wahrscheinlich CHRISTUM NATUM = *Geburt Christi* drin.

Namen wie *Räsch, Réchy, Reschen, Rüschegg* könnten auch mit hebräisch *rish'on* = erster erklärt werden.

Ägerten (Aegerten)

Häufiger Ortsname. Hier sollen erwähnt werden:

Ägerten: Burgstelle auf der Ostseite des *Gurten*-Bergs bei Bern.

Ägerten: Burgplatz unterhalb der *Moosegg* in der Gemeinde *Lauperswil* BE.

Ägerten: Ort und Burgstelle an der Zihl, südöstlich von Biel.

Die Burg *Ägerten* am Gurten wurde früher auch *Egerdon* genannt.

ÄGERTEN, EGERDON = CRTM = CURTIM, *curtis* = Hof (des Königs Priamus von Troja).

Doch letztlich ist die Konsonantenfolge CRTM als CRSTM = CHRISTUM, Christus zu ergänzen: Die gesamte alte Ortsnamengebung ist christlich-religiös bestimmt.

Den gleichen Ursprung hat der *Gurten*, der Berg, auf dem Ägerten steht.

Chironico

Dorf über der rechten Seite der *Valle Leventina* im oberen *Tessin – Ticino,* am alten Gotthard-Weg gelegen.

CHIRONICO = CRNC > CR(ST)NS = CHRISTIANUS, christlich

Chur

Hauptstadt des Kantons Graubünden.

Angeblich abgeleitet von lateinisch *curia = Rathaus.*

Doch eher: CRM = CAESAREM, Caesar

Vergleiche *Kur-Land.*

Cressier, Crissier

Cressier: Ort in der Zihlebene zwischen Marin und Le Landeron.

Cressier: deutsch *Grissach*: Ort südlich von Murten im Kanton Freiburg.

Crissier: Ort nordwestlich von Lausanne.

CHRISTUS

Gersau

Ort am Nordende des Vierwaldstättersees. Früher eine Republik, heute zum Kanton Schwyz gehörig.

GERS = CRS(T)M = CHRISTUM, Christus

In der Tell-Sage landet die Barke des Vogtes Gessler mit dem gefesselten Wilhelm Tell an diesem Ort - der aber nicht genannt wird.

Gessler ist eine Jesus-Figur.

Jesus landet am jenseitigen Ufer des Galiläischen Meers in der Landschaft der GERASENER (Markus, 5, 1).

Der Name der Römerstadt GERASA im heutigen Jordanien ist identisch mit *Gersau*.

Gerzensee

Ort mit kleinem See am Südostfuß des Belpbergs im Kanton Bern, halbwegs zwischen Bern und Thun.

GERZEN = CRTSM > CRSTM = CHRISTUM, Christus

Mit CHRISTUS ist auch das deutsche Wort *Kerze* zu erklären.

Grandson - Gransee

Städtchen und Burg am Neuenburgersee, nördlich von *Yverdon* VD.

In alten Texten *Granson* genannt.

Der deutsche Name *Gransee* ist historisch.

GRAN(D)SON = CRNSN > CRS(T)NM, CHRISTIANUM, christlich

Wahrscheinlich ist *Grandson* ein Doppelname: CHRISTUM NATUM = Christus der Geborene, Christi Geburt.

Der Ort und seine Umgebung war Schauplatz einer Schlacht in den sagenhaften Burgunderkriegen der alten Eidgenossen.

Die Burgunder wurden angeblich nordöstlich des Städtchens am Flüßchen *Arnon* geschlagen.

Grasburg

Bedeutende Burgruine westlich von Schwarzenburg BE, über einem Steilabsturz der rechtsufrigen Sense angelegt.

GRAS(SEN) = CHRISTEN-Burg

Grassen

Berg südlich gegenüber dem *Titlis*, im Alpenmassiv südlich des Vierwaldstättersees.

CHRISTEN-Berg

Mit *Titlis* ergibt sich die Bedeutung: *„christlicher Vesuv-Kaiser"*.

Grasswil

Ort im Oberaargau, Kanton Bern, südwestlich von Herzogenbuchsee.

CHRISTEN-Wil

Grenchen - Granges

Häufiger Ortsname, auch in der französischen Form.

Im Besonderen eine Stadt westlich von Solothurn im gleichnamigen Kanton am Jura-Südfuß.

Lateinisch *grangium* = Scheune, welches wahrscheinlich auf
CHRISTUM NATUM (in Handschriften abgekürzt: CR/NTM)
zurückgeht.

Der Heiland ist in einer Scheune geboren.

Greng

Weiler und Gemeinde südwestlich von Murten.

Vergleiche *Grenchen – Granges*.

Grissenberg

Weiler im Kanton Bern, am Nordabhang des *Frienisbergs*.

CHRISTEN-Berg

Gurten

Bekannter Hügel südlich von Bern, mit Wabern an seinem
Nordfuß.

Der Gurten ist als alter Burgberg zu sehen.

CRTM = CRSTM = CHRISTUM, Christus (oder *Christum natum*).

Vergleiche die Burg *Ägerten* am Gurten.

Gurten und *Ägerten* sind gleiche Ortsnamen.

Gurwolf – Courgevaux

Dorf 2 km südlich von Murten.

GUR = CRM oder CRSTM = CAESAR oder CHRISTUS

Der zweite Teil *Wolf* ist vesuvianisch.

Kehrsatz

Ort südöstlich von Bern, am Fuße des Gurtens und des Längenbergs.

Dialektform: *Chäsiz*

Es ist von einer latinisierten Form CERASETUM = CRSTM = CHRISTUM, Christus auszugehen.

Es könnte auch *Christum natum* zugrunde liegen.

Lateinisch *cerasum* = Kirsche ist ein Christus-Wort.

Kehrsiten

Ort am Vierwaldstättersee, am Westabhang des Bürgenstocks.

Eine lateinische Form lautet *Cerasetum*.

KEHRSITEN = CRSTM = CHRISTUM, Christus (oder *Christum natum*)

Vergleiche *Kehrsatz*.

Kerenzerberg

Berggebiet südlich des *Walensees* im Kanton Glarus.

KERENZ = CRNST > CRSTM = CHRISTUM, Christus

Kernenried

Ort im Kanton Bern, westlich von Burgdorf und Stelle einer ehemaligen Sumpfburg.

Eine alte Namensform lautet *Kerrenried*.

KERNEN, KERREN = CR(ST)NM = CHRISTIANUM, christlich

Kerns

Ort nordöstlich von *Sarnen* im Kanton Obwalden. Der Kerns-Wald trennt Ob- von Nidwalden.

KERNS = CRNS > CR(ST)NS = CHRISTIANUS, christlich

Kerzers

Ort nordöstlich von *Murten* im freiburgischen Teil des See-lands. Im Nordwesten liegt das bernische *Ins.*

KERZERS = CRST(R)S = CRSTS = CHRISTUS

Fast unverändert erhaltener *Christus*-Name.

Beiläufig hat auch das deutsche Wort *Kerze* diese Etymologie.

Ins (= JESUS) und *Kerzers* (= CHRISTUS) formten vermutlich einen Doppelnamen oder sogar eine religiöse Grußformel: (SALVE) JESU CHRISTE = *Sei gegrüßt Jesus Christus!*

Kriens

Ort südwestlich von *Luzern*, am Fuß des Pilatus-Berges.

CRNS = CR(ST)NS = CHRISTIANUS, christlich

Kriesbaumen

Weiler zwischen *Guggershorn* und Schwarzenburg, Kanton Bern.

KRIES = CRS(T) = CHRISTUS

Ein benachbarter Weiler heißt *Isengruben*. Es ergibt sich ein Doppelname: JESUS CHRISTUS (oder der Vokativ JESU CHRISTE!).

Kirschen, im Dialekt *Chriesi,* ist ein *Christus*-Wort.

Kröschenbrunnen

Weiler am linken Ufer der *Ilfis*, südöstlich Trubschachen im bernischen Emmental, an der Grenze zum luzernischen *Entle-buch.*

KRÖSCHEN = CRS(T)M = CHRISTUM, Christus

Räsch

Weiler mit Burgstelle und ehemalige Einsiedelei St. Magda-lena am rechten Ufer der Saane, südwestlich von *Düdingen* FR.

RÄSCH = RS > (C)RS(T) = CHRISTUM, Christus

Réchy

Ort zwischen *Sion* (Sitten) und *Sierre* (Siders) im *Wallis*.

RECHY = (C)RS(T) > CRSTM = CHRISTUM, Christus

Reschen - Resia

Ort und Paßübergang zwischen dem Vintschgau in Südtirol und dem Inntal in Tirol.

Reschen – Resia liegt östlich der Schweizer und Bündner Landesgrenze.

RESCHEN = RSM > (C)RS(T)M = CHRISTUM, Christus

Die hebräische Herleitung von *rish'on* = erster wurde erwähnt.

Resti

Name eines Wehr- oder Signalturms am Fuße des Hasliberg östlich von Meiringen BE.

(C)RST = CHRISTUM, Christus

Ricken

In Zusammensetzungen außerordentlich häufiger Ortsname.

Hier soll der *Rickenpaß* im Kanton Sankt Gallen erwähnt werden, der das Toggenburg mit dem Gebiet des oberen Zürichsees und der *March* verbindet.

RICKEN = RCM > (C)RS(T)M = CHRISTUM, Christus

Riedburg

Burgruine am rechten Steilhang des Schwarzwasser-Flusses, kurz vor dessen Einmündung in die Sense, zwischen Bern und Schwarzenburg, zur Gemeinde Köniz gehörig.

RIED > (C)R(S)T = CHRISTUS

Ried (oder *Riet*) bedeutet *Moor, Sumpf*.

Bei den RIED-Namen muß ein christlicher Hintergrund angenommen werden.

Rietlisberg

Ehemaliger Name des *Bantiger*-Berges, nordöstlich von Bern in der Gemeinde *Bolligen.*

RIETLIS = (C)R(S)T(L)S = CHRISTUS oder CHRISTIANUS

Riggisberg

Ort auf dem *Längenberg* südlich von Bern.

RIGGIS = RCCS > (C)RSTS = CHRISTUS

Wie *Rüeggisberg* eine unsichere Herleitung, da stark verändert.

Rüeggisberg

Ort auf einer nach Süden schauenden Terrasse auf dem *Längenberg*, südlich von Bern.

RÜEGGIS = RCCS > (C)RSTS = CHRISTUS

Gleiche Namenswurzel wie *Riggisberg.* – Die beiden Namen sind stark verschliffen.

In Rüeggisberg befindet sich die Ruine eines Zisterzienser-Klosters.

Rüschegg

Gemeinde südwestlich von Schwarzenburg im Kanton Bern, durchflossen vom Schwarzwasser und vom Bach *Sangern.*

RÜSCH = RS > (C)RS(T) = CHRISTUS

Jesus

Eison

Maiensäss auf der rechten Talseite im Val d'Hérens – Eringertal im Wallis.

JESUS

Eisselmatt

Flurname, der unter anderem bei *Rüeggisberg* und bei *Belp* verkommt.

EISSEL > ISUS > JESUS

Esel

Das Wort kommt als Flurname vor.

ESEL, Dialekt manchmal auch ISEL bedeutet JESUS: Der Heiland ist auf einem solchen Tier in Jerusalem eingeritten.

Igel

Das Wort existiert als Flurname. In Deutschland gibt es einen IGELS-Bach.

Das S in ESEL ist hier zu einem C (G) umgewandelt worden.

Ins - Anet

Ort im bernischen Seeland, zwischen Bieler-, Neuenburger- und Murtensee gelegen.

Es existiert auch eine lateinische Namensform *Aneste*.

Dialektform: *Äiss*

JESUS

Besonders bei Ortsnamen, die *Jesus* enthalten, widerspiegeln die mundartlichen Formen besser den Ursprung als die offizi- ellen Bezeichnungen.

Ischberg, Jeschberg

Waldberg nordwestlich von Wynigen BE, in der Gemeinde *Al- chenstorf* gelegen, mit einer Erdburg am westlichen Abhang.

Ortsnamen mit ISCH sind außerordentlich häufig.

Vergleiche den „babylonischen" Götternamen ISH-tar.

Iselle

Oberste Ortschaft im italienischen *Val Divedro*. Der erste Ort nach dem Bahntunnel des *Simplon*.

ISEL = JESUS

Iseltwald

Ort am Südufer des Brienzersees im Berner Oberland.

ISEL(T) = JESUS

Stammerweiterungen mit T sind häufig. Vergleiche: *Avennicum > Aventicum.*

Es gibt auch den Flurnamen *Isel.*

Isenberg

Zwei relevante Ortsnamen:

Isenberg: Bergzug zwischen Ottenbach und Affoltern, Kanton Zürich.

Isenberg: Flurname am Süd-Ende von Andelfingen ZH.

JESUS-Berg

Auf dem *Isenberg* bei Ottenbach behauptet der Chronist Johannes Stumpf ein ehemaliges *Isis*-Heiligtum.

Das deutsche Wort *Eisen* (Dialekt: *Ise*) hat seinen Ursprung in Jesus.

Isenfluh

Ort auf der rechten Seite des Lütschinentals, unterhalb von Lauterbrunnen im Berner Oberland.

ISEN = JESUS

Isengruben

Weiler zwischen dem *Guggershorn* und Schwarzenburg im Kanton Bern.

Isenthal

Dorf im Grosstal am Vierwaldstättersee im Kanton Uri.

JESUS

Isérables

Ort im Wallis, südöstlich oberhalb von Riddes.

JESUS

Auch eine Herleitung von lateinisch *miserabilis* = elend ist zu erwägen.

Isleten

Ort am Vierwaldstättersee im Kanton Uri, am Ausgang des Tals, in dem *Isenthal* liegt.

JESUS

Islisberg

Dorf im Aargau, benachbart dem *Knonauer* Amt.

JESUS

Isone

Ort im Val d'Isone, nordöstlich von Taverne TI

JESUS

Jassbach

Weiler östlich oberhalb von Oberdiessbach, in der Gemeinde Linden BE.

JESUS

Vergleiche das Schweizer Kartenspiel *Jass.*

Jens, Jensberg

Dorf am Südfuß des *Jens*-Bergs, mundartlich *Jäiss-Berg.*

Der Dialekt drückt den religiösen Charakter des JESUS-Bergs aus.

Jestetten

Ort in Baden-Württemberg, südwestlich von Schaffhausen.

JESUS-Stetten

Jetschwil

Weiler nordöstlich von *Freiburg* im Üechtland, in der Nähe von *Düdingen.*

JESUS-Wil

Man beachte hier die Palatalisierung von JES zu JETSCH.

Jeuss

Dorf südöstlich von *Murten*.

JESUS

Vergleiche die Dialektform *Jäiss* für *Jens*.

Der Ort könnte mit dem benachbarten *Salvenach* eine Grußformel bilden: *Sei gegrüßt, Jesus!*

Golgatha

Das deutsche Wort *Galgen* hat seinen Ursprung in diesem hebräischen Wort. So erklären sich die vielen *Galgen*-Orte und
der Ortsname *Galgenen*.

Calven

Flurname im Vintschgau (Italien) bei Taufers, knapp außerhalb
der Schweizer Landesgrenze.

Lateinisch *calvar*, Mehrzahl *calvaria* = Schädel
In der erfundenen Geschichte des Schwabenkriegs „1499"
wird von einem Gefecht an der Calven erzählt.

Kalvarienberg

Gohl

Ort im Gohlgraben nordöstlich von Langnau im Emmental.

Frühere Schreibweise: Gol

Dahinter steht das hebräische *golgo'leth (gulgo'leth)* = Schädel.

Im Gohlgraben liegt die Burgstelle *Spitzenberg*. Diese zeigt in
ihrem Grundriß ein Kreuz.

Golaten

Ort links der Aare, gegenüber von Oltigen und nordöstlich von
Kerzers im Kanton Bern.

GOLATEN = GL(G)T = GOLGATHA)

Cassius Longinus

Längenberg

Hügellandschaft südlich von Bern, mit dem Jesus-Ort Rüeg-gisberg.

Die Erklärung als „langgezogener Berg" wirkt platt und geographisch.

Zusammen mit dem Ort Kehrsatz wird damit der vollständige Name CASSIUS LONGINUS angedeutet.

Langnau

Zwei bedeutende Orte in der Schweiz:

Langnau im Emmental an der *Ilfis*, Kanton Bern.

Langnau am Albis im Tal der *Sihl*, Kanton Zürich.

Die Erklärung als lange Au wirkt platt.

Stattdessen ist darin der Name Cassius LONGINUS zu suchen

Regina (Maria)

Ergenzach - Arconciel

Ortschaft südlich von Freiburg.

Südlich davon befinden sich über der Saane die Ruinen eines Burgstädtchens, gegenüber von *Illens – Illingen*.

ERGENZ > RGNS = REGENS = REGINA

Möglicherweise erklärt sich dadurch auch der Flußname *Ärgera*, französisch *La Gérine* im Kanton Freiburg.

Der ursprüngliche Name des Burgstädtchens hingegen ist in dem Namen des nahen Gehöfts *Gotalla* (gut, Goten) zu suchen.

Regensberg, Regensdorf

Regensberg: Burgstädtchen im Kanton Zürich, am Ost-Ende des Gebirgszugs *Lägern*.

Regensdorf: Ort im Kanton Zürich, ungefähr 5 km südöstlich von Regensberg.

REGINA (MARIA) = Königin, Muttergottes

Rigi

Markanter Gebirgsstock zwischen Vierwaldstätter-, Zuger- und Lauerzersee, mit mehreren Gipfeln.

REGINA (COELI) = Himmelskönigin

Die ältesten Aufzeichnungen sagen ausdrücklich, daß der lateinische Name der Muttergottes in dem Bergnamen stecke.

Ortsnamen am Fuße der Rigi wie *Weggis* und *Vitznau* belegen auch eine vesuvianische Benennung des bedeutenden Berges.

matrem, mater

Matran

Ort 5 km südwestlich von Freiburg – Fribourg.

MATRAN > MTRM = MATREM, *mater*

Auch der spätrömische Gott MITHRAS ist darin enthalten.

Mutrux

Ort im Jura, oberhalb des Nordufers des Neuenburger Sees, zum Kanton Waadt gehörig.

MUTRUX = MTR(M)

militem, miles

Gemeint ist der *miles Christianus*, der kriegerische Christus.

Malters

Ort an der Kleinen Emme, 9,5 km westlich von Luzern.

MALT = MLT(M) = MILITEM, *miles*

Moudon - Milden

Städtchen mit Burgturm im waadtländischen Broye-Tal.

MILDEN = MLTM = MILITEM, *miles* = Soldat (Christi)

Ein anderes bedeutendes Beispiel ist die antike kleinasiatische Stadt MILETUM, Milet.

heilig - sanctus

Heiligenland

Weiler südlich unterhalb der *Lueg*, einem der Hauptberge des Emmentals, östlich von Burgdorf.

Die *Lueg*, soll vom Namen des keltischen Gottes *Lugos* abgeleitet sein. – Der Name *Lueg* ist aber sicher vesuvianisch.

Säntis

Höchster Berg des *Alpstein*-Gebirges im Kanton Appenzell; Mittelpunkt einer heiligen Landschaft in der Ostschweiz.

SÄNTIS = SN(C)TS = SANCTUS = *heilig*

Der Name verlangt nach einer Namens-Ergänzung, die unbekannt ist.

Santenberg

Waldberg östlich von *Nebikon* im unteren Kanton Luzern.

SANTEN = SANCTUM, *sanctus* = heilig

„Heiligenberg"

Sent

Ortschaft im bündnerischen Unterengadin.

SENT > SNCTM = SANCTUM, *sanctus* = heilig

Sins

Ort im aargauischen Freiamt, links der Reuss.

SINS (oder SINZ) = SNTS > SN(C)TS = SANCTUS = heilig

Vergleiche *Sinzheim* in Baden-Württemberg.

Stocken

Häufiger Ortsname, auch in Zusammensetzungen, z.B. *Stock-Horn.*

STOCKEN = STCM > SANCTUM, *sanctus* = heilig

Stüsslingen

Ortschaft im Kanton Solothurn, zwischen Olten und Aarau.

STUESS = STS = SANCTUS

Tschugg, Tschuggen

Tschugg: Ortschaft am Südhang des Jolimonts im Berner Seeland.

Tschuggen: 987 Meter hoher Waldberg auf dem Längenberg südlich von Bern, in der Gemeinde Oberbalm gelegen. - Die Kuppe trägt eine Erdburg.

Verballhornung aus SANCTUM = SCTM > TSC(TM) durch Palatalisierung des Anlauts.

Tuggen

Ort in der außerschwyzerischen March, westlich der Linth.

Der Ortsname ist im Zusammenhang mit Zug, lateinisch TUGIUM zu sehen.

Lateinisch SANCTUM, *sanctus* = heilig

Wie bei *Zug* liegt hier eine Verhärtung des Anlauts vor.

Zug

Stadt und Kantonsort am Nordostende des gleichnamigen Sees.

Lateinischer Name: TUGIUM

TUGIUM = TC(S)M > SCTM = SANCTUM, *sanctus* = heilig

Vergleiche *Tschugg, Tschuggen* und *Tuggen.*

Engel

Engelberg

Unter den vielen Ortsnamen sind zu erwähnen:

Engelberg: Dorf mit großem Kloster im Kanton Obwalden, südlich des Vierwaldstättersees, am Fuß des *Titlis.*

Engelberg: Berg im Osten des Waldbergs südlich von Olten, auf dem die Burgstelle *Wartburg* liegt.

Engelberg: Ehemaliges Kloster am Bielersee bei *Wingreis - Vingras*.

Englisberg

Englisberg: verschwundene Burgstelle links der Saane, nördlich von Freiburg, nördlich des Hügels *Torry*.

Englisberg: verschwundene Burgstelle und kleines Dorf am Nord-Ende des Längenbergs, südlich des *Gurten*-Bergs und östlich des *Ulmiz*-Bergs. – 1819 hieß der Ort noch *Entlisberg*.

Entlebuch

Dorf und Talschaft im Kanton Luzern, der luzernische Teil des Emmentals.

ENTLE = ENGEL

Der Fluß der Talschaft heißt *Kleine Emme* oder *Wald-Emme*, sollte aber ein *Sarno*-Name sein.

Vergleiche *Sörenberg*.

Entlisberg

Waldberg an der *Sihl*, nördlich von Adliswil, Kanton Zürich.

Im Dialekt *Äntlisberg* genannt.

Gleiche Bedeutung wie *Entlebuch*: ENGEL-Berg.

schwarz - niger

Eiger

Markanter und bekannter hochalpiner Berg der Jungfrau-Kette im Berner Oberland.

Der Name bezog sich zuerst auf eine Alp.

(E)IGER >(N)IGER = schwarz

Necker

Kleiner Fluß im Toggenburg, mündet bei Lütisburg in die Sitter.

Der Flurname *Necker* ist im Kanton Sankt Gallen häufig.

NECKER = lateinisch NIGER = schwarz

Vergleiche den deutschen Fluß *Neckar*.

Schwarzwasser

Nebenfluß der Sense. Entspringt am *Gurnigel*.

Siehe diesen Namen.

Paraklet

Das griechische Wort *parakletos* bedeutet Tröster, Fürsprecher, aber auch Mahner, Herbeigerufener.

Der Begriff hatte in der alten Religion eine überragende Bedeutung.

Parakleten-Wörter sind unter anderem Berg, *Brücke* und *Burg*, auch *Prügel*.

Der Paraklet greift beispielsweise ein Land oder Volk an, um es auf seine Glaubensfestigkeit zu prüfen.

Parakleten-Wörter sind unter anderem Berg, *Brücke* und *Burg*, auch *Prügel*.

Das lange Wort Paraklet wurde bei der Ortsnamenbildung häufig so verkürzt, daß Zweifelsfälle bei der Deutung entstehen.

Avry

Avry-sur-Matran: Ort und Gemeinde südwestlich von Freiburg.

AVRY = PR(C) > PRC(LT)M = Paraklet

Vergleiche die Ortschaft *Aprica* im östlichen Veltlin und das freiburgische Patriziergeschlecht d'*Affry*.

Bargen

Bargen: Dorf im bernischen Seeland, westlich der Aare und westlich von Aarberg.

Bargen: Ort nördlich von Schaffhausen an der Landesgrenze zu Baden-Württemberg.

PRC(LT)M = PARACLETUM, Paraklet

Der viersilbige Begriff wurde durch die deutsche Erstbetonung verkürzt.

Von *Bargen* abgeleitet ist der Name der antike Stadt *Perge* im südlichen Anatolien, westlich von *Aspendus.*

Die Namenlandschaft um Aarberg, mit *Bargen, Kallnach, Spins, Aspi, Lyss* und *Seedorf* wurde nach Kleinasien exportiert.

Bergell - (Val) Bregaglia

Schweizerisch-italienisches Bergtal, vom Maloja-Paß abwärts bis Chiavenna, von der *Mera* durchflossen.

BERGELL = PRCL(TM) = PARACLETUM, Paraklet

Andere Erklärung: PRAE GALLIAM = vor Gallien (Oberitalien = *Gallia cisalpina* = diesseitiges Gallien)

Biglen

Dorf östlich von Bern und östlich von Worb, am Rande des Emmentals.

Der Ort liegt am Süd-Ende des nach Norden führenden *Bigentals.*

BIGLEN = PCLM > P(R)CL(T)M = PARACLETUM, Paraklet

Bristen

Berg im Kanton *Uri*, rechts der Reuss, nördlich des Oberalp-Passes.

BRISTEN = PRCTM > PRC(L)TM = PARACLETUM, Paraklet

Bürgitilli

Name einer Waldgegend am Kohlfirst im Kanton Zürich, südlich von Schaffhausen, zwischen Feuerthalen und Uhwiesen.

Der Name verbirgt die bisher unbekannte lateinische Verkleinerungsform BURGIDILLUM für BURGUS oder BURGUM.

Als Burgname bezieht sich die Bezeichnung auf den Kohlfirst. Dort finden sich die Reste eines vorgeschichtlichen Abschnittswalls.

Das Wort *Burg* ist von *Paraklet* abgeleitet: BURGUM = PRCM = PRC(LT)M = PARACLETUM, Paraklet.

Vergleiche auch *Obertilli* bei Stäfa ZH.

Burgund

Ostfranzösische Landschaft mit dem Hauptort Dijon.

Klein-Burgund ist ein historischer Name für die West-Schweiz.

Französisch BOURGO(G)NE = BRCN = PRC(LT)M = PARACLETUM, Paraklet

BURGUND (PRC) ist auch PHRYGIEN (PRC), eine „antike" Landschaft in Kleinasien.

Aus dem Burgund kam die Parakleten-Figur von Karl dem Kühnen, einer Parallelität zu Alexander dem Großen.

Fräschels

Ort nordöstlich von *Murten* und nordöstlich von *Kerzers* im freiburgischen Seeland.

FRÄSCHELS = PRCLS = PARACLETUS, Paraklet

Die konventionelle Etymologie leitet *Fräschels* von lateinisch *fraxinus* = *Esche* her.

Der Name *Fräschels* existiert auch in der antiken südanatolischen Landschaft Pamphylien. Dort heißt eine Stadt *Phaselis*.

Frick

Bedeutender Ort im Aargauer Jura; Mittelpunkt des Fricktals.

FRICK = PRC(LTM) = Paraklet

Vergleiche den Namen AFRICA.

Pragel

Paßübergang im Kanton Schwyz; er verbindet das urnerische Muotathal mit Glarus.

PRAGEL = PRCL = PARACLETUM = Paraklet

Vergleiche die Nähe zwischen *Pragel* und *Prügel*.

Pratteln

Ort im Kanton Baselland.

Südlich davon liegt der *Adlerberg* mit der Burgruine *Madeln*.

Parakleten-Ort

Prêles - Prägelz

Ort über dem Bielersee, oberhalb von *Ligerz – Gléresses*

PRÄGELZ = PRCLTS = PARACLETUS

Kalamität

Das lateinische Wort CALAMITATEM, *calamitas* bedeutet (gottgewolltes) Unglück und wird noch heute verwendet.

Wie bei Paraklet gibt es auch bei diesem Begriff Unsicherheiten und Zweifelsfälle in den Ortsnamen.

Calanda

Mächtiger Berggrat nordwestlich von *Chur.* Er bildet die Grenze zwischen Graubünden und dem Sankt Gallischen Tamina-Tal.

CALANDA = CLMT = CALAMITAS, Kalamität

Galatteren

Gehöft westlich von Hildisrieden LU, in der Nähe des angeblichen Schlachtfelds von Sempach.

GALAT/TEREN > CLT > CL(M)T = CALAMITATEM, *calamitas*

Die Kalamität der Habsburger gegen die Eidgenossen!

Galmiz

Ort nordöstlich von Murten im Kanton Freiburg.

GALMITS = CALAMITAS, Kalamität

Der Name bezieht sich vielleicht auf die historische Namenlandschaft von Murten.

Alexander der Große besiegte den Perserkönig Darius endgül-
tig in der Schlacht bei GAUGAMELA = CLCML > CLMTS =
CALAMITAS, Kalamität.

Galmis-Orte sind häufig.

Beispiele:

Kalmiz, französisch *Charmoille* im Kanton Jura; *Galmis*, französisch *Charmey,* im Kanton Freiburg; ferner ein *Galmis* westlich von Schmitten.

Gals - Chules

Ortschaft im Westen des Jolimonts, am Rande der Zihl-Ebene
im Kanton Bern.

GALS = CLS

Es handelt sich hier um eine Verkürzung von CL(MT)S =
CALAMITAS, Kalamität.

Galtern - Gottéron

Weiler südöstlich von *Tafers* und östlich von Freiburg.

In der Nähe fließt der *Galtern*-Bach, der sich dort zu einer
Schlucht erweitert und in der Altstadt von Freiburg in die
Saane mündet.

GALTERN = CLT(R)M = CL(M)T(T)M = CALAMITATEM, Kalamität

Das R ist ein von selbst entstandener Übergangslaut: *Galten >
Galtern*.

Gams, Goms

Gams: Ort im Sankt Galler Rheintal, am Fuße des *Alpstein*-
Gebirges.

Goms: Talschaft im oberen Wallis, zwischen Brig und Furka-
paß.

GAMS, GOMS = CMS > C(L)M(T)S = CALAMITAS, Kalamität

Ähnlich ist auch *Gumschen,* der deutsche Name von *Belfaux*
FR zu erklären.

Stark verkürzter Kalamität-Name.

Gelterfingen

Ort im Gürbetal am Fuße des Belpbergs, südöstlich von *Toffen* im Kanton Bern.

GELT = CLT > CL(M)T = CALAMITATEM, Kalamität

Gelterkinden

Ort im *Ergolz*-Tal im östlichen Kanton Baselland.

GELT = CLT = CALAMITATEM, Kalamität

Gimmiz

Weiler südwestlich von *Walperswil* im bernischen Grossen
Moos.

GIMMIZ = C(L)MTS = CALAMITAS, Kalamität

Eine ähnliche Bildung hat vielleicht *Gimmelwald* im *Lauterbrunnental* im Berner Oberland.

Glâne - Glane

Fluß im Kanton Freiburg.

Die Glane entspringt im Gebiet des *Gibloux - Gibel* und mündet südwestlich von Freiburg in die *Saane - Sarine.*

GLA(S)NE = CLSM > CLMS > CLMT = CALAMITAS, Kalamität

Die französische Namensform deutet ein verschwundenes S
an.

Glaserberg

Berg im südlichen Sundgau, gleich gegenüber der Schweizer Grenze im Jura.

GLASER = CLS > CL(MT)S = CALAMITAS, Kalamität

Grimsel

Paß zwischen dem Aare- und Rhonetal. Er verbindet das bernische *Hasli*-Tal mit dem *Goms* im Oberwallis.

GRIMSEL = CRMSL > CLMTS = CALAMITAS, Kalamität

Grimseln - Grimisuat

Ort nordöstlich oberhalb von *Sion – Sitten.*

Gleich wie *Grimsel* zu erklären: CALAMITAS, Kalamität

Gümligen

Ort nordöstlich von Muri bei Bern, südöstlich der Stadt.

Das Dorf liegt am Fuße des *Gümligen-Bergs*, auch *Dentenberg* genannt.

GÜMLIGEN = CMLC > CLMT = CALAMITAS, Kalamität

Gumschen - Belfaux

Der abgegangene deutsche Name des Ortes *Belfaux* im Nordwesten von Freiburg im Üechtland.

GUMSCHEN = CMS > C(L)M(T)S = CALAMITAS, Kalamität

Die Erklärung ist gleich wie für *Gams* und *Goms.*

Gurmels - Cormondes

Dorf im Kanton Freiburg, nördlich der Stadt und westlich der Saane, am Weg nach Murten.

GURMELS = CRMLS > CALAMITAS, Kalamität

Auch CARMEL könnte darin enthalten sein.

Man beachte auch die Nachbarorte von *Gurmels*: *Cressier, Salvenach* und *Jeuss.*

Tomlishorn (Pilatus)

Die höchste Spitze des Pilatus-Massivs, 1000 Meter südwestlich des Pilatus-Gipfels, im Kanton Obwalden gelegen.

TOMLIS = TMLS > C(L)M(T)S = CALAMITAS, Kalamität

Der PILATUS selbst ist nach der Figur des *PONTIUS PILATUS* im Evangelium benannt.

Unterhalb des Pilatus-Gipfels liegt die Alp *Fräkmünt:* lateinisch *fractum montem* = zerbrochener Berg.

Mit dem Pilatus ist die Sage vom *Schweißtuch der Veronika* verbunden: Titus Vespasianus' palästinensische Geliebte hieß Veronika (Berenike).

Ulmiz, Ulmizberg

Zwei Ortsnamen:

Ulmiz: Ortschaft östlich von Murten im Kanton Bern.

Ulmizberg: Berg südlich von Bern und südlich des *Gurtens,* von diesem durch das *Gurtental* oder *Köniztal* getrennt.

Nördlich der Ortschaft *Ulmiz* liegt *Galmiz*. Der letztere Ort gibt also die Etymologie vor:

ULMITS = (C)LMTS > CLMTS = CALAMITAS, Kalamität

mercatus - Markt

mercatus ist ein Troja-Wort.

MART = MRT > TRM = TROJAM, Troja

Das Troja der Sage war eine bedeutende Handelsstadt.

Das ursprüngliche *mart* existiert noch im Englischen und im Schweizerdeutschen.

Rückwärts gelesen ergibt *mercatus* (MRC) Kram, Krämer.

Bei *Markt – mercatus* sind die Nähe und ein Bedeutungszusammenhang mit dem Evangelisten Markus – Marcus zu berücksichtigen.

Kramburg

Burgruine am südwestlichen Ausläufer des Belpbergs in der bernischen Gemeinde Kirchdorf.

KRAM = CRM > MRC = MERCATUS = Markt

Märchligen

Weiler zwischen *Muri* und *Allmendingen*, südöstlich von Bern.

MRCL > MRCT(M) = MERCATUM, *mercatus* = Markt (oder Troja)

Vergleiche auch den Namen der ostschweizerischen Landschaft *March*.

Marthalen

Ort im Zürcher Unterland, südlich von *Schaffhausen*.

MART = MRT > TRM = TROJAM, Troja (oder Markt)

Merlach - Meyriez

Kleine Gemeinde westlich des Städtchens *Murten - Morat*.

MERL > MRL > MRT = TROJAM, Troja

Merlach hat also die gleiche Etymologie wie Murten.

Mertenlach - Marly

Ort an der *Ärgera – Gérine*, südlich von *Freiburg – Fribourg*.

Gleiche Etymologie wie *Merlach – Meyriez*: MRT > TRM = TROJAM, Troja.

Merzligen

Ort im Berner Seeland, südlich von Biel.

MERZL = MRCL = MERCATUS = Markt

Mirchel

Ort nordöstlich von Konolfingen und südöstlich von Grosshöchstetten im bernischen Emmental.

MRCL > MERCATUS = Markt

Morcles. Dent de

Petite und *Grande Dent de Morcles*: zwei alpine Bergspitzen in den Waadtländer Alpen. Über diese läuft die Grenze zum Wallis.

MORCLES = MRCL = MRCT = MERCATUS, *mercatus* = Markt

Vergleiche den Namen des Speisepilzes *Morchel*, französisch *morille*. lateinisch *morichella*.

Morges - Morsee

Stadt mit Schloß westlich von *Lausanne* am Genfersee.

Die deutsche Bezeichnung *Morsee* ist historisch.

MORGES = MRG > MRC = MERCATUS, Markt

Murg

Kleiner Fluß in der Ostschweiz.

Die Murg entspringt am Hörnli im Zürcher Oberland, fließt am Kloster Fischingen und an *Sirnach* vorbei und mündet bei Frauenfeld im Thurgau in die *Thur*.

MURG = MRG > MRC(TM) = MERCATUM, *mercatus* = Markt

Der Ortsname *Sirnach* läßt überlegen, ob das Gewässer ursprünglich als SARNO-Fluß galt.

Murkathof

Gehöft im Kanton Schaffhausen, über einer Schlaufe des Rheins, *Murkatfeld* genannt, gegenüber von Teufen ZH.

MURKAT = MERCAT(UM), *mercatus* = Markt

Das *Murkatfeld* war im Norden durch einen vorgeschichtlichen Abschnittswall bewehrt.

Murzelen

Ort im südlichen Vorfeld des *Frienisbergs*, nordwestlich von Bern.

MURZELEN = MRC = MERCATUS = Markt

Biber (Papa Roma, papam romanum)

Die deutsche Bezeichnung BIBER (PPR(M) = PP/RM) für das Nagetier weist auf den Papst in Rom hin: PAPA ROMA, *papam romanum* = römischer Papst.

Die BIBER-Wörter sind also Doppel-Namen.

Der Biber trägt seinen Namen im Deutschen wohl deshalb, weil er Wasserburgen baut, die in ihrer Form einer päpstlichen Tiara gleichen.

Biberbrugg

Ort nordwestlich von Einsiedeln im Kanton Schwyz.

BIBER = PPR(M) > PPLM, PAPALIM, *papalis* oder PAPAM ROMAM, *papa Roma*.

Biberen

Bach, der östlich von Murten nordwärts zum Grossen Moos fließt und heute kanalisiert in die *Broye* geleitet wird.

BIBEREN = PPRM

Der Name enthält alle entscheidenden Konsonanten von PAPAM ROMAM.

Biberist

Ort südöstlich von Solothurn, auf der linken Seite der Aare.

BIBER = PPR(M)

Biberlikopf

Felskopf östlich von Ziegelbrücke, zur Gemeinde *Schänis* SG gehörig. Der Platz trug einen römischen Wachtturm.

BIBER

Biberstein

Ort nordöstlich von Aarau an der Aare mit einem ehemaligen bernischen Landvogteischloß.

BIBER

Bibracte – Beuvray, Mont

Mont Beuvray: Berg südwestlich von Autun im Burgund.

Der Hügel liegt auf der Grenzscheide der französischen Départements Nièvre und Saône-et-Loire und trug ein ausgedehntes „keltisches" Oppidum.

Bibracte ist der lateinische, durch den Bericht von "Julius Caesar" überlieferte Name.

BIBRACTE = PPR

Die Endung *–acte* entspricht dem deutschen *–ach*: „Biberach"

Bei Bibracte sollen die Helvetier bei ihrem Auszug nach Gallien von Caesar aufgehalten und in einer Schlacht besiegt worden sein. – Julius Caesar ist zuerst ein römischer Papst (*pontifex maximus*).

Hildebrand

Der Mönch Hildebrand, später Papst Gregor VII. ist die wichtigste mittelalterliche Jesus-Figur. - In Ortsnamen kommt er selten vor.

Vergleiche die deutsche Stadt *Hildesheim*.

Hildisrieden

Ort nordwestlich von Luzern und im Nordosten des sagenhaften Schlachtfelds von Sempach.

HILDEBRAND, der hochmittelalterliche deutsche Jesus.

Basilius der Große

Basilius der Große von Caesarea ist der wichtigste Heilige der Ostkirche. Er ist auch die bedeutendste Parallel-Gestalt zu Jesus von Nazareth.

Die Geschichte von Pontius Pilatus ist nur aus der Lebensgeschichte von Basilius einsichtig.

Basilius' Geburtstag fällt auf Neujahr.

Die Werke des heiligen Basilius wurden in Basel geschrieben und gedruckt.

BASILIUS (VSL) bedeutet VESULIUS, Vesuvius.

Basel

Die Stadt am Rhein galt als Zentrum des Humanismus, mit Erasmus als führendem Haupt. Die letztere Figur, der Schreiber oder Herausgeber der Bibel, ist erst um 1770 glaubwürdig.

Griechisch BASILEUS = König, BASILEIA = Königin, BASILEIA = Königreich

Gemeint ist der griechische Kirchenvater BASILIUS der Große oder von Caesarea. Dieser ist eine oströmische JESUS-Figur: ein großer Glaubensheld und ein weltlicher und geistlicher Fürst (Cäsar). Deshalb sein angeblicher Heimatort Caesarea.

Die Werke jenes Kirchenvaters wurden in Basel von Erasmus geschrieben und herausgegeben.

Huldrych Zwinglis Legende ist nach der Figur Basilius' des Großen gestrickt worden. Beide Kirchenväter haben den gleichen Geburtstag (1. Januar).

Basilius dem Großen wird auch ein geistlicher Idealstaat *Basilias* zugeschrieben.

Ferner heißt die heilige Insel des Idealstaates in Platons Dialog *Kritias* BASILEIA.

Der Name BASEL verschiebt die Ortsnamengebung auf einen späten Zeitpunkt.

Luther – Lothar

Luther oder Lothar ist der Reformator oder Reformkaiser, der in der Ortsnamengebung einen bedeutenden Platz einnimmt.

Der Name enthält einen Bedeutungskreis, der über das Reformationsgeschehen hinausgeht.

Vergleiche den Ländernamen Loth(a)ringen.

Entvokalisiert LTRM ergibt rückwärts gelesen MRTL = MARTELLUM, lateinisch für Hammer.

Vergleiche den „karolingischen" Herrscher Karl Martell.

Martell steht nicht nur für Hammer, sondern auch für Märtyrer, womit sich der religiöse Bedeutungskreis von Luther schließt.

Ferner heißt das hebräische Wort für Hammer *maqqa'ba*.

Von diesem Wort sind die biblischen Makkabäer abgeleitet. Diese waren Märtyrer für ihren Glauben.

Lausanne

Hauptstadt des Waadtlands am Nordufer des Genfersees, *Lac Léman*. Der Name ist aufzuschlüsseln durch die Parallelgeschichte von Alexander dem Großen und Karl dem Kühnen.

Karl der Kühne besucht nach der Schlacht bei *Grandson* die Stadt *Lausanne*. - Alexander der Große besucht nach der Schlacht am *Granicus* die Stadt *Halicarnassus*.

Ha/Licarnassus = Lausanne

Beim Ortsnamen Lausanne stellt das Doppel-N ein verschliffenes RN dar. Das H in *Halicarnassus* ist der hebräische Artikel.

Der ursprüngliche Name war also H/LOSARNA oder H/LOCARNA = H/LTRN > H/LTRM = H/LUTER.

Wie Lausanne ist auch *Locarno,* deutsch *Luggarus* zu erklären.

Lauterbrunnen

Ort im gleichnamigen Tal im Berner Oberland, südlich von Interlaken.

Das steile LUTER-Brunnen-Tal im Berner Oberland hat als Abschluß das Massiv der drei Schneeberge Eiger, Mönch und Jungfrau.

Locarno - Luggarus

Stadt am oberen Ende des Lago Maggiore, des Langensees im Tessin.

Der deutsche Name ist historisch.

Der Ortsname ist gleich zu erklären wie *Lausanne*.

Im Unterschied zu diesem ist das Anfangs-H abgefallen.

Möglicherweise erklärt sich damit auch der Name von *Lugano,* deutsch *Lauis*.

Lüderenalp

Alp und Paßübergang im Emmental, westlich des *Napfs*.

LUTEREN = LUT(H)ER

Luterbach

Häufiger Ortsname. Hier sollen erwähnt werden:

Luterbach: Langgezogenes Tal mit einem gleichnamigen Hof südwestlich von Burgdorf.

Luterbach: Ort östlich von Solothurn, rechts der *Emme*, kurz vor ihrer Einmündung in die *Aare*.

Luterbach: Weiler nordöstlich von Oftringen am *Engelberg* im Kanton Aargau.

LUTER, LUTHER, LUTTER oder LOTHAR = geistlicher und weltlicher König

Luthern

Ortschaft im nördlichen, luzernischen Teil des Napf-Gebiets.

LUTHER

Lütisburg

Ort auf der rechten Seite der Thur und an der Einmündung der *Necker* im Sankt Gallischen Toggenburg.

LÜTIS = LT(R)S = LUTERUS, Luther

Lutter

Ort im französischen *Sundgau*, südwestlich von Basel und in der Nähe des *Glaserbergs.*

Lutzeren

Die Höhe des *Lutertals* bei *Bolligen*.

Ursprünglich *Luteren:* LUTER

Luzern

Stadt am Ausfluß der *Reuss* aus dem Vierwaldstättersee.

LUTZERNA > LUTERNA > LUTERN = LUTER = Gottkönig

Die Verhärtung des T zu Z ist durch die Betonung auf der zweiten Silbe entstanden.

Die humanistische Ableitung von lateinisch *lucerna = Leuchte, Lampion* ist abzulehnen.

Verschiedene Heilige

Bondo

Ort im bündnerischen *Bergell – Val Bregaglia*.

BONDO = Sant'Abbondio (Sankt Abundius)

Giornico - Irnis

Ort im unteren Teil der Leventina – Livinen im nördlichen Tessin.

Der Platz ist bekannt wegen seiner alten Kirchen.

In Giornico wurde auch eine legendäre Abwehrschlacht der Schwyzer gegen die Mailänder „1478" angesiedelt.

Der italienische und der abgegangene deutsche Name entsprechen sich:

GIORNICO > JRNIC > IRNIS

Der heilige IRENÄUS.

Jaberg

Ort über dem linken Ufer der Aare, halbwegs zwischen Thun und Bern.

JONA-Berg

Nordöstlich von Jaberg findet sich das Erdwerk *Gestelen*, welches im Grundriß einen Walfisch darstellt.

Vergleiche auch *Jona* bei Rapperswil SG.

Jaman

Dent de Jaman: markanter Felsstock von 1875 m Höhe in den Waadtländer Voralpen, ostnordöstlich oberhalb von Montreux.

JAMAN = altfranzösisch *Jehan* = Johannes (der Täufer).

Der Felskopf erinnert an das abgeschlagene Haupt jenes Heiligen.

Kalpetran

Weiler im Mattertal südwestlich von Visp im Wallis. Der Ort gehört zur Gemeinde Embd.

Johannes CAPISTRANUS (Capistrano) war ein Prediger gegen die Türken, auch Inquisitor und Judenverfolger.

Der Ortsname ist spät anzusetzen.

Lauerz

Ort am gleichnamigen See im Kanton Schwyz. Der See ist bekannt wegen der Insel und gleichnamigen Burgruine *Schwanau*.

LAUERZ (Lowerz) = LAURENTIUS

Samaden – Samedan

Ort im Oberengadin, neben Sankt Moritz.

Das S verrät einen Heiligen:

SAN MATTEO, heiliger Matthäus

Spiez

Ort mit Schloß und alter Kirche am linksufrigen Thunersee.

(SANCTUS) SEBAST(IANUS)

Die deutsche Erstbetonung hat SEBAST > SPTS zu SPIEZ verkürzt.

Spitzenberg

Burgstelle auf der linken Talflanke des Gohlgrabens, nordöstlich von Langnau im Emmental.

Gleiche Herleitung wie *Spiez*: (SANCTUS) SEBAST(IANUS), Sankt Sebastian

Das deutsche Wort *spitz* hat die gleiche Etymologie.

Ochs, Rind, Stier

Boswil

Ort im aargauischen Freiamt, zwischen Villmergen und Muri.

BOS, *bovem* = Rind, Ochse, Stier

Bowil

Ort im Emmental, zwischen Konolfingen und Langnau.

BO(S), *bovem*

Östlich von Bowil gibt es am *Hübeliberg* ein ausgedehntes Erdwerk. Dieses könnte von seiner Form her einem Stierkult gedient haben.

Vergleiche dazu vom Autor: *Burgen rund um Bern*.

Bubenberg - Montbovon

Der oberste Ort im Greyerzerland im Kanton Freiburg.

Der deutsche Name ist historisch. Doch auch der französische Ortsname enthält die Bezeichnung für Rind.

Bubenberg ist ferner der Name eines legendären Berner Patriziergeschlechts.

In Österreich soll es ein Herrschergeschlecht der *Babenberger* gegeben haben.

Bubendorf

Ort im Tal der Frenke, südlich von Liestal im Kanton Basel-Land.

BOVEM, *bos*

Bubikon

Ort im Kanton Zürich, nordwestlich von Rüti ZH und nördlich von Rapperswil SG.

Eine abgegangene Namensform lautet *Bubigheim*.

BOVEM, *bos*

Buin, Piz

Hochalpiner Berg zwischen dem Unterengadin und dem Vorarlberg.

BOVEM, *bos*

Kyon – Hund

Der Hund hatte eine besondere mythologische Bedeutung.
Vergleiche in der antiken Geschichte die *Kynoskephaloi* =
Hundsköpfe.

Vergleiche auch den hundsköpfigen ägyptischen Gott Anubis.

Cybourg, La

Weiler nordöstlich von La Chaux-de-Fonds NE, an der Grenze
zum Kanton Bern.

Griechisch KYON = Hund

Kienberg

Solothurnische Halbenklave im Jura, nordwestlich von Aarau,
zwischen den Kantonen Basel-Land und Aargau.

KYON = Hund

Die Gemeindegrenzen von Kienberg stellen im Umriß einen
sitzenden Hund mit Schwanz dar.

Kyburg

Kyburg SO: Schloß am Ostrand des Bucheggbergs, nordwestlich von Bätterkinden BE.

Kyburg ZH: Burg und Ort am Südrand des Tösstals, südöstlich
von Winterthur und zur Gemeinde Illnau-Effretikon gehörig.

Das erhaltene Schloß hatte im Süden ein ehemaliges Städtchen mit einem teilweise erhaltenen Graben.

Schloß und Städtchen des Zürcher Orts stellen im Grundriß einen sitzenden Hund dar.

Verschiedene christliche Begriffe

Elemoos

Weiler südwestlich von *Frienisberg*, halbwegs zwischen Bern und Aarberg. - Frienisberg hatte ehemals ein Kloster.

ELEMOOS = griechisch *elemosyne* = Barmherzigkeit

Grimentz

Ort auf der linken Seite des Val d'Anniviers – Eifischtals südlich von Sierre – Siders im Kanton Wallis.

GRIMENTZ = CLEMENTIA = Gnade

Interessant ist hier der Wechsel von L zu R.

Lancy

Gemeinde im Westen des Zentrums von Genf – Genève.

Die LANZE Christi

Landshut

Wasserschloß mit Park am Nordrand von Utzenstorf, rechts der Emme.

Die „mittelalterliche" Burg zeigt im Grundriß der Ringmauer eine Speer- oder Lanzenspitze, nach Südosten gerichtet.

LANZEN-Hut

Lanzenhäusern

Ort nördlich von Schwarzenburg, in der Nähe der Burgstelle *Helfenberg*.

Die LANZE Christi

Lanzenneunforn

Ort auf dem Thurgauer Seerücken, zwischen Pfyn und Mammern.

Die LANZE Christi

Miséry

Ort nordwestlich von Freiburg an der Straße nach Avenches.

Miséry = lateinisch *misericordia* = Barmherzigkeit

Sulz

Außerordentlich häufiger Flur- und Ortsname.

In der Schweiz als Ortschaften etwa:

Sulz: im Nordosten von Frick AG

Sulz: östlich von Hitzkirch LU

Sulz-Rickenbach: nordöstlich von Winterthur.

SULZ = SLTS > CLST = CAELESTIM, *caelestis* = himmlisch

Vergleiche auch die elsässische Stadt *Sélestat – Schlettstatt.*

Zillis

Ort im bünderischen Schams-Tal, südlich von Thusis, ober-halb der Via Mala, bekannt durch die romanische Kirche Sankt Martin.

ZILLIS = CLS(TS) = CAELESTIS, *caelestis* = himmlisch

finis terrae

Finsterhennen

Ort im bernischen Seeland, nordöstlich von Ins – Anet.

FINSTER = *finis terrae* = Ende der Welt

Vergleiche auch den häufigen Flurnamen *End der Welt*, zum Beispiel bei Magglingen BE.

Finsterwald

Ort südöstlich oberhalb von Entlebuch in der gleichnamigen luzernischen Landschaft.

FINIS TERRAE

castellum, castrum

Gaster

Alte Landschaft östlich der Linth, zwischen Schänis und Windegg.

CASTELLUM oder CASTRUM

Gastlosen

Markanter Gebirgszug, südlich von Jaun, zwischen den Kantonen Freiburg und Bern.

Bekanntes Klettergebirge wegen seiner zinnenförmigen Türme und Rippen.

GASTLOSEN = CSTL(S)M = CASTELLUM

Gestelen

Erdwerk nordöstlich von Kirchdorf BE, links der Aare.

CASTELLUM

Gestler – Chasseral

Der höchste Jura-Bergzug, mit einer größten Höhe von 1609 Metern, nördlich des Bielersees.

Der deutsche Name ist heute ungebräuchlich; die französische Bezeichnung verschliffen.

Salomon

Moléson, Le

Markanter Berg der Freiburger Voralpen, südwestlich von *Bulle – Boll* im Greyerzerland.

MOLESON = MLS > SLM = SALOMON

Salmen

Salmen: Weiler im NE von Rheinau ZH

SALOMON

Salmone

Bergspitze von 1560 Metern Höhe zwischen Onsernone- und Maggiatal im Tessin, zur Gemeinde Auressio gehörig.

SALOMONE

Salmsach

Ort am Südrand von Romanshorn im Kanton Thurgau.

SALOMON

Solmont

1265 m hoher Juraberg im Kanton Neuenburg, nordöstlich oberhalb von Noiraigue.

SALOMON

Sumiswald

Ort im östlichen Teil des Emmentals.

SUMIS = S(L)M(N)S = SALOMONIS, Salomon

Der Name ist hier kontrahiert.

Pompilius - Pompeji

Bonfol - Pumpfel

Ort in der nördlichen *Ajoie (Elsgau)*, nordöstlich von *Porrentruy – Pruntrut.*

PMPL = POMPILIUM, *Pompilius*

Bümpliz

Früher eigene Gemeinde, heute westlicher Stadtteil von Bern.

BÜMPLIZ = PMPLS= POMPILIUS

Bundtels

Ort nordöstlich von Düdingen FR, zu jener Gemeinde gehörig.

Konventionelle Erklärung: *pontellas* = Brücklein

Der Name ist mit POMPILIUS zu erklären, wobei das zweite P zu T umgewandelt wurde.

Es könnte sich auch um einen Doppelnamen handeln.

Siehe unter *Pontresina, Ponte Tresa*.

Pampigny

Ort im Waadtland, nordwestlich von Lausanne und von Morges.

PMP = POMPILIUM, *Pompilius*

Der Anklang an den „antiken" anatolischen Ländernamen *Pamphylien* verdient hervorgehoben zu werden.

Pompaples

Ort bei *La Sarraz*, halbwegs zwischen Lausanne und Yverdon im Waadtland.

PMP(P)L = POMPILIUS (oder POMPEII)

Der Ort hat die gleiche Etymologie wie *Bümpliz*.

Das dritte P ist als von selbst entstandener Übergangslaut zu betrachten.

Vergleiche die unmögliche konventionelle Erklärung: *pons populi* = Pappel-Brücke!

Augustus

Augst, Kaiseraugst

Augst: Ort bei *Pratteln* BL, zu dieser Gemeinde gehörig.

Östlich von Augst liegen die Ruinen und Ausgrabungen von *Augusta Raurica*.

Nordöstlich der alten Römerstadt liegt am linken Rheinufer der zum Aargau gehörende Ort *Kaiseraugst*, der in ein spätrömisches Kastell hineingebaut ist.

AUGUSTUS, der Titel des römischen Kaisers.

Nero

Neerach

Ort westlich von *Bülach* im Kanton Zürich.

NEER = NERONEM; Nero

Neirivue - Schwarzwasser

Ort im Greyerzerland im Kanton Freiburg.

NEIR = NERO

Neyruz

Ortschaft über der *Glane*, südwestlich von Freiburg.

NEYR = NERO

Vespasianus

Agy - Ebsachen

Weiler nördlich von *Freiburg*, nordöstlich des Troja-Hügels *Torry,* in der Gemeinde Granges-Paccot gelegen.

EBSACHEN ist gleich zu beurteilen wie *Epsach* und *Ipsach*: VESPASIANUS.

Der französische Name enthält nur den zweiten Wortteil –*ach*.

Asp

Außerordentlich häufiger Ortsname.

Beispiele:

Asp: Dorf nordöstlich der Staffelegg im Kanton Aargau.

Aspi-Egg: Höhe nördlich von *Biglen* BE.

ASP = (V)SP(SNS) = VESPASIANUS, der archetypische römische Vesuv-Kaiser

VESPASIANUS > VESUVIANUS

Aspi

Weiler östlich von Aarberg. Nördlich davon liegt der Weiler *Spins*.

V/SP/NS = VESPASIANUS = Vesuv-Kaiser

Die topographische Nähe der beiden Ortsnamen *Aspi* und *Spins* ist auffällig. Sie sollen auf das benachbarte Aarberg hinweisen.

Epagnier - Spaniz

Ort im Kanton Neuenburg.

Das Dorf liegt in der Nähe des nordöstlichen Endes des Neuenburger Sees über der *Zihl – Thielle* und bildet heute einen Ortsteil der Gemeinde *Marin – Epagnier.*

Der abgegangene deutsche Name SPANIZ zeigt VESPASIANUS fast im Klartext.

Ähnlicher Name: *Epagny* FR im Greyerzerland.

Spanien kam früher auch als Name von Gaststätten vor, besonders in der Form *Der alte Spanier* = Vespasian.

Ependes - Spinz

Zwei Ortschaften dieses Namens in der Westschweiz:

Ependes an der *Zihl (Thielle),* südwestlich von *Yverdon* VD.

Ependes (deutsch: *Spinz*) südlich von Freiburg im Üechtland.

Die antike Stadt *Aspendus* in Pamphylien im südlichen Anatolien ist die lateinische Entsprechung von EPENDES:

ASP = (V)SP = VESPASIANUS = Vesuv-Kaiser

Epsach, Ipsach

Zwei Orte mit gleicher Etymologie in der gleichen Berner Region:

Epsach: Ortschaft südlich des Bielersees, östlich von *Täuffelen.*

Ipsach: Ortschaft fünf Kilometer nördlich von *Epsach*, südlich von *Nidau.*

Die entscheidende Silbe (V)IPS oder (V)EPS verrät durch ein voranzustellendes V die vespasianische, damit vesuvianische Bedeutung.

Spannort

Schneebedecktes Hochgebirgsmassiv im Kanton Uri, westlich des *Reuss*-Tals und östlich des *Titlis: Großer* und *Kleiner Spannort.*

SPAN(N) = (VE)SPA(SIA)N

Spins

Weiler nordöstlich von Aarberg im Berner Seeland.

SPINS (oder SPINZ) lautet auch die deutsche Form von *Ependes* FR.

VESPASIANUS

Vergleiche auch *Aspi*, ebenfalls bei Aarberg.

Visp, Vispa

Visp: Ort im Walliser Rhonetal, Ausgangspunkt zum südlich ausgerichteten Mattertal mit Zermatt.

Vispa: Bergbach aus dem Mattertal, der bei Visp in die Rhone mündet.

VISP = VESP-ASIANUS = Vesuv-Kaiser

Titus, Mettius

Adda

Fluß, der oberhalb von *Bormio* entspringt, durch das *Veltlin* fließt, um ins Nord-Ende des Comersees zu münden.

ADDA = TT(M) = TITUM, Titus = Vesuv-Kaiser

Adlerberg, Adlisberg, Adliswil

Häufiger Orts- und Bergname. Hier sollen genannt werden:

Adlerberg: Waldberg südlich von *Pratteln* im Kanton Basel-land, mit der Burgruine *Madeln* auf seinem höchsten Punkt.

(M)Adeln selbst enthält Adler.

Adlisberg: Waldberg östlich oberhalb von Zürich, mit *Witikon* an seinem Südfuß.

Adlisberg: Waldberg östlich von Worb, mit Walkringen an seinem Fuß.

Adliswil: Ort im Sihltal, südwestlich von Zürich

ADLIS = TLS > (T)TLS = TITULLUS, Titus = Vesuv-Kaiser

Der *Adler* ist der Vogel eines Kaisers.

Vergleiche auch *Aigle – Älen.*

Adula

Schneebedecktes Gebirgsmassiv zwischen den Kantonen Graubünden und Tessin

Der Adula ist das Quellgebiet des Hinter-Rheins.

ADULA = (T)TL(M) = TITULLUM, TITUS = Vesuv-Kaiser

Aigle – Älen

Ort und Schloß im waadtländischen Rhonetal.

Ehemals Mittelpunkt einer bernischen Landvogtei.

Der deutsche Name ist historisch.

Französisch *aigle* = Adler

Der Ort erhielt seinen Namen von dem nördlich gelegenen, 1804 Meter hohen *Sex des Nombrieux.*

Die felsige Spitze sieht von Nordwesten, von oberhalb Vevey, mit seinen flankierenden Felsköpfen aus wie ein Adlerkopf mit zwei Flügelschultern.

Attinghausen

Dorf mit Burgruine südwestlich von Altdorf im Kanton Uri.

ATTIN = TTM oder (M)TTM = TITUS oder METTIUS = Vesuv-Kaiser

Autigny - Ottenach

Dorf im Kanton Freiburg, südwestlich der Stadt, an der *Glane*.

Südöstlich des Ortes liegt die Erdburg *Le Verney* oder *Les Vernex*. – Eine zweite Burgstelle befindet sich unweit davon.

Der deutsche Name zeigt den Ursprung deutlich: OTTEN = TTM = TITUM, Titus = Vesuv-Kaiser.

Detligen

Ort im Südwesten des *Frienisbergs*, an der Straße von Bern nach Aarberg.

Eine alte Namensform lautet *Tettigen*.

DETLIGEN - TETTIGEN = TTL = TITULLUS, Titus = Vesuv-Kaiser

Dietschiberg

Flurname nordöstlich von Luzern, heute Name eines Golfplatzes.

Sehr interessanter Name.

DIETSCHEN ist gleich wie DEUTSCH(EN) (TTM) zu beurteilen. - Dabei ist das zweite T palatalisiert worden.

Düdingen - Guin

Ort nördlich von *Freiburg – Fryburg – Fribourg*.

DÜDIN = TTM = TITUM, Titus = Vesuv-Kaiser

Beim französischen Namen *Guin* ist wohl bewußt das Anfangs-D in ein G verwandelt worden, um eine Verwechslung mit *Duin* bei Bex im waadtländischen Rhonetal zu vermeiden.

Itingen, Ittigen, Ittingen

Itingen: Ort im Kanton Baselland, zwischen Liestal und Sissach.

Ittigen: Ort nordöstlich von Bern. Nördlich davon erhebt sich der *Mannenberg*, ein auffälliger, kegelförmiger Waldberg.

Ittingen: Ehemaliges Kloster nördlich der Thur, nordwestlich von *Frauenfeld* im Kanton Thurgau.

ITT > (M)TT = METTIUS oder TITUS = Vesuv-Kaiser

Matte, Matten

Häufiger Orts- und Flurname.

Schweizerdeutsch *Matte* = *Wiese*

Die *Matten*-Namen haben einen vesuvianischen Ursprung: MATTE = METTIUS = Vesuv-Kaiser.

Dasselbe gilt von WIESE, WIESEN = VS(LS) = VESUVIUS

Matten-Namen sind in der westlichen Deutsch-Schweiz, *Wiesen*-Namen in der Ostschweiz verbreitet.

Mättiwil

Weiler südwestlich von *Sempach*, südlich des legendären Schlachtfelds.

MÄTTI = MTT = METTIUS (oder TITUS) = Vesuv-Kaiser

Die Silbe *Mätt* ist in vielen Ortsnamen enthalten, die deshalb alle die gleiche Bedeutung haben.

Mitlödi

Ort im Kanton Glarus, zwischen Schwanden und Glarus.

MITLÖDI enthält die vollständige Form des Vesuv-Bergs *Tödi*. Allerdings ist hier das zweite T als L aufgefaßt worden, was die sonderbare Namensform ergibt.

Wie TÖDI = TTM = TITUM; Titus = Vesuv-Kaiser

Mutten

Häufiger Ortsname. Erwähnt werden sollen hier:

Mutten: Flußplateau im Emmental, östlich von Signau, mit der Burgstelle *Frauets* oder *Frauez* am West- und *Schweinsberg* am Ostrand.

Mutten in Graubünden: Ort zwischen Thusis und Tiefenkastel.

MUTTEN = MTT = METTIUS = Vesuv-Kaiser

Mythen

Zwei markante Bergstöcke im Nordwesten von *Schwyz*.

Die heutige Namensform ist als eine humanistische Umformung anzusehen, um auf einen Ursprung von griechisch *mythos = Wort, Rede* hinzulenken.

In Tat und Wahrheit ist der Name vesuvianisch:

MYTHEN = MT(T)M = METTIUM, Mettius (oder Titus) = Vesuv-Kaiser

Ottenbach

Ort im zürcherischen *Knonauer* Amt, auf der rechten Seite der Reuss, halbwegs zwischen *Affoltern* ZH und *Muri* AG.

OTTEN = TTM = TITUM, Titus = Vesuv-Kaiser

Ottenberg

Bedeutender Hügel über der Thur im Thurgau, östlich von *Ottoberg* und nördlich von *Weinfelden.*

OTTEN = TTM = TITUS = Vesuv-Kaiser

Ortsnamen mit OTTEN sind außerordentlich häufig.

Titlis

Zentraler Schneeberg der Alpen südlich des Vierwaldstättersees.

TITLIS = TTLS = TITULL(I)US, TITUS = Vesuv-Kaiser

Der Name *Titlis* beweist, daß die lange Namensform *Titullius* ursprünglich ist. - Eine Parallelität zu *Titullius* ist der römische Kaiser *Vitellius.*

Tödi

Hochgebirgsstock in der Ostschweiz.

Der *Tödi* liegt zwischen den Kantonen Glarus und Graubünden. An seinem Nord-Fuß entspringt die *Linth.*

TÖDI = TT. Es ist ein M zu ergänzen, das abgefallen ist: MTT (oder TTM) = METTIUM (oder TITUM), *Mettius* oder *Titus* = Vesuv-Kaiser.

Der Berg sollte eigentlich etwa *Mittödi* heißen. Der Beweis für diese Herleitung findet sich im Linth-Tal in der Ortschaft *Mit-lödi*.

Tutensee

Erdburg auf steilem Grat nordwestlich von *Wolhusen*, in der Gemeinde *Menznau* LU.

TUTEN = TITUM, Titus = Vesuv-Kaiser

Üetliberg (Uetliberg) und Üetliburg (Ütliburg)

Üetliberg: markanter nördlicher Abschluß der Albis-Kette am linken Zürichsee.

Üetliburg: Ort südwestlich des Rickenpasses im Kanton Sankt Gallen.

ÜTLI = TL > (T)TL = TITULL(I)US, TITUS, Vesuv-Kaiser

Der Üetliberg ist als alter Burgberg von Zürich, als Ur-Zürich zu betrachten. - Spuren einer Burg und eines ausgedehnten „keltischen" Oppidums sind erhalten.

Üettligen (Uettligen)

Dorf nordwestlich von Bern und nordöstlich von Wohlen, auf dem Weg zum Frienisberg.

UETTLIGEN = TTL = TITULL(I)UM, Titullius, Titus = Vesuv-Kaiser

Der Ortsname Üettligen hat den gleichen Ursprung wie das südlich davon liegende Dettigen und das weiter westlich gelegene Detligen.

Uttigen

Dorf nordwestlich von Thun im Kanton Bern mit den Resten einer ausgedehnten Burganlage.

UTTIGEN = TTC > TTL = TITULLIUS, Titus = Vesuv-Kaiser

Wädenswil

Ort am mittleren linken Zürichsee-Ufer im Kanton Zürich.

WÄDEN > MTM > METTIUM, Mettius = Vesuv-Kaiser

Wattenwil

Zwei Ortschaften im Kanton Bern:

Wattenwil: Ort im oberen Gürbetal, am Fuße des Gurnigel-Berges.

Wattenwil: Weiler oberhalb von Worb.

WATTEN = WTT > MTT = METTIUS (oder TITUS) = Vesuv-Kaiser

Vergleiche auch das Wort *Watte*.

Wattwil

Hauptort des Sankt Gallischen Toggenburgs, westlich des Alp-stein-Gebirges mit dem Säntis.

Der Name hat den gleichen Ursprung wie Wattenwil.

Wetterhorn

Hochgebirgsgipfel östlich von Grindelwald im Berner Ober-land.

WETT = WTT > MTT = METTIUS oder TITUS = Vesuv-Kaiser

Das deutsche Wort Wetter ist vesuvianisch.

Wettingen

Ort rechts der Limmat und gegenüber von Baden im Kanton Aargau.

WETT = WTT > MTT = METTIUS oder TITUS = Vesuv-Kaiser

Wiedikon

Ortsname westlich vom alten Zürich, heute ein Quartier der Stadt.

WIEDIKON ist, abgesehen von dem Diphthong IE, gleich zu beurteilen wie Witikon: METTIUS oder TITUS = Vesuv-Kaiser.

Witikon

Ort auf den Höhen südöstlich von Zürich, am Südfuß des Adlisbergs.

WITIKON = WTC > MTS = METTIUS oder TITUS = Vesuv-Kaiser

Wittenbach

Ort nördlich der Stadt Sankt Gallen im gleichnamigen Kanton.

WITTEN > WTT > MTT = METTIUS (oder TITUS) = Vesuv-Kaiser

Ortsnamen mit *Witten* sind häufig. Vergleiche die nachfolgenden Beispiele.

Wittenberg

Gehöft am linken Ufer der Aare im Kanton Bern, östlich von Golaten.

WITTEN = WTT > MTT = METTIUS oder TITUS = Vesuv-Kaiser

Häufiger Ortsname. Vergleiche auch die Luther-Stadt *Wittenberg* in Mitteldeutschland.

Witterswil

Dorf im Kanton Solothurn, nördlich des Blauen, südwestlich von Basel.

Wittikofen

Wohnschloß des 18. Jahrhunderts im Osten der Stadt Bern.

In gewissen Schreibweisen wird ein Übergangslaut G in den Namen eingeschoben: Wittigkofen.

Wittinsburg, Wittnau

Wittinsburg: Dorf oberhalb von Rümlingen im Kanton Baselland.

Wittnau: Ort südwestlich von Frick im Aargauer Jura.

Das Dorf liegt am Fuße des WITTNAUER Horns mit einer vorgeschichtlichen Wehranlage.

Domitian

Domat

Ortschaft im Rheintal westlich von Chur, heute Teil der Gemeinde Domat-Ems.

DOMITIANUS, der letzte in der Reihe der flavischen Vesuv-Kaiser.

Septimius Severus

Seftau

Flurname einer rechtsufrigen Schlaufe der Aare südwestlich von Bremgarten bei Bern.

SEFT = SEPT(IMIUS) Severus

Seftigen

Ort im oberen Gürbetal, nördlich von Gurzelen.

Auch Name eines früheren bernischen Amtsbezirks.

SEFT = SPT = SEPTIMIUS Severus

Septimius Severus, der römische Kaiser aus dem afrikanischen Haus der Punier, der Vater von Caracalla.

Septimer

Alter Paß zwischen dem bündnerischen Oberhalbstein und dem bündnerisch-italienischen Bergell (Val Bregaglia).

SEPTIMIUS Severus, der römische Gottvater-Kaiser.

Caracalla

Corcelles

Ort bei Payerne im Kanton Waadt.

CRCL(M) = CARACALLAM, Caracalla

Ergolz

Jura-Fluß, der durch Basel-Land, Liestal und Augst fließt und dort in den Rhein mündet.

Die Ergolz hat kurz vor der Mündung eine auffällige, gegen Osten gerichtete Schlaufe, die offenbar in vorgeschichtlicher Zeit angelegt wurde.

ERGOLTS > RCL/TS > CRCL = CARACALLA

Guggershorn, Guggershörnli

Markanter voralpiner Berg von 1283 m Höhe bei *Guggisberg* im oberen Teil des Schwarzenburger Lands im Kanton Bern.

Der Grat besteht aus zwei Erhebungen; *Guggershorn* und *Schwendelberg.* – Von Westen her sieht der Berg aus wie ein Vesuv.

GUGGER = CCR > CCL > C(R)CL = CARACALLA

Man könnte eine ursprüngliche Namensform GUGGEL(S)-Horn annehmen.

Dahinter steht CUCULLAM, *cuculla* = Mönchskutte

Vergleiche die sagenhaften *Gugler* in der erfundenen eidgenössischen Geschichte.

Gurzelen

Ort im oberen *Gürbe*-Tal, nordwestlich von Thun.

GURZELEN = CRCL = CARACALLA

Knapp tausend Meter nördlich von Gurzelen liegt *Seftigen.*

Konventionelle Erklärung: *curticella* = kleiner Hof!

Diocles (Diocletianus)

Der Kaiser soll vor seiner Thronbesteigung DIOCLES geheißen haben. – Das Adjektiv *dick* kommt von Diocletian.

Decius ist eine kaiserliche Parallelität zu *Diocletian – Diocles.*

Dickenbännli

Name einer alten Wehranlage im Wald zwischen *Olten* und *Trimbach*.

DICKEN = DC(L)M = DIOCLEM, Diocles

Orts- und Flurname mit *Dicken* sind häufig.

Dicki

Früherer Name der Gemeinde *Kriechenwil* BE, westlich von Laupen.

DICKI = DC(L) = DIOCLES

Constans, Constantius, Constantinus

Knutwil

Ort nordwestlich von Sursee im Kanton Luzern.

KNUT = CN(S)T = CONST(ANTINUS), Konstantin

Vergleiche Knut der Große, eine sagenhafte nordische Herrschergestalt.

Konstanz

Deutsche Grenzstadt am Bodensee, neben dem thurgauischen Kreuzlingen.

CONSTANS oder CONSTANTIUS

In dieser Stadt fand „1415" angeblich ein Konzil statt, eine Parallelität zur Kirchenversammlung von Nikäa. - Letztere wurde von einem Kaiser CONSTANTINUS einberufen.

Stans

Hauptort des Kantons Nidwalden, südlich des Vierwaldstättersees, am Fuße des markanten Kegels des Stanserhorns.

Die ältere Namensform STANZ wurde noch im 19. Jahrhundert gebraucht.

STANS, STANZ = (CON)STANS, CONSTANTIUS

Das Stanserhorn mit der Alp *Wirzweli* ist ein typischer Vesuv-Berg.

Vergleiche in der eidgenössischen Geschichtserfindung das *Stanser Verkomnis* von „1481".

Valens, Valentinianus

Lentigny - Lentenach

Ort im Glanebezirk, südwestlich von Freiburg - Fribourg.

LENT = (VA)LENT(INIANUS)

Lenz

Ortsteil von Hinwil ZH.

LENZ = (VA)LENS oder VALENTINIAN

Vergleiche auch den Namen der oberösterreichischen Stadt *Linz*.

Lenzberg

Weiler bei Warth, rechts der *Thur*, nordwestlich von *Frauenfeld* TG.

LENZ = (VA)LENS oder VALENTINIAN

Lenzburg

Ort im Kanton Aargau, rechts der Aare, mit bedeutendem Schloß.

LENZ = (VA)LENS oder VALENTINIAN

Lenzikon

Ort östlich von Eschenbach bei Rapperswil, Kanton Sankt Gallen.

LENZ = (VA)LENS oder VALENTINIAN

Valens

Ort im Taminatal, südwestlich von Pfäfers, Kanton Sankt Gallen.

Der unveränderte Kaisername verdient hervorgehoben zu werden.

Vergleiche die Städtenamen *Valence* in Frankreich und *Valencia* in Spanien.

Dietrich von Bern – Theoderich von Verona

Dietikon

Ort am Südufer der Limmat, westlich von Zürich.

DIETER

Dietlikon

Ort nordöstlich von Zürich, zwischen Wallisellen und Bassersdorf.

DIETER

Dieterswil

Ort südöstlich von Rapperswil im Kanton Bern.

DIETER

Friedrich Barbarossa (Rotbart)

Barberêche - Bärfischen

Kleiner Ort über dem linken Ufer der Saane, heute Schiffenen-Stausee, 6 km nördlich von Freiburg.

Der französische Name enthüllt unmittelbar BARBAROSSA; die deutsche Bezeichnung ist verformt.

Barboleusaz – La Barboleuse

Ort in den Waadtländer Alpen, südwestlich von Villars-sur-Ollon in der Gemeinde Gryon.

Die offizielle Schreibweise heute ist *La Barboleuse*.

BARBOLEUSA(Z) = BARBAROSSA

Der römische Kaiser Friedrich *Barbarossa*.

Frinvillier - Friedliswart

Ort im Berner Jura, 3 km nordöstlich von Biel.

FRIEDLIS = Friedrich (Barbarossa)

Péry - Büderich

Ort im Berner Jura, nördlich von Biel.

Der abgegangene deutsche Ortsname zeigt unmittelbar die Herkunft von Friedrich: Italienisch *Federico* > *Bederico* > Büderich.

Péry - Büderich schließt die Schlucht der *Suze – Schüss* im Norden, *Frinvillier - Friedliswart* im Süden ab. – Die beiden Ortsnamen könnten bewußt so gesetzt worden sein.

Karl (Carolus)

Aare – Arola

Für den bedeutenden Westschweizer Fluß gibt es zwei lateinische Namen:

ARURA, ein männlicher Name.

AROLA, wird in alten Chroniken und Abbildungen gebraucht.

AROLA > (C)AROLA = Carolus, KARL

Nach der erfundenen Geschichte hat Bern den römischen Kaiser Karl IV. zweimal empfangen.

Vergleiche den Flurnamen *Karlsruhe* bei Bern.

Für die Herkunft von *Aare* – eigentlich die AAR – siehe unter *Rom*.

Für ARURA: Siehe unter *Verschiedene Ortsnamen*.

Arolla

Ort und Tal zuhinterst im *Eringertal – Val d'Hérens* südlich von *Sion – Sitten* im Wallis.

AROLLA = CAROLA

Vergleiche auch *Satarma*, ein Weiler im Val d'Arolla.

Echallens - Tscherlitz

Städtchen mit Schloß, 15 km nördlich von Lausanne.

Beim französischen Namen ist das heutige Doppel-L als ursprüngliches RL aufzufassen.

Der historische deutsche Name hat einen palatalisierten Anlaut, ähnlich wie bei *Tscherlach*.

TSCHERL > CERL > CAROLUS, Karl

Echarlens

Ort nordöstlich von *Bulle – Boll* im Greyerzerland

Im Unterschied zu *Echallens* ist hier das R von *Charles, Karl* erhalten geblieben.

Erlach - Cerlier

Schloß und Städtchen am Westufer des Bieler Sees.

Ein Berner Patriziergeschlecht nannte sich nach diesem Ort.

CERL = CAR(O)L(US) = Karl

Im deutschen Namen ist das Anfangs-C abgefallen, das sich in der französischen Bezeichnung erhalten hat.

Karlsruhe

Flurname über dem felsigen Südhang der Aare nördlich von Bern, am nordöstlichen Ende des Bremgartenwalds.

CAROLUS = KARL

Der Ortsname beweist die die *Aare – Arola* als Karls- Fluß.

Kräiligen

Weiler nördlich von Bätterkinden BE.

KRAEIL > KARL, KERL

König heißt im Slawischen *kralj*.

Tscherlach

Ort im Sankt Gallischen Seez-Tal, zwischen Walenstadt und Berschis.

Der Ortsname wird als KARL-Ort einsichtig durch den Vergleich mit *Erlach – Cerlier* und *Echallens – Tscherlitz*.

Hier ist der Anfangslaut palatalisiert worden.

Rudolf

Rudolfingen

Ort im Zürcher Unterland, zwischen Trüllikon und Benken.

RUDOLF

Rudolfstetten

Ort im aargauischen Freiamt, nordöstlich von *Bremgarten* an der Reuss.

RUDOLF

Rudswil

Weiler mit Bad in der Gemeinde Ersigen, nördlich von Burgdorf.

RUDS > RUDOLFS-Wil

Galiläa

Galee, Galeie

Gehöft halbwegs zwischen Sempach und Hildisrieden im Kanton Luzern.

GALEE, GALEIE > GALILEIA, Galiläa

Gallezen

Flurname in Augst BL, westlich der Mündung der *Ergolz*.

GALLECEM > GALICIAM > GALLIAM, *Gallia*

Der Flurname zeigt deutlich die Herkunft des Namens *Gallia* von Gallesia, *Vallesia*.

Vergleiche die Ländernamen *Galizien* in Spanien und zwischen Polen und der Ukraine.

Britannien

Der Name leitet sich sehr wahrscheinlich vom hebräischen *ber'it* = Bund, Eid ab:

Britannien soll nach der Legende ein Zusammenschluß von sechs Nationen sein.

Eine Herkunft von *paracletus* ist wenig wahrscheinlich.

Bretzwil

Dorf im Jura im Kanton Baselland, nördlich des Passwang.

BRITANNIEN

Brittenach - Bertigny

Flurname auf dem Gemeindegebiet von Freiburg im Üechtland.

BRITANNIEN

Brittenberg

Gehöft unmittelbar nördlich von Wynigen BE.

BRITANNIEN

Brittenwald

Gehöft östlich von Krauchthal BE, im *Luterbach*-Tal.

BRITEN, BRITANNIEN

Brittnau

Ort südlich von Zofingen im Kanton Aargau.

BRITEN

Brüttelen

Ort nordöstlich von *Ins*, südlich des Bielersees.

BRÜTTEN = BRITEN

Lateiner

Die Lateiner (LATINI = LTN) sind die alten Einwohner von Rom und Umgebung. Ihr Herrscher residierte auf dem Hügel Palatin (PALATINUM, *palatinus)*. – Sie sind also Palastbewohner (PALATIUM = PLTM).

Athen (TN), richtig LATENE, hatte als Stadtgöttin PALLAS Athene. – Somit ist die Konsonantenfolge PLTN - PLTM als ursprünglich erwiesen.

Vergleiche auch die PHILISTER (PLST). Damit sind die Palastbewohner, die Lateiner gemeint.

Ebenfalls steckt PALATIUM in dem Ortsnamen *Palestrina* bei Rom und dem Ländernamen *Palästina*.

Vergleich auch die Ländernamen *Litauen* und *Lettland*.

La Tène

Flurbezeichnung am Ausfluß der Zihl aus dem Neuenburgersee.

Die Topographie ist dort durch die Begradigung des Flusses im Zuge der Juragewässerkorrektion vollständig verändert worden.

Bekannt ist die Flur durch einen Massenfund aus der „Keltenzeit".

La Tène = LTN = LATINUM, Lateiner

La Tine

Häufiger Ortsname im Welschland, etwa westlich von Rossinière im waadtländischen Pays d'Enhaut und südwestlich von *La Sarraz* VD.

La Tine = LATINUM, Lateiner

Letten

Häufiger Flurname in der Ostschweiz. – In Zürich ein Stadtteil.

LETTEN = LTN = LATINUM, Lateiner

Vergleiche die Ländernamen LETT(EN)-Land und LITAUEN.

Littau

Gemeinde westlich von Luzern.

LIT(TEN) = Lateiner

Griechen

Die GRIECHEN oder KRIECHEN (CRCM > CRSTM) sind CHRISTEN.

Die Bezeichnung *Griechen* ist wahrscheinlich zu zerlegen in CH als Abkürzung für *Christus* und hebräisch *rish'on* = erster.

„Die ersten Christen"

Selbst sollen sich die Griechen HELLENEN genannt haben. – Jenes Wort enthält hebräisch *ha'el* = der Gott.

Das deutsche Wort KIRCHE geht auf GRIECHEN zurück, ebenfalls das Verb *kriechen* und das Hauptwort *Krieg* (kriegen).

Ebenfalls leitet sich das deutsche Wort REICH > RC = (C)RC von den *Griechen* ab.

Grächen

Dorf auf einer Terrasse im Matter-Tal im Wallis.

Die rechtgläubigen GRIECHEN.

Grächwil

Dorf östlich von *Frienisberg*, nordwestlich von Bern.

GRIECH(EN)-Wil

Gretzenbach

Ort im SW von Aarau, zum Kanton Solothurn gehörig.

GRETZEN = GRAECUM = Griechen

Kirchberg

Von den zahllosen Kirch-Orten seien genannt:

Kirchberg: Ort im Kanton Sankt Gallen, südlich von Wil.

Kirchberg: Ort am rechten Ufer des Zürcher Sees.

Kirchberg: Ort nordwestlich von Burgdorf.

Kirche, ursprünglich *die* KIRCH = CRC(M) = CRCM = GRAE-CUM = Griechen, griechisch.

Die *Kirch* war die Bezeichnung für das Gotteshaus eines zu einer gewissen Zeit neuartigen griechischen Kults.

Krauchthal

Ort zwischen Bern und Burgdorf, am Nordende des Lindentals und am Fuße des ehemaligen Karthäuserklosters *Torberg*.

KRAUCH = CRC(M) = GRAECUM = Griechen, griechisch

Kriechenwil

Dorf nordwestlich von *Laupen*, über dem linken Ufer der *Saane*.

GRIECHEN-Wil

Die Gemeinde *Kriechenwil* hieß früher *Dicki*.

Das deutsche Verb *kriechen* hat die gleiche Etymologie.

Kriegstetten

Ort südöstlich von Solothurn im gleichnamigen Kanton.

KRIEG = KRIEGEN = GRIECHEN

Reckenberg

Burgstelle östlich von Signau im Emmental.

Ableitung vom deutschen Wort RECKE = Held. Das Wort geht auf (G)RECUM = Griechen zurück:

Im Trojanischen Krieg hatten die Griechen große Helden.

Reckingen

Ort im Goms, dem obersten Teil des Rhone-Tals im Wallis.

Gleiche Erklärung wie *Reckenberg*.

Reichenbach, Rickenbach, Rizenbach

Reichenbach: Ortsname bei Zollikofen BE und im Kandertal

Rickenbach: Ortsname in ZH, LU, So, BL, TG

Rizenbach: Ortsname zwischen Gümmenen und Kerzers

RC > CRC(M) = GRAECUM, Grieche, griechisch

Die Deutschen geben mit *Reich* das lateinische *Imperium* wieder. Der Bedeutungsunterschied ist groß.

Thrakien

Drakau

Auen-Abschnitt am Südufer der Aare westlich von Bern, am nördlichen Rand des Bremgartenwalds.

Siehe bei *Trachselwald*.

Trachselwald

Dorf und Gemeinde mit einem erhaltenen Schloß südlich von Sumiswald im Emmental.

THRAX, THRACIM = Thraker; Adjektiv THRACIUS

Vergleiche auch den Namen des Monsters DRAC-ula.

Franken

Frankental

Flurname bei Höngg, heute in der Stadt Zürich.

Ort im Kanton Basel-Land, südöstlich von *Pratteln,*

an der linken Seite der FRANKEN

Frenkendorf

Ort unterhalb von Liestal BL, im Tal der Ergolz,

FRANKEN > FRENKEN

Interessant ist hier die Aufhellung des ursprünglichen A zu E.

Goten

Gettnau

Ort im Kanton Luzern, nordöstlich von *Willisau*.

GET = GETEN = GOTEN

Gotthard

Bedeutender Paß zwischen den Kantonen Uri und Tessin.

GOTEN-Hard

Die älteste Schwyzer Chronistik behauptet, daß versprengte Ostgoten nach der Niederlage gegen die Byzantiner aus Italien an jenen Paß geflohen seien.

Gutenburg

Ort mit ehemaliger Burg südlich von Langenthal, früher selbständige Gemeinde, heute zu Madiswil gehörig.

GUTEN > GOTEN

Alemannen

Allaman

Ort am Nordufer des Genfersees, südwestlich von Morges und Lausanne.

ALEMANNEN

Allmendingen

Allmendingen bei Bern: Ort südöstlich von Muri bei Bern.

Allmendingen bei Thun: Ort westlich von Thun.

ALEMANNEN

Léman

Französischer Name des Genfersees.

A(LEMAN)

Ortsnamen mit dem Zusatz *Allemagne* kommen auch in Frankreich vor.

Burgunder

Die Namensgrundlage ist PARACLETUM, *paracletus* = Paraklet.

Vergleiche die Sage vom Burgunderkönig GUNTER = BUR-GUNDER und dem Schatz der NIBELUNGEN (NIBEL = NEAPEL).

Die Burgunder werden oft im Zusammenhang mit Schätzen genannt.

Gondo

Ort am Simplon-Paß, kurz vor der italienischen Grenze, zur Gemeinde Zwischbergen gehörig.

Bur-GUNDEN oder Bur-GONDEN

Bei Gondo wurde in früherer Zeit Gold gefördert.

Gonten

Ort westlich von Appenzell im Kanton Appenzell-Innerrhoden.

Bur-GONTEN

Gontenschwil

Ort westlich des Hallwilersees im Kanton Aargau.

BUR-GONTEN

Gonzen

Markanter Bergstock bei Sargans im Sankt Gallischen Rheintal. – Am Fuß des Gonzen wurde früher Eisen gefördert.

Bur-GUNDEN

Das D ist hier zu Z verhärtet worden.

Gunten

Ort auf der rechten Seite des Thunersees.

Bur-GUNDEN

Sachsen

Sachseln

Ort am Nordende des Sarnersees im Kanton Obwalden.

SACHSEN

Saxeten

Ort im Berner Oberland, südwestlich von Interlaken.

SACHSEN

Saxon

Ort auf der linken Seite der Rhone, zwischen Martigny und Sion im Wallis.

SACHSEN (SAXEN)

Wandeler (Vandalen)

Wandelburg

Verschwundene Burgstelle südlich des Dorfzentrums von Benken im Sankt Gallischen *Gasterland.*

WANDELER

Orts- und Flurnamen mit *Wandel* und *Wandelen* sind häufig.

Der Name *Vandalen* ist von der deutschen Bezeichnung abgeleitet.

Hunnen

Hünenberg, Hünigen

Hünenberg: Ort mit Burgruine im westlichen Kanton Zug.

Niederhünigen: Dorf und Gemeinde östlich von Konolfingen BE.

Am westlichen Dorfrand befindet sich der Burghügel der ehemaligen Sumpfburg *Alt Hünigen.*

HUHN, HUNNEN = hebräisch *ha'on* = die Kraft, die Stärke

Hunnenberg

Waldberg am südwestlichen Rand von Solothurn, südlich der Aare.

HUNNEN = hebräisch *ha'on* = die Kraft, die Stärke

Sarazenen

Sarraz, La

Ortschaft im Waadtland mit bedeutendem Schloß.

SARRAZ = Sarazenen

Sarzens

Ortschaft im Waadtland, zwischen Moudon und Romont.

SARZ = Sarazenen

Schreckhorn

Markanter, 4000 Meter hoher Gipfel südöstlich von Grindelwald im Berner Oberland.

Schrecken = S.RCM > S.MRC = heilige Marter = heiliges Troja, damit auch Anklang an die Sarazenen.

Dalmatien - Atlantis

Attalens

Dorf im südlichen Kanton Freiburg, nordöstlich des Mont Pèlerin.

ATTALENS = TLN(T)S = ATLANTIS (oder DALMATIA)

Dalmazi

Name für das rechte Aare-Bord südlich von Bern. Es bildet den Steilhang und das Fluß-Ufer des Kirchenfeld-Plateaus.

Angeblich nach einem aus venezianischen Diensten heimgekehrten Reisläufer so benannt.

DALMATIEN

Dentenberg

Berg östlich von *Bern*, östlich des *Ostermundigenbergs.*

DENTEN = TNTM > T(L)NTM, TLMTM = DALMATIAM, Dalmatien

Ein anderer Name für den *Dentenberg* lautet *Amselberg.*

AMSEL = MSL > LSM enthält *Vesuv* (VLSM).

Vergleiche das *Amselfeld* im früheren Serbien.

Landeron - Lantern

Le Landeron: Städtchen und Gemeinde im Kanton Neuenburg, in der Zihl-Ebene.

Der deutsche Name *Lantern* ist historisch.

LANDERON = LNT(R)M) = (T)LNTM = TALENTUM = ATLANTIS oder DALMATIA

Landiswil

Ortschaft im Emmental, südlich von Lützelflüh im Goldbachtal.

LANDIS = (T)LNTS = ATLANTIS oder DALMATIA

Mit dieser Erklärung sind die Ortsnamen, die *Land* oder *Landen* enthalten, neu zu beurteilen.

Lanterswil

Ort nordöstlich von Wil SG im Kanton Thurgau.

LANTERS = LNTS > (T)LNTS = ATLANTIS oder DALMATIA

Lanthen

Weiler südöstlich von Schmitten im Kanton Freiburg.

(T)LNTM = ATLANTIM oder DALMATIAM = Atlantis, Dalmatien

Limmat

Der Fluß, der durch *Zürich* fließt und in die Aare mündet.

LIMMAT = LMT = (T)LMT = DALMATIA, Dalmatien

Jesus landete in Dalmatien, bevor er das Kreuz nahm.

Bei den meisten *Dalmatien*-Namen ist das Anfangs-T abgetrennt worden. - Vergleiche jedoch *Le Talent* in der Westschweiz.

Lindach

Name der Landschaft nordwestlich von Bremgarten BE, vertreten durch die Orte *Kirchlindach, Oberlindach* und *Niederlindach*.

Es ist von LINDEN auszugehen: LNTM. Bei dieser Konsonantenfolge muß ein vorangestellter Buchstabe abgefallen sein:

(T)LNTM > TLNTM > TLMTM

Aus dieser Folge ergibt sich DALMATIAM, *Dalmatia* (oder ATLANTIS).

Linden, Lindenberg, Lindenhof

Linden: Ortschaft in der Hügellandschaft nordöstlich von Thun, östlich von *Oberdiessbach* im Emmental.

Lindenberg: Name des hügeligen Abschlusses des Reuss-Tals in der Gegend von Bremgarten AG.

Lindenhof: Der ehemalige Burghügel in Zürich links der Limmat. Er trug einst ein spätrömisches Kastell.

LINDEN = (T)LNTM = DALMATIEN (oder ATLANTIS)

Linden ist ein häufiger Orts- und Flurname.

Lindital

Bergtal am Fuße des *Stockhorns*, südwestlich von Thun.

Im gallorömischen Tempelbezirk Allmendingen bei Thun wurde ein Altar mit der Erwähnung einer *Regio Lindensis* gefunden.

Ob zwischen *Lindital* und der genannten Region ein Zusammenhang besteht, kann nicht gesagt werden.

Linth

Fluß der am Tödi entspringt, das Glarnerland durchfließt und nach einem Lauf durch die Linth-Ebene in den Zürichsee mündet.

Seit ihrer Korrektion zu Beginn des 19. Jahrhunderts wird die Linth in den Walensee geleitet.

In diesem LINDEN-Namen ist das ursprüngliche zweite T von Dalmatien erhalten geblieben.

Zwischen Aargau und Thurgau gab es in alten Zeiten einen Lind- oder Linthgau. Dieser nahm den heutigen Kanton Zürich ein, aber auch Schwyz und Uri, und reichte bis zum Gotthard-Paß.

Talent. Le

Kleiner Fluß im Waadtland.

Der *Talent* entspringt am Jorat und mündet in der Ebene von Orbe in die *Zihl*, französisch *Thielle*.

TALENT = TLNT = ATLANTIS (oder DALMATIA)

Tarent, Le

2500 Meter hoher Berg in den Waadtländer Alpen, nordnordwestlich von Les Diablerets.

Vergleiche die süditalienische Hafenstadt TARENT (Taranto).

Rom (Roma + Iljum)

Aare

Der bedeutende Fluß der westlichen Schweiz.
Er durchfließt unter anderem Bern.

Ursprünglicher Name: *die* AAR.

AAR > R(M) = ROMA

Die Aare ist ein Rom-Fluß.

Vergleiche den Fluß *Ahr* in Westdeutschland.

Für die Herleitung vom lateinischen *Arola* vergleiche unter dem Herrschernamen *Karl*.

Für die lateinischen Namen *Arura* für Aare - und *Arar* als angeblich antiker Name für den Fluß Saône im Burgund - vergleiche die Diskussion unter *Verschiedene Ortsnamen*.

Arnon

Flüßchen am Nordufer des Neuenburgersees und Gebiet der sagenhaften Schlacht von *Grandson*, zwischen Karl dem Kühnen und den Eidgenossen.

ARNON = RMM = ROMAM, *Roma*

Vergleiche den Fluss *Arno* in der Toskana.

Mannenberg, Münnenberg

Mannenberg: Berg nördlich von Hasle-Rüegsau im Emmental.

Mannenberg: Waldberg nördlich von Ittigen bei Bern.

Münnenberg: Erdburg südwestlich von Sumiswald im Emmental.

Auch sonst häufiger Ortsname:

Erwähnt werden sollen unter anderem: die Burg *Mannenberg* im Simmental, *Männedorf* ZH, *Mannens* FR, *Manno* TI.

MANNEN = MN > (R)MN = ROMANUM

Maur

Ort am linksufrigen Greifensee, südöstlich von Zürich.

MAUR = MR > RM = ROMA

Maloja

Paß am südwestlichen Ende des Engadins, führt mit dem Fluß Mera in das Bergell, Val Bregaglia.

MALOJA = MLM > (R)ML(I)M = RUMELIEN (Roma + Iljum)

Mera

Fluß, der vom Maloja-Paß durch das Bergell (Val Bregaglia) fließt und bei Chiavenna in die Adda mündet.

MERA = MR > RM = ROMA

Morgarten

Paßartiger Übergang zwischen dem Ägeri-See im Kanton Zug in das Becken von Schwyz.

Bekannt als Ort einer sagenhaften Schlacht zwischen den Waldstätten und den Habsburgern.

MOR = MR > RM = ROMA = Morgarten = Rom

GARTEN = CURTIM = Hof, Fürstenhof, Stadt

Morgarten ist ein Doppelname. – Siehe auch unter *Jammertal*.

Muri

Häufiger Ortsname. Wichtig sind in diesem Zusammenhang:

Muri im Freiamt, Kanton Aargau, Ort eines Klosters.

Muri bei Bern

MURI = MR > RM = ROMA

Das deutsche Wort *Mauer*, Dialekt *mur*, hat einen römischen Ursprung.

Die Orte Muri, Bremgarten und Wohlen bei Bern und im Aargau sind durch Vermessungslinien mit gleichem Winkel (58° Nordost) miteinander verbunden.

Murist

Ortschaft südwestlich von Estavayer-le-Lac im freiburgischen Broye-Bezirk.

In der Nähe steht der erhaltene Burgturm des ehemaligen Schlosses La Molière.

MURI-st

Ormalingen

Dorf im östlichen Teil des Kantons Baselland, unterhalb der Farnsburg.

ORMA > ROMA

Oron

Ort mit großem Schloß in der Nähe von Palézieux im Waadt-land.

ORON = RM = ROMA

Es ist ein ursprüngliches *Moron* anzunehmen.

Ramisburg, Ramsburg

Burgstelle am Bütschelbach, auf dem Längenberg südlich von Bern.

RAMIS = RM/S = ROMANUS, römisch

Möglich ist auch die Ableitung von ROMANUS = römisch.

Ramlinsburg

Ort auf einem Hügelrücken südöstlich von Liestal im Kanton Basel-Land

RAM = ROM oder eher ROMA + ILJUM

Ramsei (Ramsau)

Ort im Emmental, auf der rechten Seite der Emme, südöstlich von Lützelflüh.

RAMS-Ei oder RAMS-Au = ROM oder ROMANUS

Remigen

Dorf nordwestlich von Brugg im unteren Aargau.

REM = ROM

Riom - Reams

Ort im bündnerischen Oberhalbstein bei Savognin.

RIOM – REAMS = ROM, ROMANUS

Römerswil

Weiler östlich von Freiburg im Üechtland bei Sankt Ursen.

ROM

Romanel

Zwei Orte bei Lausanne:

Romanel-sur-Lausanne: Ort nördlich von Lausanne.

Romanel-sur-Morges: Ort nördlich von Morges.

ROMA, ROMANUS

Romanens

Ort im Kanton Freiburg, nordwestlich von Bulle – Boll.

ROMANUS

Rombach

Ort am Nordostende von Aarau, links der Aare.

ROM-Bach

Romont – Remund - Rothmund

Romont FR, deutsch *Remund*: Stadt südwestlich von Freiburg im Üechtland.

Romont BE: Ort auf einem Jura-Hügelzug, nordöstlich von Biel, deutsch *Rothmund*.

Herleitung von ROMANUM MONTEM = römischer Berg

Die konventionelle Erklärung für Romont lautet *rotundum montem* = runder Berg!

Romoos

Ort im östlichen, luzernischen Napf-Gebiet.

ROM-Moos

Rümligen, Rümlingen

Rümligen: Ort mit Schloß im bernischen Gürbetal, südlich von Toffen.

Rümlingen: Ort im Homburger Tal im Norden des Unteren Hauensteins im Kanton Baselland.

ROM oder eher ROMA + ILJUM

Rumisberg

Dorf am Jura-Hang nördlich von Wiedlisbach im bernischen Bipper Amt.

RUMIS = RM/S = ROMA (oder ROMANUM, Romanus)

Uri

Talschaft und Kanton am Süd-Ende des Vierwaldstättersees, von der Reuss durchflossen.

URI > (M)URI = MR > RM = ROMA

Das Standeswappen von Uri zeigt den Kopf eines Auer-Ochsen: Dieses ist also ein Rom-Tier.

Für die Rom-Interpretation sprechen auch die alten Chroniken. Diese behaupten eine Herkunft der Urner aus Rom.

Byzanz

Bazenheid

Ort am linken Ufer der Thur am Ausgang des Toggenburgs im Kanton Sankt Gallen, Teil der Gemeinde Kirchberg.

BAZEN = BYZANZ

Vergleiche das Schweizer Wort *Batzen* für Münze.

Auch das hebräische *be'tsah* = Gewinn, Vorteil ist in die Betrachtung einzubeziehen.

Besencens

Weiler im südwestlichen Teil des Kantons Freiburg, gehört zur Gemeinde Saint Martin.

Der fast identische Name mit französisch *Besançon* verdient hervorgehoben zu werden.

Beznau

Ort am linken, aargauischen Ufer des Rheins, gleich unterhalb der Mündung der Aare in den Rhein.

BEZ(EN) = BYZANZ

Bösingen

Dorf südlich von Laupen, im Kanton Freiburg gelegen.

BYZANZ

Bözingen - Boujean

Ort nordöstlich von Biel, heute eingemeindet.

BYZANZ

Büsingen

Ort östlich von Schaffhausen am rechten Rhein-Ufer; eine deutsche Enklave in der Schweiz.

BYZANZ

Ravenna

Rabbental

Flurname am Altenberg, dem rechten Aare-Ufer im Norden der Altstadt von Bern.

RABBA, der hebräische Name für Ravenna.

Rappenstübli, Rapperstübli

Anderer Name der Burgruine *Balmegg* auf dem solothurnischen Bucheggberg, westlich von Balm bei Messen.

RABBA

Rapperswil

Rapperswil BE: Dorf nordwestlich von Münchenbuchsee.

Rapperswil SG: Städtchen mit großem Schloß am Nordufer des Zürichsees und des dortigen Seedamms.

RABBA

Ravenel

Vorgeschichtlicher befestigter Platz nordöstlich von Suchy VD.

RAVEN(NA)

Auch Familienname im Waadtland.

Theben

Theben ist Neapel rückwärts gelesen: TPN > NPT > NPL

Dübendorf

Ort im Glatt-Tal, nordöstlich von Zürich.

DÜBEN = TPN > THEBEN

Südlich des Orts liegt die Burgruine *Dübelstein*. – Der Name ist identisch mit Dübendorf.

Tavanasa

Weiler auf der rechten Seite des Vorderrheins, südlich von Brigels (Breil) im Kanton Graubünden.

TAVAN = TVN = THEBEN

Tavannes – Dachsfelden

Ort im Berner Jura, am Anfang des Flusses Birs.

TAVAN = TVN = THEBEN

Südlich oberhalb des Orts liegt das bekannte Felstor der *Pierre Pertuis*. Dieses zeigt von Norden her den Kopf eines Tieres: die Schnauze eines Dachses.

Der deutsche Name des Ortes und die Felsfigur entsprechen sich.

Twann – Douanne

Weinbauort am Nordufer des Bielersees.

TVN = TPN = THEBEN

Vergleiche das Neapel-Wort *Zoll – douane*.

Nemausus – Nîmes – Emesa

Nîmes war wie Avignon eine Bischofs-, also eine Papststadt.

Vergleiche auch das *Emmaus* im Evangelium.

Ems

Ort im Bündner Rheintal, westlich von Chur; heute Teil der Doppelgemeinde Domat-Ems.

EMS = EMMAUS > (N)EMAUSUS = (N)EMESA

Emesa lag nach der antiken Überlieferung in *Syrien* = Land des *Sire* = Frankenreich.

Mauss

Weiler südlich von Mühleberg, westlich von Bern.

Westlich des Orts liegt die Burgstelle Gümmenen, deren Plan unter anderem eine Spitzmaus zeigt.

MAUSS > (N)MS = NEMAUSUS = EMMAUS

Maus ist hebräisch: *ma'os* = Schutz, Refugium, sicherer Ort

Hebräer

Im deutschen Sprachbereich stellen die hebräischen Ortsnamen einen gewichtigen Anteil dar. Zudem fußt über die Hälfte des deutschen Grundwortschatzes auf dieser Sprache. Der Ursprung der hebräischen Sprache ist in Süddeutschland oder in Helvetien, vielleicht sogar in Bern zu suchen.

Das Problem bei der Deutung der hebräischen Ortsnamen und Wörter ist ihre Kürze. Zudem ist die Vokalisierung der hebräischen Wörter nicht immer eindeutig. Etliche Erklärungen bleiben mehrdeutig.

Bei den hebräischen Ortsnamen sind auch Bedeutungsverschiebungen zu berücksichtigen und das Vorkommen von theologischen Begriffen.

Äbersold

Mehrere Flurnamen, unter anderem ein Gehöft auf dem *Gurten*-Berg bei Bern.

Auch als Familienname bekannt.

Hebräisch *ha'bar'sel* = das Eisen

Aesch (Äsch), Aeschi (Äschi)

Aesch: Je ein Ort in den Kantonen Basel-Land, Luzern und Zürich.

Aeschi (Äschi): Ort oberhalb von Spiez BE.

Hebräisch *esh* = (heiliges) Feuer

Baar

Ort nördlich von Zug im gleichnamigen Kanton.

Hebräisch *par* = Stier, Ochs

Der Name stellt sicher mit *Cham*, ebenfalls im Kanton Zug - einen Doppelnamen dar: „*Schwarzer Stier*".

Vergleiche den Städte-Namen *Parchim* in Mecklenburg.

Bärhegen

Erdburg auf dem Bärhegenknubel nördlich von Wasen im Emmental, zur Gemeinde *Sumiswald* gehörig.

Hebräisch *be'er* = Grube, auch Quelle

Hebräisch *hag'gan* = der Garten Eden

„*Quelle von Eden*"

Bärschwil

Ortschaft im Solothurner Jura, südwestlich von *Laufen*.

Hebräisch *be'er she'va* = Siebenbrunnen

Bechburg

Zwei Burgen im Solothurner Jura:

Alt Bechburg: Burgruine östlich von Holderbank.

Neu Bechburg: Erhaltene Burg oberhalb von Önsingen.

BECH = hebräisch *be'chor* = Erstgeburt (Christi)

Berschis

Ort im Sankt Gallischen Seeztal, nördlich von *Flums* und südöstlich von *Walenstadt.*

Im Südosten der Ortschaft liegt der Sankt Georgenberg mit einer Kirchenburg.

Hebräisch *be'er she'va* = Siebenbrunnen (auch als
Schwurbrunnen zu erklären).

Der Name bezieht sich auf die Legende von Abraham und
Abimelech im Buch Genesis 21.

Betelberg

Bergzug südwestlich oberhalb der *Lenk* im Berner Oberland.

Hebräisch *bet'el* = Haus Gottes

„Gottesberg"

Bethlehem

Ehemaliger Weiler, heute Stadtteil von Bern-Bümpliz.

Nördlich von Bethlehem liegt die Flur *Jorden.*

BETHLEHEM = hebräisch *bet'el* = Haus Gottes + *lehem* =
Brot

Bethlehem ist ein häufig vorkommender Ortsname.

Bettenhausen

Ort südwestlich von Herzogenbuchsee im bernischen
Oberaargau.

BETTEN = Verballhornung von hebräisch *bet'el* = Haus Gottes

Ortsnamen mit BETTEN sind außerordentlich häufig, zum Beispiel die Ortschaft *Betten* im Goms, Kanton Wallis, mit der
Bettmeralp.

Bettlach

Ort östlich von Grenchen im Kanton Solothurn.

BETT(EN) = hebräisch *bet'el* = Haus Gottes

Cham

Ort westlich von Zug am Nordende des Zugersees.

Hebräisch *chum* = braunschwarz, schwarz

Die Bezeichnung steht sicher in einem Verbund mit *Baar*. Damit ergibt sich die Bedeutung *Schwarzer Stier*.

Eine Stadt *Cham* gibt es auch im Bayerischen Wald.

Chäsern

Varianten: *Chäseren, Käser(n)*

Häufiger Flur- und Hofname.

Hier soll der Berg *Chäserrugg* nördlich von Walenstadt erwähnt werden. Nördlich des Berges liegt eine Alp *Chäseren*.

Hebräisch *cha'tser (cha'ser)* = Hof

Möglicherweise steckt auch CAESAR drin.

Chutzen

Häufiger Flurname im Bernbiet.

CHUTZ(EN) bezeichnet eine Hochwacht, genauer gesagt den freistehenden Holzstoß auf einer Anhöhe, der in alten Zeiten im Ernstfall angezündet wurde, um andere Orte zu alarmieren.

Hebräisch *chuts* = (das) Draußen

Dagmersellen

Ort im luzernischen Wiggertal.

Hebräisch *dag'im* = Fisch

Der Fisch ist ein Christus-Symbol.

Ebertswil

Dorf im Kanton Zürich, zwischen Horgen und Zug, im *Knonauer* Amt.

EBER: hebräisch *ivri(t)* oder lateinisch HEBRAICUS = hebräisch, Hebräer

Die überaus zahlreichen *Eber*-Namen sind sämtlich als hebräisch anzusehen.

Beispiel: *Ebersberg*, eine Burgstelle bei Berg am Irchel ZH.

Emme

Der Fluß, der durch das Emmental fließt und unterhalb von Solothurn in die Aare mündet.

Hebräisch *am* = Volk (oder *amm'im* = Völker).

Auch eine Herkunft von hebräisch *em* = (heilige) Mutter ist denkbar.

Eriz

Bergtal nordöstlich von Thun, von der *Zulg* durchflossen, die bei Steffisburg in die Aare mündet.

Hebräisch *erets* = heiliges Land

Erzenberg

Bergname im Jura, östlich des Oberen *Hauensteins* im Kanton Baselland.

Hebräisch *erets* = heiliges Land

Das deutsche Wort *Erz* ist hebräischen Ursprungs.

Eschenbach

Je ein Ort nördlich von Luzern und am Obersee im Kanton Sankt Gallen.

Hebräisch *esh* = Feuer

Die *Esche* ist der Feuerbaum.

Etzel, Etzelkofen

Etzel: Berg südlich des Zürichsees und nördlich der Sihl, zwischen Pfäffikon und Einsiedeln im Kanton Schwyz.

Etzelkofen: Ortschaft nordwestlich von *Jegenstorf* BE

Hebräisch *ets'el* = Baum Gottes

Etzel lautet auch der deutsche Name des sagenhaften Hunnenkönigs Attila.

Weitere Ortsnamen mit der gleichen Bedeutung sind *Etzelwil* LU, *Etzwil* AG, *Etzwilen* TG.

Fahr, Fahrwangen

Fahr: Ehemaliges Kloster an der Limmat westlich von Zürich, bildet eine aargauische Enklave.

Fahrwangen: Ort am Ostufer des Hallwiler Sees im Kanton Aargau.

Hebräisch: *ka'phar* = Dorf

Der Guttural-Laut C am Wortanfang konnte leicht abfallen.

Fillistorf

Weiler westlich von Schmitten FR

Hebräisch *pil* = Elefant

Das hebräische *pil* ist ein Neapel-Wort: (N)PL = Neapel.

Das deutsche Wort VIEL ist hebräisch.

Füllinsdorf

Ort am rechten Ufer der Ergolz im Kanton Basel-Land.

Hebräisch *pil* = Elefant

Gäbelbach

Bach im Westen von Bern und westlich von Bümpliz.

Der Gäbelbach entspringt im Forst und mündet auf der linken Seite der Aare gegenüber von Hinterkappelen in den Fluß.

Bis ins 19. Jahrhundert bildete dieser Bach die Grenze des Amtsbezirks Bern gegen Westen.

Hebräisch *ge'vul* = Grenzbach

Gais

Ort im Kanton Appenzell Außerrhoden, südöstlich von Sankt Gallen.

Hebräisch *gaj'* = Tal

Geristein (Gerenstein)

Burgstelle mit den Resten eines Rundturms in der Gemeinde Bolligen, etwa 7 km nordöstlich von Bern.

Hebräisch *ger*, Mehrzahl *ger'im* = Fremder, danach auch Pilger

Das deutsche Wort Pil-Ger enthält als ersten Wortteil das hebräische *pil* = Elefant.

Der *Pilger* ist also ein „Elefanten-Wallfahrer".

Die Mehrzahl *Pilgrim* dient im Deutschen als männlicher Vorname.

Im Englischen ist *pilgrim* das Ein- und Mehrzahlwort für Pilger.

Auch das lateinische *peregrinus* geht auf *Pilger* zurück.

Etliche Spuren im Gelände rund um die Ruine deuten darauf hin, daß Geristein ein alter Wallfahrtsort war.

Orts- und Flurnamen mit *Geri, Geeri, Geren, Gehren* sind häufig.

Vergleiche die Novelle *Der Abend zu Geristein* von Johann Rudolf Wyss dem Jüngeren, neu herausgegeben vom Autor.

Geuensee

Ortschaft nördlich von Sursee im Kanton Luzern.

Hebräisch *goy'im* = Völker, Nationen (Israeliten oder Nichtisraeliten)

Gibelegg

Waldberg auf dem Längenberg südlich von Bern, südlich von *Rüeggisberg*.

GIBEL = hebräisch *gi'bah* – *gi'vah* = Hügel.

Das Wort leitet sich ab vom Lateinischen *diabolus* = Teufel.

„Teufelsberg"

Es ist auch eine hebräische Form *gibah'el* = *Hügel Gottes* in Betracht zu ziehen.

Gibloux – Gibel

Waldberg im Kanton Freiburg, nordwestlich von *Bulle (Boll)*, westlich der *Saane*, Mittelpunkt der alten Landschaft *Ogoz*.

Hebräisch *gi'bah (gi'vah)* = *Hügel*, das auf dem Lateinischen *diabolus* = *Teufel* fußt:

„Teufelsberg"

Die Erklärung ist gleich wie in *Gibelegg*.

Giessen

Häufiger Orts- und Flurname.

Vergleiche auch *Giswil* OW und *Gisikon* LU.

In Burgdorf gibt es die *Gysnauflüh (Gisnau)flüh* mit einer Erdburg.

GIESSEN = hebräisch *kiss'e* = Thron (Gottes)

Gottstatt

Ehemaliges Kloster, angeblich der Prämonstratenser, in der Gemeinde Orpund, östlich von Biel.

GOTT = hebräisch *ha'ot* = das (göttliche) Zeichen

Die Verschiebung von H zu G ist häufig.

Gott ist wie *gut* ein hebräisches Wort.

Greifensee – Gryffensee

Schloß und Städtchen am gleichnamigen See östlich von Zürich, altertümlich *Gryffensee*.

Hebräisch *cherev* = Schwert.

Dazu paßt die Greifensee-Geschichte:

Im legendären Toggenburger Krieg „1444" hätten die alten Eidgenossen das Schloß erobert und die 72 Mann Besatzung mit dem Schwert hingerichtet.

Gwatt

Ortschaft am Thunersee, südöstlich von Thun.

Hebräisch *geva'ot* = Hügel (Mehrzahl)

Habkern

Bergdorf nördlich von Interlaken und im Südwesten des *Hohgant.*

Hebräisch *ha'koh'en* = der Priester oder Mehrzahl: *ha'koha'nim* = die Priester

Das P in *Habkern* ist ein von selbst entstandener Übergangslaut.

Haggen

Orts- und Flurname, der an mehreren Stellen vorkommt:

Haggen: Weiler bei Sankt Gallen, heute ein Ortsteil.

Haggen: große Flur oberhalb von Seewen SZ.

Haggen: Gehöft südlich von Schüpfheim LU.

Haggen: Weiler südlich oberhalb von Walenstadt SG

Hebräisch *hag'gan* = der Garten (Eden)

Hallwil (Hallwyl)

Bedeutende Wasserburg im Kanton Aargau, nahe des gleichnamigen Dorfes und im Norden des Hallwiler Sees in der Gemeinde Seengen gelegen.

HALL = hebräisch *ha'el* = der Gott

Das Geschlecht der *Hallwyl* spielt eine bedeutende Rolle in der Schwyzer Geschichtserfindung.

Hamberg, Hamegg, Homberg, Hombrig, Homburg, Humberg

Verbreitete Berg- und Siedlungsnamen.

Hebräisch *ha'am* = das (heilige) Volk

Beispiele: *Hamberg*: Berg im SW von Kirchberg SG

Hambühl: Berg im SE von Wasen im Emmental

Hammegg: Grat im NE von Walkringen im Berner Emmental

Hombrig: Berg im S von Ebikon LU

Homburg: zahllose Berg- und Siedlungsnamen

Humberg: je ein Berg bei Thunstetten BE und Ochlenberg BE.

Harenwilen

Weiler in der Gemeinde Hüttlingen, östlich von Frauenfeld im Thurgau.

HAREN = hebräisch *ha're* = der Freund, der Gefährte

Harris

Weiler bei Albligen (Gemeinde Wahlern), nördlich der Sense im Kanton Bern.

Hebräisch *ha'rish'ah* = die Schlechtigkeit, die Sündhaftigkeit, die Schuld.

Harzer

Grat im Berner Jura in der Gemeinde Seehof, östlich von Moutier.

Hebräisch *ha'arets* = das heilige Land

Vielleicht auch *ha'arets'el* = Gottes Land

Harzer ist ein häufiger Flurname.

Hattenberg, Hättenberg

Hattenberg: Weiler mit Burgstelle östlich von Freiburg, über dem südlichen Steilrand des Galtern-Grabens.

Hättenberg: kleine Bergkuppe bei Ostermundigen BE.

Hebräisch *ha'ot* = das (heilige) Zeichen.

Hauenstein

Zwei Paß-Namen im Jura:

Oberer Hauenstein bei Langenbruck im südlichen Kanton Baselland.

Unterer Hauenstein nördlich von Olten und westlich der *Froburg,* zwischen den Kantonen Solothurn und Baselland.

Hebräisch *ha'av* = der Gott-Vater

Hauenstein (Gottvater) und *Froburg* (Gottvater) bilden Bedeutungspaar, welches Hebräisch und Deutsch miteinander verbindet.

Hausen

Hausen am Albis: Ort im Knonauer Amt im Kanton Zürich.

Ferner mehrere weitere Ortsnamen in den Kantonen Zürich und Aargau.

Hebräisch *ha'os* = die Kraft, die Macht, die Zuflucht, die Burg

Vergleiche das deutsche Wort *Haus (Hus).*

Hedingen

Ort im zürcherischen Knonauer Amt, südwestlich von Zürich.

Hebräisch *ha'ed'ah* = Gemeinde, Versammlung

Heerbrugg

Ort im unteren Sankt Galler Rheintal.

HEER = hebräisch *ha'ir* = die (heilige) Stadt

Heiden

Ort östlich von Sankt Gallen im Kanton Appenzell Ausserrhoden.

Hebräisch *ha'ed'ah* = die Sippe, die Gemeinde

Die überaus zahlreichen Ortsnamen mit *Heide(n)* – gleich wie das deutsche Wort – müssen den gleichen Ursprung haben.

Heimberg, Heimenschwand

Heimberg: Ort 4 km nordnordwestlich von Thun, rechts der Aare.

Heimenschwand: Ort nordöstlich von Thun am Bucholterberg im oberen Emmental.

Hebräisch *ha'emeq* = das (heilige) Tal

Oder: *ha'am* = das (heilige) Volk

Vergleiche; *Hamberg*, usw.

Ortsnamen mit *Heim* sind weit verbreitet.

Helfenberg, Helfenstein

Mehrere Burgnamen:

Helfenberg: ehemalige Wasserburg im heute abgesenkten Hüttwilersee im Kanton Thurgau.

Helfenberg: Burgstelle südwestlich von Gossau, rechts der Glatt.

Helfenberg: Burgstelle nördlich der *Grasburg*, über der *Sense*, bei *Lanzenhäusern* BE.

Helfenstein: Burgstelle südlich der *Grasburg*, über der *Sense*, beim bernischen Schwarzenburg.

HELFEN = hebräisch *ha'le'vi* = der Levi, der Priester

Hell, Hellbühl, Hellsau, Hellstett

Außerordentlich verbreiteter Orts- und Flurname.

Hell ist auch in vielen Zusammensetzungen wie *Hellbühl* LU, *Hellsau* BE und *Hellstett* BE enthalten.

Hebräisch *ha'el* = der Gott

Über das Wort *Hölle* – ebenfalls zahlreich in Ortsnamen – siehe unter *Holligen*.

Vergleiche auch *Hallwil* – *Hallwyl*.

Hermiswil

Zwei Ortschaften im Kanton Bern:

Hermiswil: Ortschaft zwischen Burgdorf und Herzogenbuchsee.

Hermiswil: Weiler oberhalb von Rümligen im Gürbetal.

Hebräisch *he'a'rim* = die (heiligen) Städte

Herznach

Ort im Aargauer Fricktal, südöstlich von Frick.

HERZ: Hebräisch *ha'arets* = das heilige Land

Herzogenbuchsee

Bedeutender Ort im bernischen Oberaargau.

Hebräisch *he'arts'ot* = die Länder

Ortsnamen mit *Herzogen* kommen an vielen Stellen vor.

Herzog: Ein Fürst, der über Länder regiert.

Herzwil

Weiler südwestlich von Bern in der Gemeinde Köniz.

HERZ: das hebräische *ha'arets* = das heilige Land

Hessen, Hessenberg, Hessigkofen

Hessen: Waldstück im obersten Töss-Tal, nordöstlich von
Wald ZH.

Hessenberg: Waldberg im NE von Bözen im Aargauer Jura.

Hessigkofen: Ort und Gemeinde auf dem Bucheggberg, sud-
westlich von Solothurn.

HESSEN = hebräisch *ha'shem* = der (göttliche) Name

Vergleiche die deutsche Landschaft *Hessen*.

Hirschhorn

Weiler östlich von *Rüschegg*, im bernischen Schwarzenburgerland.

HIRSCH: hebräisch *ha'rosh* = das Haupt

Ortsnamen mit *Hirsch* sind außerordentlich zahlreich.

Hirseren

Flurname an verschiedenen Orten.

Hirsernbad: Weiler bei Ursenbach im bernischen Oberaargau

Hebräisch *ha'rish'on* = der Erste oder *ha'rosh* = das Haupt

Vergleiche das deutsche Wort *Hirse*.

Hirzel

Dorf im südlichen Teil des Kantons Zürich, zwischen Baar ZG
und Wädenswil ZH.

Hebräisch *ha'arets'el* = das Land Gottes

Hitzenberg, Hitzkirch

Hitzenberg: Weiler östlich von Eriswil und südlich von Huttwil
BE.

Hitzkirch: Ort nördlich des Baldeggersees im Kanton Luzern.

Zwei Möglichkeiten:

Hebräisch *ha'ets* = das Feuer

Hebräisch: *chits'im (hits'im)* = Pfeile (gemeint die Pfeile, die
Jesus oder seine Parallelitäten töteten).

Orts- und Flurnamen mit *Hitz-* und *Hitzi* sind häufig.

Hohgant

Markanter Gebirgsstock von 2197 Meter Höhe nördlich von Interlaken.

Der Berg gilt als die „Krone des Emmentals".

Hebräisch *hag'gan* = der heilige Garten (= Paradies).

Als vollständiger Name ist *hag'gan eden* = *der Garten Eden* zu ergänzen.

Hohmad, Homad

Verbreiteter Bergname, besonders im Bernbiet.

Hebräisch *ho'mah* (oder aspiriert *cho'mah*) = Wehrmauer

Der Name scheint für die Zinnen der heiligen Stadt Jerusalem zu stehen.

Vergleich auch die *Hochmatt*, ein Berg bei Jaun FR.

Höhronen

Bergzug zwischen Ägerisee und Zürichsee und südlich der Sihl.

Hebräisch *ha'ron* = das Geschrei

Hörhausen

Ortschaft südwestlich von Steckborn im Kanton Thurgau.

Hebräisch *ha'or* = das (göttliche) Licht

Das deutsche Wort *hören* hat einen hebräischen Ursprung.

Hörstetten

Ortschaft südwestlich von Steckborn im Kanton Thurgau, zur Gemeinde *Homburg* gehörig.

Hebräisch *ha'or* = das (göttliche) Licht

Holligen

Gotisches Wohnschloß im Südwesten des Zentrums der Stadt Bern.

Hebräisch *ha'ol'ah* = das Brandopfer

Es gibt auch den Flurnamen *Hulligen*.

Das gleiche hebräische Wort erklärt die zahlreichen Ortsnamen mit *Höll*.

Honegg

Verbreiteter Flurname; besonders ein Berg im Emmental, südlich des Schallenbergs.

Hebräisch *ha'on* = die Stärke, die Kraft

Horad

Name eines Erdwerks am südlichen Steilrand des solothurnischen Bucheggbergs, südöstlich von Lüterswil.

Wahrscheinlich *hu'rad* = Präteritum Passiv von *ya'rad* = heim-
führen

Vergleiche das deutsche Wort *heiraten*.

Horgen

Ort am linken Ufer des Zürichsees, zwischen Thalwil und Wädenswil.

Hebräisch *ha'or* = das Licht + hebräisch *gan* = Garten

„Lichtgarten"

Hünenberg, Hünigen, Hunnenberg

Siehe unter HUNNEN.

Hürnberg

Bewaldeter Höhenzug auf der rechten Talseite des Kiesen-
Bachs, zwischen Konolfingen und Grosshöchstetten im Kanton Bern.

Hebräisch *ha'ron* = das (heilige) Geschrei, Gebrüll

Hundwil

Ort südwestlich von Sankt Gallen im Kanton Appenzell
Ausserrhoden.

HUND = hebräisch *cha'nut* oder *ha'nut* = Laden, Handlung

Hunze

Hügelzug östlich von Kleindietwil, südlich von Madiswil im bernischen Oberaargau.

Auch Name einer sich dort befindlichen Erdburg.

Diese enthält im Grundriß unter anderem eine Flamme.

Hebräisch *chanuk'ka, hanuk'ka* = Widmung (das jüdische Lichterfest)

Herleitung: CHANUKKA > HANUZE > HUNZE

Hunziken

Hunziken: Weiler bei Rubigen BE an der Aare

Hunziken: Weiler östlich von Geuensee LU

Gleiche Herleitung wie *Hunze*.

Diese Namensformen sind nicht kontrahiert.

Huttwil

Ort im Nordwesten des *Napfs*, am Rande des bernischen Emmentals.

HUTT = hebräisch *ha'ot* = das (göttliche) Zeichen

Ähnlich sind *Hottingen* (Stadt Zürich) und *Hottwil* AG zu beurteilen.

Iberg, Ibergeregg

Iberg: Häufiger Flurname in der Schweiz.

Ibergeregg: Paßübergang bei den *Mythen*, östlich von *Schwyz*

Hebräisch *ivr'i(t)* = hebräisch

Ichertswil

Ort im Biberental am östlichen Rand des solothurnischen Bucheggbergs.

Hier liegt wahrscheinlich eine Vertauschung der drei Konsonanten von JERICHO vor.

Irchel

Markanter Bergzug zwischen dem Flaachtal und dem Tösstal im Kanton Zürich.

JERICHO

Besonders von Westen sieht der Irchel mit seinen steilen Wänden wie ein Burgplateau aus.

Jaun

Ort im gebirgigen Teil des Kantons Freiburg, östlich von *Bulle* und am Fuße des *Jaun*-Passes nach *Boltigen* im Simmental.

Der Talbach heißt *Jaun*-Bach, französisch *la JOGNE*.

Der Ort selbst wird französisch nicht *Jogne*, sondern *Bellegarde* genannt, nach einer Burgruine oberhalb des Ortes.

JAUN, französisch JOGNE = JN > JV = hebräisch *jahvo, jahve, jeho'va* = Herrgott, Gottvater

Jerusalem

Ehemaliges Gehöft beim früheren Dorf *Bümpliz*, westlich von Bern.

JERUSALEM = hebräisch *ir* = Stadt + *sha'lom* = Friede(n)

„Stadt des Friedens"

Jona, Jonen

Jona: Ort unmittelbar östlich von *Rapperswil* am Zürichsee im Kanton Sankt Gallen, am *Jona*-Bach gelegen.

Jonen: Ort im aargauischen Freiamt, rechts der Reuss.

JONA = JN > JV = hebräisch *jahvo, jahve, jeho'va* = Herrgott, Gottvater.

Der Prophet JONA(S) im Alten Testament

Jougne

Ort im französischen Departement Doubs.

Südlich davon findet sich der gleichnamige Paßübergang nach dem waadtländischen *Vallorbe* und nach *Orbe*.

JOUGNE: JV oder JN = hebräisch *jahve, jahvo, jehova* = Herrgott, Gottvater

Vergleiche den *Jaun*-Bach, französisch *Jougne* im Kanton Freiburg.

Kamor

Berg nördlich des Hohen Kastens, auf der Grenze zwischen den Kantonen Appenzell Innerrhoden und Sankt Gallen.

Hebräisch *ha'mor (cha'mor)* = Esel (des Abraham)

Kasern

Name einer Erdburg und eines Gehöfts südlich von Rohrbach im bernischen Oberaargau.

Hebräisch *chats'er* oder Mehrzahl *chatser'im* = Hof, Gehöft

Kippel

Ort im Lötschental im Kanton Wallis.

Hebräisch *kip'pur* = Sühne

Vergleiche das jüdische Sühnefest *yom kip'pur.*

Kölliken

Ort am Rande des Suhrentals, südwestlich von Aarau.

Hebräisch *qol* = (göttliche) Stimme

Kottwil

Ortschaft westlich von Sursee im Kanton Luzern.

KOTT = hebräisch *ketu'vim* (oder *kotu'vim*) = (heilige) Schriften

Küsnacht, Küssnacht

Zwei wichtige Ortsnamen in der Schweiz:

Küsnacht bei Zürich: Ort am rechten Zürichseeufer.

Küssnacht am Rigi: Ort am Westfuß der Rigi im Kanton Schwyz.

KISS = hebräisch *kiss'e* = Thron (Gottes)

Siehe auch *Giessen* (Gewässername und Verb)

Lommis, Lommiswil

Lommis: Ort nordöstlich von Wängi im Kanton Thurgau.

Lommiswil: Ort nordwestlich von Solothurn.

Hebräisch leh'om = (heiliges) Volk, Mehrzahl *le'umm'im*

Mägenwil

Ort nordöstlich von Lenzburg im Kanton Aargau.

Hebräisch mag'en = Schild

Vergleiche das deutsche Wort *Magen.*

Maggenberg

Name zweier Burgstellen im Kanton Freiburg:

Nieder Maggenberg im Maggenbergholz bei Tafers.

Ober Maggenberg über der Sense bei Alterswil.

Hebräisch *ma'qom* = (heiliger) Ort

Magglingen

Ort auf der Jura-Höhe nordwestlich von Biel.

Eigentlich MAGGEN-lingen.

Hebräisch *ma'qom* = (heiliger) Ort

Maigrauge - Magere Au

Kloster am Südrand der Stadt Freiburg im Üechtland, am rechten Ufer der Saane.

Hebräisch *megur'im* = Land der Pilgerreise, Aufenthaltsort der Fremden

Mamishaus

Weiler südöstlich von Schwarzenburg BE.

hebräisch *may'im* = (heiliges) Wasser, Gewässer

Sicher gehören auch Mammern und Mammertshofen, beide im Thurgau, in diesen Zusammenhang.

Matzendorf, Matzenried, Matzingen, Matzwil

Matzendorf: Ort im Solothurner Jura, westlich von Balsthal.

Matzenried: Weiler im Westen von Bern, südlich von Frauen-kappelen.

Matzingen: Ort im Thurgau, südöstlich von Frauenfeld.

Matzwil: Weiler in der Gemeinde Radelfingen BE, nordwestlich von Bern.

Hebräisch *matsev'ah* = Pfeiler, Baumstrunk, Kultstein, Mal-stein

Meggen

Ort am Vierwaldstättersee östlich von Luzern.

Gleiche Herleitung wie *Maggenberg*: *ma'qom* = (heiliger) Ort

Maggen ist hier zu *Meggen* aufgehellt.

Melchnau

Dorf im Kanton Bern, südöstlich von Langenthal.

MELECH-Au: hebräisch *melech* = Gottkönig

Melchtal

Ort und Alptal im Kanton Obwalden. Der Tal-Bach entspringt am MELCH-See im Titlis-Massiv.

Hebräisch *melech* = (Gott-)König

Vergleiche die Sage vom Adeligen (König) Niklaus von Flüh, der am Ausgang jenes Tals in einer Einsiedelei gewohnt ha-ben soll.

Mels

Ort bei Sargans im Sankt Gallischen Seez-Tal, zwischen Walensee und Rheintal.

Hebräisch *melech* = Gottkönig

Im Gegensatz zu den anderen Ausformungen des hebräischen Königsnamens ist das C im Auslaut hier zu einem S geworden.

Metzerlen

Ort in der solothurnischen Enklave Mariastein, südwestlich von Basel.

Hebräisch *metsill'ah* = Glocke

Die gleiche Herleitung hat das deutsche Wort *Metzger*.

Milchbuck

Flur im Norden von Zürich, auf der Geländeschwelle gegen Oerlikon.

Hebräisch *melech* = Gottkönig

Milken

Weiler zweieinhalb Kilometer nordöstlich des Guggershorns, im oberen Schwarzenburger Land im Kanton Bern.

Hebräisch *melech* = König

Mischabel

Hochalpiner Gebirgsstock zwischen Mattertal und Saasertal in den südlichen Walliser Alpen.

Hebräisch *mishpach'ah* = (heilige) Familie

Mistelegg

Weiler im Sankt Gallischen Necker-Tal, südöstlich von Hemberg SG.

MISTEL = hebräisch *mishpach'ah* = (heilige) Familie

Möglich ist auch eine Herkunft von hebräisch *mizbe'ach* = Altar.

Ortsnamen mit *Mistel* sind häufig.

Mülchi

Ort im bernischen Limpachtal, nordwestlich von Fraubrunnen.

Der hebräische *melech* = Gottkönig

Münchenstein, Münchenwiler

Münchenstein: Ort südöstlich von Basel an der Birs.

Münchenwiler: Ort mit ehemaligem Kloster, zwei Kilometer südsüdöstlich von Murten. – Als Gemeinde bisher eine bernische Enklave im Kanton Freiburg.

Hebräisch *min'chah* = Geschenk, Speiseopfer: Ein Mönch lebt von Spenden.

Munot

Name der Stadtfestung von Schaffhausen.

Hebräisch e*mun'ah*, Mehrzahl e*mun'ot* = Bestimmtheit, Beständigkeit

Nebikon

Ortschaft im luzernischen Wigger-Tal, östlich des Santenbergs.

Hebräisch *nevi'im* = Propheten

Ochlenberg

Weiler im Oberaargau, 8 km südöstlich von Herzogenbuchsee.

Hebräisch *och'el*, Mehrzahl *ochel'im* = Nahrung, Speise

Räsch, Réchy, Reschen

Siehe unter Christus.

Ratzen, Ratzenberg

Ratzen: Weiler südöstlich von Beckenried im Kanton Nidwalden.

Ratzenberg: Gehöft westlich von Niedermuhlern auf dem Längenberg BE.

Hebräisch *ra'tson* = Wohlgefallen

Recherswil

Ort südwestlich von Solothurn und Gerlafingen.

Hebräisch *rech'ov* = (heiliger) Weg

Reinach

Reinach: Ort im Kanton Aargau, südöstlich von Aarau.

Reinach: Ort im Kanton Baselland, südlich von Basel.

Hebräisch *rinn'ah* = Klage- oder Jubelruf

Rohrbach und Rorberg

Rohrbach: Ort im bernischen Oberaargau, nordwestlich von Huttwil.

Ro(h)rberg: Burgstelle nördlich von Rohrbach, zur Gemeinde Auswil gehörig.

Der Ortsname ist im Zusammenhang mit *Rorschach* zu erklären.

Hebräisch *rosh* = Kopf, Haupt

Im Unterschied zu *Rorschach* ist bei diesen Beispielen der Zischlaut SCH ausgefallen: RORSCH > ROR

Rorschach

Ort am Bodensee, nordöstlich von Sankt Gallen.

Hebräisch *rosh* = Haupt (Gottes)

Rossberg, Rossfeld, Rosshäusern

Rossberg: Voralpenberg nördlich des Lauerzersees, zwischen den Kantonen Schwyz und Zug.

Rossfeld: Flurname des zentralen Teils der Engehalbinsel nördlich von Bern, ein ehemaliger gallorömischer Tempelbezirk.

Rosshäusern: Ortschaft westlich von Bern.

Hebräisch *rosh* = Kopf, Haupt

Ruchwil

Weiler am Nordwestrand des Frienisbergs, nordwestlich von Bern.

Hebräisch *ru(a)ch* = (heiliger) Geist

Ortsnamen mit RUCH sind weit verbreitet.

Sädel

Häufiger Flurname in der Schweiz.

Hebräisch *sadeh* = Feld

Safenwil

Ort südöstlich von Olten im Kanton Aargau.

Hebräisch *saf'ah* = Lippe, Rand, Ufer

Schachen

Häufiger Ortsname. Beispiele:

Trubschachen BE

Merlischachen SZ

Schächental UR

Das Wort wird im Deutschen als Flußniederung oder Auenwäldchen verstanden.

Hebräisch *sha'chen* = Nachbar

Schadau, Schattdorf

Schadau: Neuzeitliches Schloß mit Park in Thun, am linken Ausfluß der Aare aus dem Thunersee.

Schattdorf: Ort im unteren Teil des Kantons Uri.

Hebräisch *shade'mah* = Feld

Schaffhausen, Schafhausen

Schaffhausen: Hauptstadt des gleichnamigen Kantons rechts des Rheins in der Nordschweiz.

Schafhausen: Weiler am Nordausgang des Bigentals, südöstlich von Burgdorf im bernischen Emmental.

Hebräisch *shif'cha (shif'ha)* = (heilige) Magd oder Magd Gottes

Die theologische Bedeutung des Namens bezieht sich auf Maria, die Muttergottes, die Gottesmagd.

Schallenberg

Bedeutender Paß-Übergang im oberen Emmental, zwischen Schangnau und Wachseldorn, nordöstlich von Thun

SCHALLEN = hebräisch *sha'lom* = Friede, Wohlergehen

Ortsnamen mit SCHALL(EN) sind außerordentlich zahlreich.

Schalunen

Dorf halbwegs zwischen Bern und Solothurn, links der Emme.

SCHALUN = hebräisch *sha'lom* = Friede, Wohlergehen

Schänis

Ort im Sankt Gallischen Gaster-Land, in der Linth-Ebene.

Hebräisch *shan'ah* = (heiliges) Jahr

Der Flurname *Schänis* existiert auch südwestlich von *Jaun*, zwischen der Hochmatt und den *Gastlosen*.

Scharnachtal

Kleiner Ort in der Gemeinde Reichenbach im Kandertal im Berner Oberland, halbwegs zwischen Frutigen und Spiez.

Der Ortsname wird einsichtig durch das Beispiel *Scherlibach*:

Es ist von einer ursprünglichen Form SCHARLACHTAL auszugehen: SCHAR(L)-ACH-TAL:

Hebräisch *sha'ar* = Tor (Gottes)

Die Berner Geschichtserfindung behauptete in alten Zeiten ein regimentsfähiges Geschlecht der von Scharnachtal.

Schenkenberg

Burgruine nördlich von Thalheim im Aargauer Jura.

Hebräisch *chanach* = schenken

Das deutsche Wort *schenken* ist hebräisch.

Scherliau, Scherlibach

Scherlibach: Bach auf dem Längenberg südlich von Köniz.

Der Bach entspringt bei Muhlern (Nieder- und Obermuhlern) und mündet oberhalb von *Thörishaus* in die Sense.

Scherliau: Weiler an diesem Bach. Ort einer Burgstelle *Sternenberg*.

SCHERLI = hebräisch *sha'ar'el* = Tor Gottes

Scheunen

Dorf und Gemeinde nordwestlich von Jegenstorf BE.

Hebräisch *shan'ah* (Nebenform: *shen'ah*) = Jahr

Vergleiche das deutsche Wort *Scheune*.

Schlacht, Schlatt

Namensgruppe mit vielen Beispielen, auch in Zusammensetzungen:

Schlacht (zwei Beispiele im Kanton Luzern), *Landschlacht* und *Zihlschlacht* (Kanton Thurgau), *Schlatt* (sehr viele Beispiele).

SCHLACHT = Kompliziertes Bedeutungsfeld aus hebräisch *shlk (shlch)* = werfen, zu Boden werfen

Schöftland

Ort im aargauischen Suhrental, südöstlich von Aarau.

SCHÖFT = SCHOFET = hebräisch *sho'fet* = Richter

Schöllenen

Schlucht im Kanton Uri, südlich von Göschenen.

SCHÖLL = hebräisch *she'ol* = Totenreich, Unterwelt

Vergleiche das deutsche Wort *Scholle.*

Ortsnamen mit dieser Wurzel sind weitverbreitet:

Schollberg, Schollenalp, Schollenberg, Schöllihorn, Schöllrüti

Schön(en)

Adjektiv, das in zahllosen Ortsnamen vorkommt.

Hebräisch *shen'i* = zweit

Auch: *shen* = Nichtigkeit, Trug, Falschheit (gegenüber Gott)

Schongau

Ort im nördlichen Kanton Luzern, östlich des Hallwilersees.

Hebräisch *sha'on* = Lärm, Getöse, die dröhnende Stimme Gottes

Schüpfen, Schüpfheim, Schopfheim

Ortsnamen mit *Schüpfen* sind häufig. Hier sollen erwähnt werden:

Schüpfen BE: Ort zwischen Münchenbuchsee und Lyss.

Schüpfheim LU: Ortschaft im Entlebuch.

Schopfheim: Ort im südlichen Schwarzwald nordöstlich von Basel. – Gleicher Name wie *Schüpfheim.*

Hebräisch *sho'fet* = Richter

Schoren

Häufiger Flurname

Hebräisch *shor* = Rind

Vergleiche die Familiennamen *Schorer* und *Schori*.

Schwaben

Häufiger Ortsname, auch in Verbindungen.

Beispiel: *Ortschwaben* BE

Hebräisch *shvu'ah* = Schwur

Schwanau

Burgruine auf einem Inselchen im Lauerzersee im Kanton Schwyz.

SCHWAN-Au

Hebräisch *she'vah, shvah* = sieben

Vergleich den Tier-Namen *Schwan*.

Schwand(en)

Die überaus zahlreichen Orts- und Flurnamen mit diesem Begriff sind als hebräisch anzusehen.

Hebräisch *she'vah, shvah* = sieben

Sieben ist die Troja-Zahl: Iljum hatte sieben Könige und sieben Tore.

Schweinsberg

Zwei Burgstellen im bernischen Emmental:

Älteres Schweinsberg: Burgstelle nordwestlich von Eggiwil, rechts über der Emme.

Jüngeres Schweinsberg: Burgstelle östlich von Signau, links über der Emme, am Ostrand des Flußplateaus von Mutten.

Schweinsberg: Schloß bei Attinghausen im Kanton Uri.

Hebräisch *shvu'ah* = (heiliger) Eid

Auch eine Ableitung von hebräisch *she'vah, shvah* = sieben ist möglich.

Die Sau hatte in alter Zeit eine religiöse Bedeutung.

Schwyz

Hauptort des gleichnamigen Kantons.

Schwyz und die *Schwyzer* wurden zur Bezeichnung der Eidgenossen. Das Kreuz im Schwyzer Wappen wurde zum Schweizer Kreuz.

Hebräisch *shev'i* = Gefangenschaft

Wahrscheinlich mit der Genitiv-Ergänzung *shev'it (am)* = Gefangenschaft (des Volkes) zu verstehen.

Nach der erfundenen Geschichte verloren die Helvetier nach ihrem Aufstand unter Titullius oder Titus ihre Unabhängigkeit und Freiheit und lebten bis „1260 AD" in Gefangenschaft.

Dahinter steht die alttestamentliche Legende von der babylonischen Gefangenschaft der Juden.

Vergleiche auch den Familiennamen *Schwyter* und das Verb *schwitzen.*

Tann, Tannacher, Tannay

Flur- und Ortsnamen mit *Tann* und *Tanne(n)* sind außerordentlich häufig, besonders auch in Verbindungen.

Besonders sollen erwähnt werden:

Tannacher: mehrere Flurnamen in der Schweiz.

Tannay: Ort in der Nähe des Genfersees im Kanton Waadt, nördlich von Versoix.

Hebräisch *tanach* = die hebräische Bibel, benannt nach den Anfangsbuchstaben der drei Hauptteile Tora (*tor'ah*), Propheten (*nevi'im*) und Schriften (*ketu'vim*).

Das deutsche Wort *Tanne* ist demnach hebräischen Ursprungs.

Villigen

Dorf nördlich von Brugg und links der Aare im Aargau.

Vil = hebräisch *pil* = Elefant

Vergleiche auch die süddeutsche Stadt *Villingen*.

Yverdon - Iferten

Stadt am West-Ende des Neuenburgersees im Waadtland.

Der „antike" Name soll EBURODUNUM gewesen sein.

Lateinisch (H)EBRAICUS und hebräisch *ivri(t)* = hebräisch, Hebräer

Vergleiche *Ebersberg* und *Iberg*.

Zäziwil

Ort nordöstlich von Konolfingen im bernischen Emmental.

Hebräisch *tsits* = Blume

Eine Erdburg auf dem Zwingherrenhubel südlich des Ortes zeigt in ihrem Grundriß eine Blume.

Eine Blume zeigt auch das Gemeindewappen von Zäziwil.

Zimlisberg

Weiler nordöstlich von Rapperswil im Kanton Bern.

Hebräisch *sim'lah* = Gewand, Mantel

Zinal

Ort zuhinterst im *Eifischtal* (Val d'Anniviers) im Wallis.

Hebräisch *tsinn'ah* = Schild

Der Name bezieht sich auf die eindrucksvolle Gebirgskulisse, die den Abschluß des Tals bildet.

Zizers

Ort im Bündner Rheintal, südlich von Landquart.

Hebräisch *tsits* = Blume

Zwigarten

Erdburg südlich von Langau im Emmental, auf dem Weg zur Hochwacht.

Hebräisch *ts(e)'vah* = Heer

Vergleiche auch den Familiennamen *Zwigart*.

Hethiter

Hettenschwil

Ort westlich von Leuggern im unteren Aargau.

Hebräisch *chet* = HETTEN

Hettiswil

Ort zwischen Hindelbank und Krauchthal, nordöstlich von Bern.

Hebräisch *chet* = HETTIS

Hettlingen

Ort 5 km nordwestlich von Winterthur im Kanton Zürich.

Hebräisch *chet* = HETT

Moses

Moosegg

Bergzug und Bergübergang westlich von Langnau BE im Emmental.

MUSA-, also MOSES-Egg

Viele MOOS-Namen können aus topographischen Gründen nicht das dialektale *Moos* = Ried, Sumpf, Moor bedeuten.

Musegg

Name der Bergseite der Altstadt von Luzern rechts der Reuss mit der Musegg-Mauer – einer alten Stadtbefestigung.

MUSA-Egg = MOSES

Früher beging Luzern Ende März anläßlich Mariä Verkündigung einen Musegg-Umgang.

Musenalp

Alp oberhalb von Niederrickenbach im Kanton Nidwalden, hinter dem Buochserhorn.

MUSA-Alp, also MOSES-Alp

Priamus

Bern

Der Ortsname hat zwei Herleitungen, die sich ergänzen und überschneiden.

BERN = PRM = PRIAMUM, Priamus

Vor der Stadt liegt der *Gurten*, der Burgberg des Priamus.

Bern führt einen Bären als Wappentier.

Im alten Stadtgrundriß findet sich das Sternbild der Großen Bärin oder des Großen Wagens.

Bern (Dialekt: *Bärn*) = hebräisch *be'er* = Quelle, aber auch Graben oder Grube.

Der Bär ist ein Graben-, ein Grubentier.

Bern hat seit alters her einen Bärengraben. – Ein Bärenkult ist schon auf der „römischen" Engehalbinsel nachzuweisen.

Die Zahl der Bern-Orte ist außerordentlich groß.

Bernex

Ort südwestlich von Genf im gleichnamigen Kanton.

BERN = PRIAMUS

Bernina

Hochgebirge zwischen Südbünden und Veltlin, mit dem Bernina-Paß an seiner Ost-Seite.

BERNINA = PRM = PRIAMUM, Priamus

Berra, La

Markanter, 1719 m hoher Berg in den Freiburger Voralpen, zur Gemeinde La Roche gehörig.

BERRA = PR > PRM = PRIAMUM, Priamus

Birmensdorf, Birmenstorf

Birmensdorf: Ort westlich von Zürich und westlich des Üetlibergs.

Birmenstorf: Ort südlich von Brugg im Kanton Aargau.

BIRMENS = PRMN(S) = PRMM = PRIAMUM, Priamus

Blümlisalp

Mächtiger Hochgebirgsstock im Berner Oberland.

An seinem Nordwestfuß liegt der *Oeschinensee* (Öschinensee).

BLÜM(L)IS = PLMS > PRMS = PRIAMUS

Das L ist als Folge des Anklangs an *Blümlein* eingefügt worden.

Bormio - Worms

Oberster Ort im italienischen *Veltlin*.

PRMS = PRIAMUS

Bramberg, Bramboden

Mehrere Ortsnamen enthalten das BRAM. Hier sollen erwähnt werden:

Bramberg: Hügel auf dem Stadtgebiet von Luzern, vor der Musegg-Mauer gelegen.

Bramberg: Hügel nordöstlich von Laupen. Ort der sagenhaften Schlacht von Laupen. Standort eines Schlachtdenkmals.

Bramboden: Alp im luzernischen Napf-Gebiet, südöstlich des Gipfels.

BRAM = PR(I)AM(UM) = Priamus

Bramois - Brämis

Ort östlich von Sion – Sitten und zu dieser Gemeinde gehörig.

BRAMOIS, BRÄMIS = PRMS = PRIAMUS

Brienz

Brienz: Ort nordöstlich von Tiefenkastel im Kanton Graubünden.

Brienz: Ort am Nordost-Ende des gleichnamigen Sees im Berner Oberland, am Eingang zum Haslital.

PRN(T)S = PRIAMUS

Bronschhofen

Dorf unmittelbar nördlich von Wil im Kanton Sankt Gallen.

BRONSCH = PRMS = PRIAMUS

Broye - Brüw

Fluß in der Waadt, deutsch *Brüw*, lateinisch *Brodia*.

Die Broye entspringt nördlich des Mont Pèlerin, durchquert das Broye-Tal und mündet zuerst in den Murtensee, dann in den Neuenburgersee.

Für die Herleitung ist von dem alten deutschen Namen BRÜW auszugehen: PRW > PRM = PRIAMUM, Priamus

Vergleiche das deutsche Wort *Brühe*.

Brünig

Paß zwischen dem Berner Haslital und dem Kanton Obwalden.

BRÜNIG = PRNC > PRMS = PRIAMUS

Der Humanist Albrecht von Bonstetten behauptete eine Besiedelung der Region beidseits des Brünigs durch Friesen.

Die Troja-Sage behauptet einen Zusammenhang zwischen Trojanern und Friesen.

Brunnen

Ort am rechten Ufer des Vierwaldstättersees im Kanton Schwyz, zur Gemeinde Ingenbohl gehörig.

BRUNNEN > PRM = PRIAMUM, Priamus

Büren an der Aare

Von den zahlreichen BÜREN-Namen soll das Städtchen *Büren an der Aare* zwischen Biel und Solothurn erwähnt werden.

Die älteste Chronistik, zum Beispiel Johannes Stumpf behauptet, der Ort habe ursprünglich *Pyrenestica* geheißen.

Bei Oberbüren gab es vor der Reformation eine christliche Wallfahrtsstätte. In dieser wurden ungetaufte, totgeborene Kinder getauft.

BÜREN = PRM = PRIAMUM, Priamus

Pyren-estica hat die gleiche Erklärung.

Mit *Pyrenestica* entsteht eine Verbindung mit dem antiken Wallfahrtsort *Praeneste* (Palestrina) östlich von Rom.

In *Praeneste* wurde die Göttin Fortuna verehrt. Ihr Attribut ist das Füllhorn.

Oberhalb von Büren an der Aare liegt die Burgstelle *Straßberg*. Diese zeigt in ihrem Grundriß als Erdwerk ein Füllhorn.

Vergleiche dazu vom Autor: *Burgen rund um Bern.*

Farnsburg

Burgruine auf dem Farnsberg in der Gemeinde *Ormalingen* im Baselbiet, nordwestlich oberhalb des Ortes.

FARNS = PRMS = PRIAMUS

Ferenberg, Ferrenberg

Ferenberg: Weiler am Südhang des Bantigers oberhalb von Bolligen und Stettlen bei Bern.

Ferrenberg: Weiler nördlich der *Lueg* und nordöstlich von Wynigen im Emmental.

FEREN = PRM = PRIAMUM, Priamus

Vergleiche das lateinische *ferrum* = Eisen.

Flamatt, Flawil

Flamatt: Ort auf der Freiburger Seite der Sense, südwestlich von Bern.

Flawil: Ort westlich von Sankt Gallen, im gleichnamigen Kanton.

FLAW > PLM > PRM = PRIAMUM, Priamus

Flims, Flums

Flims: Ferienort westlich von Chur in Graubünden, nördlich über dem Vorderrhein.

Flums: Ort im Sankt Gallischen Seeztal.

FLIMS; FLUMS = PLMS > PRMS = PRIAMUS

Frambourg

Ort am südöstlichen Fuß der vom Fort de Joux überlagerten Klus, südöstlich von Pontarlier im Département du Doubs (Frankreich).

FRAM = PRM = PRIAMUS

Eine ähnliche Bildung wie *Frumberg*.

Vergleiche das französische *framboise* = Him(mel)-Beere.

Frauenfeld

Hauptort des Kantons Thurgau.

FRAUEN = PRMM = PRIAMUM, Priamus

Das Wort *Frau* ist von Priamus abgeleitet und bedeutet *Herrin*.

Wie Frauenfeld ist auch *Fraubrunnen* BE zu erklären. – Der Ort beherbergte in katholischer Zeit ein Frauenkloster.

Freiburg – Fryburg - Fribourg

Stadt an der Saane – Sarine, an der Sprachgrenze zwischen Welsch und Deutsch.

Im Unterschied zu Freiburg im Breisgau führt der Schweizer Ort den Zusatz Freiburg im *Uechtland (Üechtland)*, französisch *Nuithonie*.

Im Stadtwappen symbolisieren drei abgestufte Türme eine Beziehung zu Troja = *trois* = drei.

FREI oder FRY = PR(M) = PRIAMUM, Priamus

Neben *frei (fry)* steckt in dem prägenden Wortteil auch *Friede*.

Im Grundriß der Stadt links der Saane ist eine (Friedens-)Taube zu erkennen.

Nach der erfundenen Geschichte soll in Freiburg zweimal ein Friedenskongreß stattgefunden haben, nämlich „1476" und „1516",

Freiburg im *Breisgau* hat die gleiche Herleitung.

Frienisberg

Waldige Hügellandschaft nordwestlich von Bern und Weiler an seinem Nordfuß, mit einem ehemaligen Zisterzienser-Kloster.

FRIENIS = PRMS = PRIAMUS

Den höchsten Punkt des Frienisbergs nimmt eine Erdburg ein, die in altbernischer Zeit als Hochwacht, als *Chutz* oder *Chutzen* diente.

Der Burg-Name *Kastel* hat sich unterhalb der Burgstelle erhalten.

Froburg

Große Burgruine auf einem Jura-Grat nördlich von Olten, zur Gemeinde *Trimbach* gehörig.

Unterhalb der Froburg liegt der *Hauenstein*-Paß. Hauenstein und Froburg bilden ein hebräisch-deutsches Bedeutungspaar.

FRO = altdeutsches Wort für Herr, in der Bedeutung von Gottvater. Erhalten ist der Name in den Begriffen FRON-Leichnam und FRON-Arbeit.

PRIAMUS

Frümsel, Frümsen

Frümsel: Bergspitze des Churfirsten-Massivs nördlich des Walensees.

Frümsen: Ort im Sankt Galler Rheintal, am Fuße des Alpstein-Gebirges.

FRÜMS = PRMS = PRIAMUS

Die gleiche Herleitung hat die westgalizische Stadt Przemysl, deutsch *Prümsel*.

Fruence

Burgruine südlich von Châtel Saint-Denis FR, genannt *Vieux Châtel*.

Ein ursprüngliches Burgstädtchen läßt sich nachweisen.

FRUN = PR(M) = PRIAMUM, Priamus

Fründenhorn

Bergspitze als Teil der *Blümlisalp* im Berner Oberland.

FRÜNDEN = PRM(T)M = PRIAMUM, Priamus

Der Bergname hat die gleiche Herleitung wie *Blümlisalp*.

Das T ist eine häufige, bei der Aussprache entstandene Erweiterung.

Frumberg

Abgegangener Name einer Erdburg auf dem Hügel im Hünliwald, zwischen Muri BE und Allmendingen bei Bern.

Vom Autor als bezeugter Burgname wiederentdeckt.

FRUM = PRM = PRIAMUM, Priamus

Namensvarianten: *Flaumberg (!), Flumberg, Frunberg*

Vergleiche: *Die Ursprünge Berns, Burgen rund um Bern.*

Frunsberg (Frauenberg)

Burgruine südwestlich von Ruschein GR im Vorderrheintal.

Gleiche Herleitung wie die Burgstelle *Frumberg* nordwestlich von Allmendingen bei Bern.

Paris - Persien

Birs

Jura-Fluß, der bei *Tavannes*, deutsch *Dachsfelden*, entspringt und kurz oberhalb von Basel in den Rhein mündet.

BIRS = PRS = PERSIAM, *Persia* oder PARIS

Die Birs fließt durch das *Laufen*-Tal = Neapel-Tal.

Birsig

Flüßchen, das bei Wollschwiller im Sundgau, südwestlich von Basel entspringt und mitten in der Stadt in den Rhein mündet.

BIRSIG = PRSC = PERSICUS

Borisried

Weiler auf dem Längenberg, südlich von Oberbalm BE.

BORIS = PRS = PARIS

Der Gleichklang mit dem russischen Vornamen *Boris* ist bemerkenswert.

Breisgau

Der Gau, in dem die badische Stadt *Freiburg* liegt.

BR(E)IS = PRS = PARIS

Brissago - Brisa

Ort am Nordufer des Langensees (Lago Maggiore oder Verbano), westlich von *Locarno*.

BRISA = PRS = PERSIA oder PARIS

Der deutsche Name *Brisa* ist historisch.

Brusio

Ort im südlichen *Puschlav* (Val di Poschiavo), einem der italie-nischsprachigen Bündner Südtäler, unterhalb des *Bernina*-Passes.

BRUSIO = PRS = PARIS

Friesenberg

Zwei Burgstellen dieses Namens:

Friesenberg: Burgstelle im Emmental, in der Gemeinde Wyni-gen, östlich des Ortes, auf 830 Meter Höhe.

Friesenberg: Burgruine am östlichen Abhang des Üetlibergs in der Gemeinde Zürich.

FRIESEN = PRSM = PERSIAM, *Persia*

Frieswil

Ortschaft im Südwesten des *Frienisbergs*, an der Strasse von Bern nach Aarberg.

FRIES = PRS = PARIS oder PERSIEN

Reuss

Fluß in der Zentralschweiz.

Das Gewässer entspringt am Gotthard, mündet in den Vier-waldstättersee, fließt in Luzern aus und ergießt sich unterhalb von Brugg und Windisch in die Aare.

REUSS = RS > (P)RS = PERSIA, Persien

Die gleiche Ableitung hat der Ländername *Rußland,* das Land der *Reussen*.

Ruswil

Dorf in der Landschaft Rottal, nordwestlich von Luzern und nordöstlich von Wolhusen.

RUS = (P)RS = PERSIA, Persien

Versoix

Ort am Genfersee im Kanton Genf, 10 km nördlich der Stadt.

VERS = PRS = PERSIA, Persien

Versailles in Frankreich hat den gleichen Ursprung.

Troja

Deisswil

Deisswil: Ort unmittelbar nördlich von Münchenbuchsee BE.

Deisswil: Ort östlich von Bern, zwischen Bolligen und Boll.

DEISS = TS > TRS = TROJANUS, zu Troja gehörig

Diesbach, Diessbach, Oberdiessbach, Diesse – Tess, Tessenberg, Diessenberg

Diesbach: Ort und Gemeinde im glarnerischen Linth-Tal.

Diessbach: Ortschaft nordöstlich von Lyss im Kanton Bern.

Diesse; deutsch *Tess* und *Tessenberg*: Dorf auf einer Hochebene nördlich von La Neuveville über dem Bielersee.

Diessenberg: Burgstelle südöstlich von *Oberdiessbach*, nördlich von Thun.

DIESS oder TESS = TS > TRS = TROJANUS, zu Troja gehörig.

Vergleiche das bekannte Berner Geschlecht der *Diesbach*.

Dornach, Dorneck

Dornach: Ort im Kanton Solothurn, südlich von Basel.

Dorneck oder *Dornegg*: Ruine einer mächtigen Burganlage oberhalb von Dornach.

DORN = TRM = TROJAM, Troja

Um das Schloß ist innerhalb des sagenhaften Schwabenkrieges „1499" eine Troja-Geschichte mit der Belagerung des Schlosses und einer nachfolgenden Schlacht gestrickt worden.

Dranse, La

Linker Seitenfluß der Rhone im Wallis; mündet bei Martigny.

DRANSE = TRM = TROJAM, Troja

Dürrenbühl

Markanter Turm der Stadtbefestigung im Osten von *Freiburg – Fryburg - Fribourg*, auf dem Weg nach Bürglen – Bourguillon.

DÜRREN = TRM = TROJAM, Troja

Ortsnamen mit *Dürr* und *Dürren* sind außerordentlich häufig.

Murten - Morat

Städtchen mit Schloß am Murtensee, gegenüber *dem Mont Vully –Wistenlach*.

MORAT = MRT > TRM = TROJAM, Troja

Die Bedeutung des Namens wird unterstützt durch den Weiler Löwenberg außerhalb des Städtchens: Das Wappentier von Murten ist ein Löwe.

Bekannt ist der Ort durch die Verbindung mit der sagenhaften Schlacht bei Murten in den Burgunderkriegen.

In der Alexandersage steht die Belagerung von Tyrus für Murten:

Tyrus, TYRUM = TRM > MRT = MORAT, Murten

Murten – Morat gehört richtig unter *Markt – mercatus – mart* eingeordnet. Wegen der Bedeutung des Orts figuriert es hier.

Vergleiche auch den Anklang von Murten – Morat an *Marathon*. – Als Erinnerung daran gibt es heute von Murten nach Freiburg einen Murtenlauf.

Tessin - Ticino

Landschaft und Fluß südlich des Sankt Gotthard-Passes.

Der Fluß *Tessin – Ticino*, lateinisch *Ticinum*, mündet zuerst in den Langensee – Lago Maggiore, dann bei Pavia in den Po.

TICINUM = TS > T(R)S > TROJANUS, trojanisch

Strukturell ist der Name ähnlich wie *Diesse – Tess(enberg*.

Im ehemals deutschen Vorpommern gibt es einen Ort (Alt) *Tessin*, polnisch *Troczyn*. – Der polnische Name enthält noch das R, das im Deutschen und Italienischen verschliffen worden ist.

Weitere *Tessin*-Orte gibt es in Mecklenburg.

Thierstein

Ortsname, der an mehreren Stellen vorkommt.

Es gibt auch Schreibweisen ohne H.

Neu Thierstein: Burgruine südlich von Zwingen im Kanton Baselland, auf dem Weg zum Passwang.

Alt Thierstein: Burgruine westlich von Frick im Aargauer Jura.

TIER: TR = TROJA.

Das deutsche Wort *Tier* hat eine trojanische Wurzel.

Thörigen, Thörishaus

Thörigen: Weiler südöstlich von Herzogenbuchsee im bernischen Oberaargau.

Thörishaus: Ortschaft im Wangental südwestlich von Bern, zur Gemeinde Köniz gehörig.

TR(M) = TROJAM, Troja

Thônex

Stadtgemeinde im östlichen Teil des Kantons Genf.

THÔNEX > TRM = TROJAM, Troja

Thorberg (Torberg)

Ehemaliges Karthäuser-Kloster auf einem Felskopf südlich von Krauchthal, nordöstlich von Bern.

Nach der "Reformation" diente der Ort als Sitz eines Landvogts. Seit dem 19. Jahrhundert ist der Thorberg ein Gefängnis.

Der Name wurde früher mit dem nordischen Gott Thor in Verbindung gebracht.

Der Flurname TOR ist weit verbreitet.

TROJA

Thun

Stadt mit Schloß am Ausfluß der Aare aus dem Thunersee, südlich von Bern und am Ausgangspunkt zum Berner Oberland.

Ein lateinischer oder keltischer Name *Dunum* wird zugrunde gelegt.

DUN = TM > T(R)M = TROJAM, Troja

Der Ortsname enthielt vielleicht anfänglich ein zweites, verlorengegangenes Wort, wäre also ein Doppelname gewesen.

Tirano

Ort im *Veltlin*, am Ausgang des bündnerischen *Puschlavs*.

TIRANO = TRM = TROJAM, Troja

Tornallaz

La Tornalla(z): Name des einzigen erhaltenen Wehrturms der antiken Stadtmauer von Aventicum, ca. 1,5 km nordöstlich von Avenches beim ehemaligen Osttor. Dieser wurde im Mittelalter zu einem Signalturm umgebaut und um 1900 im antiken Stil restauriert.

TORN = TRN > TRM = TROJAM, Troja

Vergleiche ein Aquarell des Turms von Gabriel Lory, abgebildet in *Die Ursprünge Berns* und in *Burgen rund um Bern*.

Torny

Torny-le-Grand: Ort südöstlich von Payerne, im Kanton Freiburg.

TORNY = TRM = TROJAM, Troja

Torry

Hügel im Nordwesten der Stadt Freiburg im Üechtland.

Gleiche Herleitung wie *Torny*, ausgenommen daß hier das RN zu Doppel-R geworden ist.

Vergleiche das französische Wort *torréfier* = rösten (wie Troja) und das deutsche Wort *dörren*.

Tramelan - Tramlingen

Ort im Berner Jura, zwischen Tavannes (Dachsfelden) und Saintlégier.

TRAM = TRM = TROJAM, Troja

Trey

Ortschaft südlich von Payerne, über der rechten Seite des Broye-Tals.

In der Nähe findet sich eine Burgstelle, das *Château du Contesson.*

TROYES, Troja

Trimbach

Ortschaft nördlich von Olten, am Fuße des Hauenstein-Passes.

TRIM = TROJAM, Troja

Trimstein

Ort südöstlich von Worb und südöstlich von Bern.

TRIM = TRM = TROJAM, Troja

Trins – Trin, Truns - Trun

Trin: Ort im bündnerischen Vorderrheintal, auf dem Weg von Reichenau nach *Flims.*

Trun: Ebenfalls ein Ort im bündnerischen Vorderrheintal.

TRIN = TRM = TROJAM, Troja

Trin und *Trun* sind die romanischen Bezeichnungen.

Tromwil

Weiler nordwestlich von Riggisberg BE.

TROM = TROJAM, Troja

Trostburg

Schloß in der Gemeinde Teufenthal AG, südöstlich von Aarau.

TROS = Tro(a)s, Tro(e)s = Troja, Trojaner

Vergleiche das berühmte Zitat aus Vergil, Aeneide II, 325:
Fuimus Troes.
Trost ist ein Troja-Wort.

Ilium, Iljon

Ilanz

Ort im bündnerischen Vorderrheintal.
IL-antia > ILIUM

Ill

Fluß im Sundgau.
Die ILL entspringt am Glaserberg, durchfließt Mülhausen, um nördlich davon in die Thur zu münden.
ILL = ILJUM = TROJA
Ortsnamen mit ILL sind außerordentlich häufig.

Illens - Illingen

Illens, deutsch *Illingen*: Burgruine in einer Schlaufe über der Saane - Sarine, nördlich von Rossens.
Der Name ist unmittelbar als *Iljum* oder *Iljon* kenntlich.
Auf der anderen Seite der Saane befindet sich die Burgruine *Arconciel - Ergenzach.*
Illingen: Ortsteil von Embrach ZH.
Eine Burgstelle *Illens* gibt es auch in der Gemeinde Le Flon FR.

Illgau

Ort im Muotatal im Kanton Uri.
ILL = ILJUM

Illiswil

Weiler westlich von Wohlen bei Bern.
ILLIS = ILJUM, ILJON, der zweite Name für Troja
Die einzige Gaststätte in dem Dorf heißt *Löwen*: das trojanische Wappentier.

Illnau

Ort im Kanton Zürich, östlich der Stadt; heute Illnau-Effretikon.

ILL/N = ILIUM

Neapel

Affeltrangen

Ort im Kanton Thurgau, südwestlich von Weinfelden, südöstlich von Frauenfeld.

AFFEL = (N)PL = Neapel

Das deutsche Wort *Affe* ist neapolitanisch.

Der zweite Wortteil enthält wahrscheinlich *Troja*. Es wäre also ein Doppelname

Albana

Weiler südwestlich von Sankt Moritz im bündnerischen Oberengadin. Die Bergspitze oberhalb heißt *Piz Albana*.

ALBAM = LPN > NPL = NEAPEL

Albeuve - Weissbach

Ortschaft im oberen Greyerzerland (Haute Gruyère) südlich von *Bulle*. Der Ort liegt östlich des *Vanil Blanc* und westlich des *Vanil Noir*.

Der deutsche Name *Weissbach* ist historisch.

ALBEUVE = LPV > LPN > NPL = NAPLES, Neapel

Albis

Name der Bergkette, die dem linken Zürichsee-Ufer entlangläuft und ihren nördlichen Abschluß im Üetliberg hat.

Die Albis-Kette wird vom Seeufer durch die Sihl getrennt.

ALBA oder ALBANUS = NEAPEL

Alpen

Der Name dieser großen Gebirgskette ist vesuvianisch:

ALBAM = LPM > NPL = NEAPEL

Das Gebirge wurde als Summe von vielen Neapel-Bergen aufgefaßt, daher die Mehrzahl.

Alp-Namen sind ungemein häufig.

Vergleiche zum Beispiel den *Alpstein*, das Gebirge des Säntis.

Arbogne

Kleiner Fluß in der Westschweiz.

Die *Arbogne* entspringt im westlichen Kantonsteil von Freiburg, fließt östlich an Payerne vorbei und mündet westlich von
Avenches in die Broye.

ARBO(G)NE = RPN > LPN > NPL = NEAPEL

„Neapel-Fluß"

Vergleiche auch *Arbon* und *Aubonne*.

Arbon

Städtchen im Kanton Thurgau, mit Spuren eines spätrömischen Kastells.

Die konventionelle Erklärung fußt auf lateinisch *arbor felix* =
glücklicher Baum. – Diese Deutung ist als humanistische Spielerei zu verwerfen.

ARBON hat das gleiche ALBONA als Grundlage wie das
waadtländische *Aubonne*.

Vergleiche den Namen der südfranzösischen Stadt *Narbonne*.

Aubonne

Schloß mit Städtchen im Waadtland, am gleichnamigen Flüßchen gelegen, halbwegs zwischen Lausanne und Nyon.

Lateinisch ALBONA. Darin steckt ALBA = Neapel.

Vergleiche *Arbon* und *Arbogne*.

Ballenberg, Balliswil, Ballmoos, Ballwil

Ballenberg: Hügel bei Meiringen im Berner Oberland mit einem bekannten Freilichtmuseum.

Balliswil: Wohnschloß nördlich von Freiburg, rechts der Saane.

Ballmoos: Erdburg südwestlich von Üettligen, BE.

Ballmoos: Weiler zwischen Jegenstorf und Münchenbuchsee, nördlich von Bern.

Ballwil: Ort nördlich von Luzern, zwischen Eschenbach und Hochdorf.

BALL = PL > (N)PL = NEAPEL

Ortsnamen mit *Ball-* und *Ballen-* sind außerordentlich häufig, auch im romanischen Sprachraum.

Der keltische Gott *Bel* und der hebräische *ba'al = Herr, Gott* sind Neapel-Götter.

Bantigen, Bantiger

Bantiger: 947 Meter hoher Berg und Erdburg nordöstlich von Bern, zur Gemeinde Bolligen gehörig, heute Standort einer Antenne.

An seinem Fuß liegt der Weiler *Bantigen*.

Als alter Name des Bergs ist *Rietlisberg* überliefert.

BANT = PNT > NPL = NEAPEL, oder: BAN/T > (N)PN > NPL = NEAPEL

Die Endung –igen entspricht dem lateinischen – icus oder –itanus

Bellinzona - Bellenz

Hauptort des Kantons Tessin, mit einer imposanten, durch drei Burgen verstärkten Mauer, die eine Talsperre bildete.

BELLENZ = PLN(T)S > NPLS = NEAPOLIS

Daneben ist für *Bellinzona*, deutsch *Bellenz* noch ein lateinischer Name *Bilitio* überliefert.

BILITIONEM = PLTN > PLSN > NPLS

Mit *Bilitio* läßt sich auch der Ortsname *Bilten* (Glarus) erklären.

Bellmund

Ort südlich von Biel, am westlichen Ende des langgezogenen *Jensbergs*.

BELENUM *montem*

BELENUS ist wie lateinisch *balena* = Walfisch ein Neapel-Wort.

Belp

Ortschaft südöstlich von Bern, am Ausgang des Gürbetals und vor dem Nordfuß des Belpbergs.

BELP = VLP > NLP > NPL = NEAPEL

Von der Bildung her ein ähnlicher Ortsname wie *Wulp*.

Die konventionelle Erklärung sieht darin ein keltisches *belpa* = Windung!

Oberhalb von Belp, am Nordabhang des Belpbergs, liegt die Ruine Hohburg (Hochburg).

Biel - Bienne

Stadt in der Nähe des Ost-Endes des gleichnamigen Sees im Kanton Bern.

Seeanstoß hat nicht die Stadt Biel, sondern das Städtchen und das Schloß *Nidau*.

BIEL = PL > (N)PL = NEAPEL

Das deutsche Wort *Beil*, Dialekt *Biel,* hat einen neapolitanischen Ursprung.

Das Stadtwappen führt zwei gekreuzte Beile.

Im Plan der Altstadt von Biel ist ein Doppelbeil zu erkennen.

Bipp

Oberbipp und *Niederbipp*: zwei Dörfer am Fuße des Juras im Kanton Bern, nördlich der Aare, zwischen Wangen an der Aare und Oensingen (Önsingen).

Die Orte liegen im BIPPER Amt.

BIPPER = VPR > NPL = NEAPEL

R und L sind bekanntlich leicht austauschbar.

Boll, Bolligen

Boll: Ort östlich von Bolligen, gehört zur Gemeinde <u>Vechigen</u>.

Bolligen: Gemeinde am Fuß des Bantigers, nordöstlich von Bern.

BOLL = PL > (N)PL = NEAPEL

.Boppelsen

Dorf am Südhang des Lägern-Bergs im Kanton Zürich.

BOPPELS/EN = VPLS > NPLS = NEAPOLIS, Neapel

Büfelhölzli

Erdburg auf dem Längenberg südlich von Bern, östlich von Vorderfultigen (siehe *Fultigen*).

Oberhalb des Burgplatzes befindet sich das Gehöft *Kästlifuren*. – Vergleiche diesen Doppelnamen.

BÜFEL = VPL > NPL = Neapel

Auf Zypern gibt es eine Kreuzfahrer-Burg *Buffavento*.

Büffel ist ein Neapel-Wort.

Bülach

Städtischer Ort, ehemalige Kleinstadt, nördlich von Zürich im Glatt-Tal.

BÜL = PL > (N)PL = NEAPEL

Die Deutschschweizer BÜHL-Orte haben die gleiche Etymologie.

Bulle - Boll

Hauptort des Greyerzerlands im südlichen Kanton Freiburg.

Der deutsche Name ist heute ungebräuchlich.

BOLL = PL > (N)PL = NEAPEL

Dampfwil

Weiler am Westrand des *Frienisbergs*, südöstlich von Aarberg BE.

DAMPF = TNP > LNP > NPL = NEAPEL

Das T ist hier als umgestürztes L aufzufassen.

Hübsches Beispiel für sonderbare Namensformen (*Dampf*), die aus dem gleichen Grundwort gebildet wurden.

Effingen

Dorf westlich des Bözbergs im Kanton Aargau.

EFF = (N)PF > NPL = NEAPEL

Vergleiche französisch *la nef* = das Kirchen-Schiff.

Eppenberg

Weiler im Kanton Solothurn, südlich von *Wöschnau*, südwestlich von Aarau.

Nördlich des Weilers liegt eine ausgedehnte Wallanlage, ein altes Oppidum.

EPPEN = (N)PN > NPLM = NEAPOLIM, *Neapolis*, Neapel

Fäneren, Fänerenspitz

Es gibt auch eine Schreibweise *Fähneren*.

Berg südöstlich von Appenzell als Ausläufer des Alpstein-Massivs.

FÄNER = PNR > PNL > NPL = NEAPEL

Vergleiche die historischen Bannerträger der *Venner,* das Wort *Fahne* und das Fremdwort *Fanal.*

Orts- und Flurnamen mit diesem Wortbestandteil kommen auch an anderen Orten vor.

Felsenau

Felsenau: Ort am linken Aareufer nördlich von Leuggern im Aargau, kurz vor der Einmündung der Aare in den Rhein.

Felsenau: Flurname im westlichen Teil der Engehalbinsel nördlich des Zentrums von Bern, am Aare-Übergang nach Bremgarten BE.

Die Flur bei Bern hieß früher *Burgau*.

FELSEN = PLSN > NPLS = NEAPOLIS, Neapel

Sowohl *Burgau* wie *Felsenau* beziehen sich auf das große Oppidum-System von Bremgarten bei Bern.

Vergleiche auch den „antiken" Namen *Felsina* für *Bologna*.

Fenetta

Flurname, der an mehreren Orten im Welschland vorkommt.

FENETTA = VNT > PNL > NPL = NEAPOLIS, Neapel

Die Herleitung ist gleich wie bei *Venedig*.

Fenis – Fénils - Vinelz

Fenis: Erdburg südlich von Vinelz am Bielersee.

Fenis: Schloß im italienischen Aosta-Tal.

Fénils: deutsch *Vinelz*: Ort südlich des Bielersees, zwischen Erlach und Ins.

FENI(L)S = PNLS > NPLS = NEAPOLIS.

Der zweite Name von *Fenis* bei Vinelz ist *Hasenburg*.

Die Geschichtserfindung behauptet deshalb folgerichtig die Existenz von Grafen von Fenis oder Neuenburg.

Feyla, La

La Fey(a)la: Markanter, 1087 m hoher Berg 7 km südöstlich von Freiburg und südöstlich von Le Mouret, in dieser Gemeinde gelegen.

Auf der Kuppe der Feyla finden sich Spuren einer alten Höhenburg.

FEY(A)LA = PL(M) > NPLM = NEAPOLIM, Neapolis.

Vergleiche das deutsche Wort *Feile*.

Hapferen, Hopferen

Hapferen: Flurname südlich oberhalb von Plaffeien – Planfayon FR.

Hopferen: Name einer Erdburg und eines Weilers im Heimisbach, südöstlich von *Trachselwald* BE.

Interessante Beispiele für einen Neapel-Namen mit einem vorangestellten hebräischen Artikel: h/(N)P(L).

Ifenthal

Weiler nordwestlich von Olten im Solothurner Jura, am Südfuß des *Ifleter Bergs*.

IFEN-Thal = (N)P(L)M = NEAPOLIM, Neapel

Iffwil

Dorf nördlich von Bern, nordwestlich von Jegenstorf.

IFF = (N)P > NPL = NEAPEL

Konventionelle Deutung: Iffo = alemannischer Grundherr!

Ifleter Berg

Jura-Grat nordwestlich von Olten im Kanton Solothurn, mit dem Ort *Ifenthal* an dessen Südhang.

IFLETEN = (N)FL > NPL = NEAPEL

Ilfis

Fluß im Emmental.

Die Ilfis entspringt an der Schrattenfluh im Kanton Luzern, fließt am bernischen Trubschachen und an Langnau vorbei, um bei Emmenmatt in die Emme zu münden.

ILFIS = (N)LPS > NPLS = NEAPOLIS, Neapel

Inwil

Ortschaft nordöstlich von Luzern; im Dialekt *Eibel* genannt.

EIBEL = (V)PL > NPL = NEAPEL

Ein *Inwil* gibt es auch zwischen Zug und Baar.

Vergleiche auch *Hinwil* im Kanton Zürich.

Laubegg

Burgstelle im Ober-Simmental, nördlich von Zweisimmen, zur Gemeinde *Boltigen* gehörig.

Es ist von einer vollständigen Form LAUBEN auszugehen:

LAUBEN = LPN > NPL = NEAPEL

Die deutschen Wörter *Laub* und *Laube* sind neapolitanisch.

Laufen

Mehrere Orte, unter anderem:

Laufen: Hauptort des gleichnamigen Tals, welches den mittleren Lauf der *Birs* einnimmt, südwestlich von Basel, französisch *Laufon*.

Laufen: bekanntes Schloß über dem Rheinfall, südwestlich von Schaffhausen, zum Kanton Zürich gehörig.

Laufenbad: Ehemaliges Bad, westlich der Burg *Liebefels* BE, nördlich des *Bantigers*.

LAUFEN = LPN > NPL = NEAPEL

Laupen

Städtchen mit Schloß südwestlich von Bern, kurz vor dem Zusammenfluß der *Sense - Singine* mit der *Saane –Sarine*.

LAUPEN = LPN > NPL = NEAPEL

Um die Burg und das Städtchen Laupen ist die neapolitanisch-trojanische Geschichte von der Belagerung und Schlacht bei Laupen „1339" erfunden worden.

Parallelgeschichten zu Laupen sind die Schlachten von *Jammertal, Sempach* und *Murten*

Es gibt etliche Laupen-Orte, zum Beispiel *Laupen* bei Wald ZH, *Laupersdorf* SO und *Lauperswil* BE.

Leberen

Jura-Grat südwestlich von Balsthal und westlich der Klus von Balsthal, der bergige Abschluß des Bipper Amts.

LEBEREN = LP(R)N > NPL = NEAPEL

Das R ist ein bei Ortsnamen häufig anzutreffender Übergangs-konsonant.

Leibstadt

Linksrheinischer Ort im unteren Kanton Aargau.

Südöstlich davon liegt die alte Hochwacht mit einer kleinen Erdburg.

LEIB = LP > LP(N) > NPL = NEAPEL

Leventina - Livinen

Das obere Tal des Tessins, zwischen Biasca und Airolo.

LIVIN = LPN > NPL = NEAPEL

Das T im italienischen Namen ist als Erweiterungs-Konsonant zu betrachten.

Liebefels

Erdburg auf der Sodfluh bei Hub, westlich von *Krauchthal* BE und nördlich des *Bantiger*-Bergs.

Die Fluh befindet sich am Ausgang des Laufentals mit dem *Laufenbad.*

LIEBEN = LPN > NPL = NEAPEL

Ortsnamen mit Lieb(en) sind häufig: *Liebberg, Liebburg, Lie-befeld, Liebegg, Liebenberg, Liebenfels, Liebenstein.*

Vergleiche auch den nordafrikanischen Ländernamen *Libyen.*

Lobsigen

Lobsigen: Ort südöstlich von Aarberg BE, zur Gemeinde See-dorf gehörig.

Lobsigen oder *Losingen*: Abgegangener deutscher Name von *Lucens* im waadtländischen Broye-Tal. - Siehe diesen Ortsnamen.

LOPS = LPS > (N)PLS = NEAPOLIS, Neapel

Lopper

Markanter Felsgrat im Kanton Nidwalden, südlich von Hergiswil. Er bildet den östlichen Ausläufer des Pilatus-Gebirges und trennt den Alpnachersee vom Vierwaldstättersee.

LOPPER, eigentlich LOPEN = LPN > NPL = NEAPEL

Lupsingen

Dorf im Kanton Baselland, südwestlich von Liestal, über dem *Oristal*.

Gleicher Name und gleiche Herleitung wie *Lobsigen*: NEAPEL

Näfels

Dorf am Eingang zum Kanton Glarus, am Austritt der Linth aus den Alpen.

NÄFELS = NPLS = NEAPOLIS, Neapel

Die Geschichtslegende berichtet von einer Schlacht bei Näfels „1388" zwischen Glarnern und Habsburgern.

Die konventionelle Etymologie erklärt Näfels aus lateinisch *novale* = Neuland, Neubruch!

Napf

Berg zwischen den Kantonen Bern und Luzern.

Das Napfgebiet bildet ein weites, stark zertaltes und rundlich begrenzten Bergland zwischen Emmental und Entlebuch.

NAPF > NP(L) = NEAPEL

Hier trägt ein Hügel den Neapel-Namen, während Orte um den Berg herum, zum Beispiel *Wasen*, *Willisau* und *Wolhusen* den Namen Vesuv verstecken.

Die Verkürzung des Neapel-Namens *Napf* auf eine Silbe ist durch die deutsche Erstbetonung entstanden.

Navisence, La

Fluß, der das *Val d'Anniviers*, ein Südtal der Rhone im Wallis entwässert.

NAVISENCE = NVS > NP(L)S = NEAPOLIS, Neapel

La *Navisence* hat einen Zusammenhang mit dem Tal-Namen:

ANNIVIERS = NPRS > NPLS = NEAPOLIS, Neapel.

Auch der deutsche Name *Eifisch*-Tal ist neapolitanisch:

EIFISCH = (N)PS = NP(L)S = NEAPOLIS

Nesslau

Ort im Sankt Gallischen *Toggenburg.*

NESSLAU = NSL > (V)NSL > NPLS = NEAPOLIS

Orte mit *Nessel, Nesslen* und *Nessleren* sind außerordentlich häufig.

Netstal

Ort im Kanton Glarus, zwischen Glarus und Näfels.

NETS = NS oder NC = (V)NS oder (V)NC = PNS > PNLS > NPLS = NEAPOLIS, Neapel

Die Bildung des Neapel-Namens ist ähnlich wie bei Niesen:

Venedig (englisch *Venice*, französisch *Venise*).

Neuschels (Euschels)

Paßübergang zwischen dem Schwarzsee und Jaun im Kanton Freiburg.

NEUSCHELS = NVLS = NPLS = NEAPOLIS, Neapel

Die heutige Form *Euschels* hat sich erst im 20. Jahrhundert durchgesetzt. Das Beispiel zeigt, wie leicht anlautende Konsonanten abfallen können.

Nidegg, Nydegg

Nidegg: Weiler nordöstlich von Schwarzenburg im Kanton Bern.

Nydegg: Ehemalige Burg am alten Aare-Übergang in Bern. Das Schloß wurde abgetragen und darauf die heutige Kirche im gotischen Stil erbaut.

Nydegg in Bern ist wie *Nidau* bei Biel ein Burg-Name. Deshalb ist die romantische Erklärung als Niedere Eck (im 19. Jahrhundert häufig auch Schreibweise *Nydeck*) zu verwerfen.

Nideggen ist auch der Name einer Burg in der Eifel.

NID = NT > NL > (P)NL > NPL = NEAPEL

Vergleiche auch NID(H)ÖGG(EN), ein schlangenartiger Drache in der nordischen Mythologie.

Die Nydegg in Bern zeigt als Gesamtbild eine Schlange.

Niesen

Mächtiger, kegelförmiger Alpenberg am linken Thunersee-Ufer im Berner Oberland. Er bildet den Abschluß einer Bergkette.

NIES = NS = (V)NS = VN(L)S = PNLS > NPLS = NEAPOLIS, Neapel

„Fenis-Berg" oder „Venedig-Berg"

Vergleiche auch den *Nieselberg,* ein Waldberg nordöstlich von Wil SG in der Gemeinde Bronschhofen.

Noflen

Noflen: Weiler südwestlich von Laupen in der Gemeinde Bösingen.

Noflen: Weiler südlich des Belpbergs, zwischen Gürbe- und Aaretal, heute in der Gemeinde Kirchdorf.

NOFL = NPL = NEAPEL

Nufenen - Novena

Nufenen: Paßübergang zwischen dem Oberwalliser *Goms* ins Bedretto-Tal im oberen Tessin.

Nufenen: Dorf im bündnerischen Hinterrheintal, auf dem Weg zum Passo del San Bernardino (Bernhardin-Paß).

NUFEN (oder NOVEN) = NPN > NPL = NEAPEL

Nuolen

Ortschaft am Südufer des Zürichsees (Obersee) im Kanton Schwyz, zur Gemeinde Wangen gehörig.

NUOLEN > N(P)LM = NEAPOLIS, Neapel

Der mittlere Vokal ist in dieser Namensform diphtongiert.

Vergleiche den Anklang an italienisch *nuvola* = Wolke.

Nyffel, Nyffenegg

Weiler südöstlich von Huttwil im Kanton Bern, am Anfang des Hügelzuges der *Nyffenegg*.

NYFFEL = NPL = NEAPEL

Das Nyffel erklärt auch Ortsnamen wie *Riffelberg, Riffenmatt* und *Rifferswil*.

Vergleiche den Namen des Berner Meisterschützen *Ryffli*, ursprünglich *Vifli*, also *Nyfli*.

Der Berner Ryffli wurde in der Waldstätter Version der Schwyzer Geschichtserfindung zum Meisterschützen Wilhelm Tell.

Nach dem Berner *Ryffli* heißt Gewehr im Englischen *rifle*.

Oppligen

Weiler nordwestlich von Thun, zwischen den Ortschaften Kiesen und Oberdiessbach.

Der Oppligenberg neben dem Ort trägt eine kleine Erdburg.

OPPL(IGEN) = PL > (N)PL = NEAPEL

Oppligen ist gleich dem lateinischen Wort *oppidum* = Burg, Stadt.

Vergleiche auch *Obertilli* und *Bürgitilli*.

Orbe - Orbach

Auf einer Anhöhe gelegenes, befestigtes Burgstädtchen im Waadtland, linkerhand der gleichnamigen Ebene, zwischen *La Sarraz* und *Yverdon*.

Der deutsche Name ist historisch.

(V)RB > NLP > NPL = NAPLES

Der Name ist von der Art her identisch mit *Worb*.

Orvin - Ilfingen

Juradorf, drei Kilometer nordwestlich oberhalb von Biel.

ORVIN = RPN > LPN > NPL = NAPLES

Der abgegangene deutsche Ortsname *Ilfingen* ähnelt *Ilfis*.

ILFIN(GEN) = LPN > NPL = NEAPEL

Plurs - Piuro

Sagenhafter verschwundener Ort im italienischen Teil des Bergells (Val Bregaglia), früher zu Graubünden gehörig.

PLURS = PL(R)S = PLS > (N)PLS = NEAPOLIS

„1618" oder „1619" soll dort vom *Monte Disgrazia* = Unglücksberg eine Rüfe niedergegangen sein und das reiche bündnerische Städtchen Plurs verschüttet haben.

Der Bergsturz ist eine Legende; das Städtchen nicht nachgewiesen.

Im ausgehenden 18. Jahrhundert wurde auf der anderen Talseite von Plurs neben einem Gebirgsbach ein Campanile errichtet. -

Von dem Kirchturm wurde behauptet, er sei von der Rüfe auf die andere Talseite geschoben worden.

Plurs – Piuro ist als ein alpenländisches Pompeji zu betrachten.

Die Sage von Plurs ähnelt derjenigen von Vineta an der Ostsee.

Vergleiche dazu die Betrachtungen des Autors über Plurs in *Historische Denkmäler in der Schweiz*.

Pohlern

Ort und Gemeinde südwestlich von Thun im Stockental, am Nordfuß des Stockhorns im Kanton Bern.

POHLERN = PL(R)N > NPL = NEAPEL

Der R-Laut ist ein von selbst entstandener Übergangslaut, ähnlich wie etwa bei *Habkern*.

Polizmatt

Gehöft westlich von Üettligen im Kanton Bern.

POLIS-Matt > Nea/POLIS = Neapel

Selten gut erhaltener Wortbestandteil von Neapel.

Poschiavo - Puschlav

Hauptort des italienischsprachigen Bündner Südtals.

Die Talschaft beginnt am Bernina-Paß und endet vor Tirano im Veltlin.

PUSCHLAV = PSLV > PSLN > NPLS = NEAPOLIS

Bei diesem Ortsnamen liegt wahrscheinlich eine absichtliche anagrammatische Vertauschung der vier Konsonanten des Neapel-Worts vor.

Riffelberg, Riffenmatt

Riffelberg (mit der Riffelalp): Bekannter Ausflugsberg östlich oberhalb von Zermatt.

Riffenmatt: Weiler südöstlich des Grates des Guggerhörnli – Schwendelberg im oberen Schwarzenburgerland im Kanton Bern.

RIFFEL, RIFFEN = RPN > NPL = NEAPEL

Die Umwandlung von L zu R am Wortanfang ist gleich wie etwa bei *Orvin*. – Bei letzterem Ortsnamen beweist der deutsche Name *Ilfingen* die Herleitung.

Vergleiche auch die Ortsnamen *Nyffel* und *Nyffenegg*.

Rifferswil

Dorf im zürcherischen Knonauer Amt, nordwestlich von Kappel.

Gleiche Herleitung wie *Riffelberg* und *Riffenmatt*: NEAPEL.

Täuffelen

Dorf südlich oberhalb des Bielersees, östlich der Petersinsel.

TÄUFFELEN = TPL(N) > NPL = NEAPEL

Das T ist als umgestürztes L anzusehen.

Das deutsche Wort *taufen* ist ein Neapel-Wort.

Tafers - Tavel

Ortschaft ostnordöstlich von Freiburg im Üechtland.

TAVEL = TPL > NPL = NEAPEL

Im Buch Deuteronomium (5. Buch Mose, 1,1) wird von einem Ort *Topel* gesprochen.

Tafers ist gleich zu erklären wie *Taufers* in Südtirol.

Taufers - Tubre

Ort im italienischen *Vin(t)schgau* in Südtirol, knapp außerhalb der Schweizer Landesgrenze, mit der *Calven* in der Nähe.

TAUFERS = TPRS > LPNS > NEAPOLIS, Neapel

Die komplizierte Verformung läßt sich durch den Vergleich mit den Ortsnamen *Täuffelen, Tafers* und *Toffen* erklären.

Teufen

Teufen: Ort im unteren Töss-Tal im Kanton Zürich. Gehört zur Gemeinde Freienstein-Teufen.

Teufen: Ort m Kanton Appenzell Außerrhoden, südlich von Sankt Gallen.

TEUFEN = TPN > LPN > NPL = NEAPEL

Vergleiche die Nähe zu TEUFEL.

Tiefenau

Der östliche Teil der Engehalbinsel nördlich der Stadt Bern.

TIEFEN = TPN > LPN > NPL = NEAPEL

Ortsnamen mit *Tiefen* sind häufig.

Tiefencastel

Ort im Albula-Tal im Kanton Graubünden. Bei der Kirche des Ortes stand ein altes Kastell.

TIEFEN = TPN > LPN > NPL = NEAPEL

Das Kastell bestätigt den neapolitanischen Burgnamen des Orts.

Toffen

Dorf mit Wohnschloß im Gürbetal, am Fuße des Längenbergs im Kanton Bern.

TOFFEN = TPN > LPN > NPL = NEAPEL

Tuff bedeutet vulkanischer, also Neapel- oder Vesuv-Stein.

Vergleiche auch *Tafers, Taufers* und *Täuffelen*.

Vanel

Burgruine östlich von Rougemont VD.

VNL > PNL > NPL = Neapel

Vanil Noir

Markante, 2700 Meter hohe Bergspitze zwischen dem freiburgischen Greyerzerland und dem waadtländischen Pays d'Enhaut.

VANIL = PNL > NPL = NAPLES, Neapel

Der Bergname ist im Kanton Freiburg geläufig: *Vanil d'Arpille, Vanil des Artses, Vanil Blanc, Vanil Carré, Vanil du Croset,* und andere.

Der Gewürzname *Vanille* erklärt sich damit.

Verbano

Der andere italienische Name des *Lago Maggiore*, deutsch *Langensee*.

VERB = VRP > NLP > NPL = NEAPEL

„Neapel-See"

L und R sind bekanntlich leicht austauschbar.

Vevey - Vivisbach

Stadt am nordöstlichen Ufer des Genfersees im Kanton Waadt.

Die ursprüngliche Stadt liegt an der Mündung des Flüßchen *Veveyse* (deutsch: *Vivis-Bach*) in den See.

Der „antike" Name des Orts soll VIVISCUS gelautet haben.

VIVISC = VVSC > NVSC > NPSL > NPLS = NEAPOLIS

Vergleiche als ähnlichen Namen *Vivy – Vivers*.

Vingelz - Vigneules

Ort am Nordufer des Bielersees, westlich außerhalb von Biel, heute ein Stadtteil.

VINGELZ = VNCLS = PN(C)LS > NPLS = NEAPOLIS, Neapel

Gegenüber *Vinelz* ist in diesem Ortsnamen ein G eingeschoben und in der französischen Form mouilliert.

Vinschgau, Vintschgau - Val Venosta

Historische Landschaft im oberen Etschtal in Südtirol, anliegend an das bündnerische Münstertal.

Italienischer Name: *Val Venosta*

VINTSCH = VNTS = PNLS > NEAPOLIS, Neapel

Vinzel

Weinbauerndorf nordöstlich von Nyon im Waadtland, an den Hängen der La Côte über dem nördlichen Genfersee.

VINZ = PNTS > NPLS = NEAPOLIS, *Naples*

Der deutliche Anklang an *vin* = Wein ist bemerkenswert.

Vivy - Vivers

Burg, genannt *Petit Vivy – Klein Vivers*, heute Wohnschloß, auf der linken Seite der Saane, nördlich von Freiburg.

Westlich des Schlosses liegt der Weiler und die ehemalige Gemeinde *Barberêche*, deutsch *Bärfischen*.

VIVERS = VPRS > NPLS = NEAPOLIS, Neapel

Von der Namensbildung ähnlich wie *Wiflis*-Burg, ursprünglich *Wibels*-Burg: VIBELS = VIVERS

Vufflens - Wolflingen

Offizieller Name: Vufflens-le-Château VD

Große Schloßanlage nordwestlich von Morges über dem Genfersee.

VFL = VPL > NPL = NEAPEL (französisch: NAPLES)

Der deutsche Name *Wolflingen* ist historisch.

Wabern

Ort südlich von Bern, am Nordfuß des *Gurten*-Berges.

WABERN = VPLN > NPLM = NEAPOLIM, Neapel

Bei Wabern ist eine ursprüngliche Form *Wabeln* anzunehmen.

Walperswil

Dorf im Berner Seeland, zwischen Aarberg und *Täuffelen*.

WALP = VLP > NLP > NPL = NEAPEL

Wankdorf

Ehemaliger Weiler, heute ein Quartier im Nordosten der Stadt Bern.

WANK = VNC > VN(L)S > PNLS > NPLS = NEAPOLIS, Neapel

Wendelsee

Alter Name für den Thunersee oder für einen früheren See, bei welchem Thuner- und Brienzersee noch nicht durch das Bödeli von Interlaken getrennt waren.

WENDEL = VNT > PNL > NPL = NEAPEL

Wengen

Ferienort im Berner Oberland, auf einer Felsterrasse auf der rechten Seite über dem Tal von Lauterbrunnen gelegen.

WENG = VNC > VNL > PNL > NPL > NEAPEL

Wiflisburg

Abgegangener deutscher Name für die Hügelstadt *Avenches* VD, mit den an ihrem Fuß liegenden Ruinen der Römerstadt *Aventicum*.

Alte Namensform: WIBELS-Burg.

Vergleiche auch den Namen des Berner Schützen VIFLI = Nyffli = Ryffli.

WIFLIS > VPLS > NPLS = NEAPOLIS, Neapel

Siehe unter *Avenches – Aventicum*.

Windisch

Ort bei Brugg im Kanton Aargau.

Windisch liegt zwischen Reuss und Aare und an der Stelle eines römischen Militärlagers mit Amphitheater, das VINDONISSA hieß.

WIND/T = VNT > PNL > NPL = NEAPEL

Wingreis - Vingras

Weiler am Nordende des Bielersees, zwischen *Twann* und *Tüscherz*.

VINGRAS = VNC(R)S > PNLS > NPLS = NEAPOLIS

Beim Ort befand sich früher ein Kloster *Engelberg*.

Winterthur

Stadt nordöstlich von Zürich.

In Oberwinterthur gab es ein spätrömisches Kastell, für welches die Humanisten den lateinischen Namen VITUDURUM behaupteten.

WINT = VNT > PNL > NPL = NEAPEL

Der zweite Wortteil enthält die Bedeutung von *Thur* oder das „keltische" *durum* = befestigter Ort = Tor.

Vergleiche das deutsche Wort *Winter*.

Winzenried

Weiler am Rande des Längenbergs, östlich oberhalb von Belp BE.

Östlich des Weilers befindet sich an einem Waldrand die *Teufelsburdi*, ein bedeutender Findling.

Vergleiche darüber: *Die Ursprünge Berns* und *Teufelssagen aus der Umgebung von Bern.*

WINZ = VNTS > PNLS > NPLS = NEAPOLIS

Das Wort *Winzer* ist ein Neapel-Wort.

Winznau

Dorf nordöstlich von Olten.

WINZ(E)N-Au

WINZ = VNTS > NPLS = NEAPOLIS, Neapel

Wolfisberg

Dorf am Südhang des Jura im Kanton Bern, nordöstlich von *Bipp* und von *Rumisberg.*

WOLF = VLP = NLP > NPL = NEAPEL

Die zahlreichen WOLF-Namen haben eine neapolitanische Bedeutung.

Beispiel: *Wolfenschiessen* NW).

Vergleiche auch *Vufflens - Wolflingen.*

Worb, Worben, Worblen

Worb: Dorf mit beherrschendem Schloß südöstlich von Bern.

Worben: Ort nördlich von Lyss im bernischen Seeland.

Worblen: Bach oder Flüßchen, das von *Worb* in nordwestlicher Richtung über Bolligen und Ittigen in die Aare fließt.

WORB = VRP > VLP > NLP > NPL = NEAPEL

Wulp

Burgruine im Küsnachter Tobel bei *Küsnacht* ZH.

WULP = VLP > NLP > NPL = NEAPEL

Vom Typus her ist der Neapel-Name gleichartig wie *Worb* oder *Orbe.*

Wulpelsberg

Bergzug bei Brugg im Kanton Aargau. Auf ihm liegt die *Habsburg.*

Gleiche Herleitung wie *Wulp.*

Tripolis

Das griechische Wort bedeutet *Dreistadt.* – Doch ist hier eine Verschmelzung von *Troja* und *Neapel* zu sehen.

Treib

Weiler im Vierwaldstättersee im Kanton Uri.

TREIB = TRP = Tripolis

Treyvaux - Treffels

Ort 9 km südlich von Freiburg.

TREFF = TRP = TRIPOLIS

Die konventionelle Etymologie erklärt den Namen mit: „drei Täler"!

Tribey

Flur am Südfuß des Jensbergs, westlich von Studen, beim antiken Petinesca gelegen, zur Gemeinde Worben gehörig.

TRIB = TRP = TRIPOLIS

Jean-Baptiste Plantin, ein Waadtländer Geograph des 18. Jahrhunderts, erwähnt *Tribey* als anderen Namen für *Petinesca.*

Triboltingen

Ort am Untersee, östlich von Ermatingen im Kanton Thurgau.

TRIP(OLIS)

Tribschen

Geländevorsprung gegen den Vierwaldstättersee, südöstlich von Luzern. - Bekannt durch das Richard-Wagner-Museum.

TRP = TRIPOLIS

Vesuv

Aesch (Äsch), Aeschi (Äschi)

Zahlreiche Ortsnamen von diesem Typus:

Aesch: Ort an der Birs, südlich von Basel im Kanton BL.

Aeschi: Ortschaft bei Spiez BE und westlich von Herzogen-buchsee im Kanton SO.

In allen diesen Bildungen steckt (V)SC > VSL = VESULIUS, Vesuvius.

Alchenflüh, Alchenstorf

Alchenflüh: Dorf nordwestlich von Burgdorf BE, am linken Ufer der Emme.

Alchenstorf: Dorf nördlich von Burgdorf BE, in der Nähe des *Ischbergs*.

ALCH = (V)LC > VLS = VOLUSIUS, Vesuvius

Aletsch, Aletschgletscher

Aletsch: Alp im Massa-Tal nördlich von Brig im Wallis.

Dort endet der *Aletschgletscher*, der im Jungfrau-Massiv ent-springt und in weitem Bogen zu Tal fließt.

Der Name ist im Verbund mit *Lötschental* und *Lütschine* zu er-klären:

ALETSCH = LTS > (V)LTS > VLS = VOLUSIUS, Vesuvius

Die Palatalisierung des Anfangs oder der Endung eines Namens ist eine häufige Erscheinung.

Allschwil

Ort am westlichen Rand von Basel.

ALLSCH = (V)LS = VOLUSIUS, Vesuvius

Ascona

Ort südwestlich von Locarno am nördlichen Ende des Lago Maggiore.

ASC = (V)SC > VSL = VESULIUS, Vesuvius

Besserstein

Burgstelle auf einem nach Osten gegen das untere Aaretal vorspringenden Bergsporn des Geissbergs, oberhalb von *Villigen* AG.

BESSER: Hier scheint das griechische Wort BESBIOS für Vesuv durch: VESUV-Stein.

Man vergleiche den Ländernamen *Bessarabien* = Vesuv-Land.

Im Westen des Bessersteins bei Mandach liegt der *Bessenberg*.

Siehe *Wessenberg*.

Bözberg, Bözenberg

Berg im Aargauer Jura, zwischen Brugg und Bözen.

BÖZEN = VTSM > VLSM = VESULIUM, Vesuvius

Der „römische" Historiograph Tacitus beschreibt einen sagenhaften Helvetier-Aufstand nach dem Tode von Kaiser Vespasian am Mons VOCETIUS.

Vergleiche den Ortsnamen *Bozen* (Südtirol).

Boltigen

Ortschaft im Nieder-Simmertal im Berner Oberland. Bildet den östlichen Zugang zum Jaun-Paß.

BOLT = VLT > VLS = VOLUSIUS, Vesuvius

Ein T wurde in alten Zeiten wegen seines kurzen Oberbalkens häufig als S (oder I oder L gelesen).

Auch stellt das T eine gängige Erweiterung der namensgebenden Silbe dar.

Vergleiche die Beispiele *Oltigen* und *Aventicum*.

Bütschelbach, Bütschelegg

Bütschelbach: Bach, der im Gebiet der Bütschelegg entspringt und in die Schwarzwasserschlucht mündet.

Bütschelegg: Hügel auf dem Längenberg, südlich von Bern, zwischen Rüeggisberg und Niedermuhlern.

Gleiche Herleitung wie *Bütschwil*.

Bütschwil

Bütschwil: Ort am Ausgang des Toggenburgs im Kanton Sankt Gallen, auf der linken Seite der *Thur*.

Bütschwil: Weiler südöstlich von Schüpfen im Kanton Bern.

Ähnliche Herleitung wie *Bözberg* und *Bützberg*. Doch ist hier die Endung der prägenden Silbe palatalisiert.

BÜTSCH = VTS > VLS = VOLUSIUS, Vesuvius.

Ortsnamen mit *Bütsch* und *Bütschel* sind außerordentlich häufig.

Bützberg

Ortsname, der an mehreren Stellen vorkommt. Unter anderem:

Bützberg: Ort westlich von Langenthal BE.

Bützberg: Waldberg südöstlich von Langenthal, in der Gemeinde Busswil bei Melchnau.

Bützberg: Waldberg nördlich des Bözbergs im Aargau.

Als vesuvianischer Name gleiche Bildung wie *Bözberg*: VESUV.

Elisried

Weiler 2 km östlich von Schwarzenburg im Kanton Bern.

ELIS > (V)LS = VOLUSIUS, Vesuvius

Vergleiche den Namen des alttestamentlichen Propheten *Elias:* Dieser war der Vesuv-Priester des Königs Salomon.

Elsau

Ort östlich von Winterthur im Kanton Zürich.

ELS = (V)LS = VOLUSIUS, Vesuvius

Elsgau - Ajoie

Landschaft im nördlichen Kanton Jura, mit dem Hauptort *Pruntrut – Porrentruy.*

ELS = LS > (V)LS = VOLUSIUS, Vesuvius

Elsgau hat die gleiche Etymologie wie das *Elsaß*: VESUV-Gau.

Eschenbach

Eschenbach: Ort links über dem oberen Zürichsee im Kanton Sankt Gallen.

Eschenbach: Ort nördlich von Luzern. - Im Südosten an der Reuss gab es ein ehemaliges Burgstädtchen dieses Namens.

ESCHEN = (V)SCM > VSLM = VESULIUM, Vesuvius

Ortsnamen mit *Eschen* sind außerordentlich häufig.

Vergleiche *Aesch, Aeschi, Eschental (Val d'Ossola).*

Euseigne

Dorf im Val d'Hérens (Eringer Tal), bekannt durch das Naturwunder der Erdpyramiden.

EUSEIGNE = (V)S(M) = VS(L)M = VESULIUM, Vesuvius

Evolène

Dorf im Val d'Hérens (Eringer Tal), einem südlichen Seitental der Rhone im Wallis.

EVOLENE = VLM > VL(S)M = VOLUSIUM, Vesuvius

Fultigen

Zwei Orte auf einem Bergrücken des Längenbergs südlich von Bern, nordwestlich von Rüeggisberg, zwischen *Bütschelbach* und Schwarzwasser.

Vorderfultigen und *Hinterfultigen*.

Der Berg gegen Rüeggisberg heißt die *Fultigenegg*.

Die Erklärung des Ortsnamens stützt sich auf die Beispiele *Oltigen* und *Boltigen*:

FULT = VLT > VLS = VOLUSIUS, Vesuvius

Ein S ist in den alten Schriften oft als T gelesen worden.

Haslital

Das Tal der oberen Aare, vom *Grimsel*-Paß bis zur Einmündung des Flusses in den Brienzersee.

HASLI = (V)SL = VESULIUS, Vesuvius

Das H stellt vielleicht auch den hebräischen Artikel dar, also h/VSL > h/SL.

Lausen

Ort zwischen Liestal und Sissach im Kanton Baselland.

LAUSEN = LSM > (V)LSM = VOLUSIUM, Vesuvius

Liestal

Hauptort des Kantons Baselland, am Fluß *Ergolz*.

Der Name wird einsichtig als Variante von *Oristal*.

Der *Orisbach* fließt durch das Städtchen und mündet in die Ergolz.

LIES = LS > (V)LS = VOLUSIUS = Vesuvius

Liestal = Oristal

Im *Laufental* gibt es ferner einen Ort *Liesberg*.

Limpach

Ortschaft südwestlich von Bätterkinden im Norden Berns.

Der Ort liegt im *Limpachtal*, der durch den *Limpach* nach Osten zur Emme entwässert wird.

LIM-Bach > (V)LM = VOLUSIUM, VESUVIUM, Vesuvius

Ortsnamen wie *Limpach, Leimbach, Limperg* und *Limburg* sind häufig.

Vergleiche auch die Städtenamen *Lemberg* und *Limburg.*

Limperg

Bergname, der an mehreren Stellen vorkommt, so bei Sissach BL und südwestlich des Wittnauer Horns AG.

Gleiche Herkunft wie *Limpach:* Vesuv

Lisiberg

Höhe auf dem Längenberg südlich von Bern, 2 km westlich von Zimmerwald.

LIS = (V)LS = VOLUSIUS, Vesuvius

Andere ähnliche Namen sind: *Lisengrat, Lyskamm, Lüsenberg, Dent de Lys.*

Lötschental

Gebirgstal im Wallis nördlich der Rhone. Es beginnt am Jungfrau-Massiv und endet bei Gampel und wird durch die *Lonza* entwässert.

LÖTSCHEN ist im Verbund mit *Aletsch, Lütschine* und *Lonza* zu erklären:

LTSM > (V)LTSM > VLSM, VOLUSIUM, Vesuvius

Lucens – Lobsigen, Losingen

Ort im waadtländischen Broye-Tal mit beherrschendem Schloß, ehemals bernische Landvogtei.

Die deutschen Namen *Lobsigen* oder *Losingen* sind historisch.

LUC = LC > (V)LS = Volusius, Vesuvius

Nordwestlich des Schlosshügels gab es eine weitläufige namenlose Wallbefestigung, vom Autor *Vieux Châtel* (de Lucens) genannt.

Vergleiche vom Autor: *Burgen rund um Bern*.

Lütschine

Fluß im Berner Oberland.

Die *Weiße Lütschine* kommt vom Lauterbrunnental und von Stechelberg. Die *Schwarze Lütschine* entspringt in der Gegend von Grindelwald.

Beide Flüsse vereinigen sich bei Zweilütschinen.

Östlich von Interlaken mündet die Lütschine in den Brienzersee.

Der Flußname ist im Verbund mit *Aletsch* und *Lötschen*-Tal zu erklären:

LÜTSCHIN = (V)LTS > VLS = VOLUSIUS, Vesuvius

Die Palatalisierung der Endung oder des Anlauts ist eine häufige Erscheinung.

Octodurus - Martigny

Octodurus (oder *Octodurum*): lateinischer Name der Römerstadt Martigny (deutsch *Martinach*) im Wallis.

Der entscheidende Wortbestandteil OCTO hat die gleiche Form wie lateinisch *octo* = acht.

OCT = (V)CT = VSL = VESULIUS, Vesuvius

Octodurus ist somit ein ähnlicher Vesuv-Name wie Üechtland.

Oeschinensee (Öschinensee)

See im Berner Oberland, östlich oberhalb von Kandersteg, am Fuße des *Blümlisalp*-Massivs.

Der entscheidende Wortbestandteil ist OESCH. Nördlich des Bergsees gibt es einen OESCHI-Schafberg.

OESCH = OSC = VSC > VSL = VESULIUS, Vesuvius

In Kampanien soll in „antiker" Zeit rund um den Vesuv das Volk der *Osker* gewohnt haben.

Ogoz

Historischer Name der Landschaft rund um den Mont *Gibloux - Gibel*, nördlich von *Bulle (Boll)* im Kanton Freiburg.

Beispiel: Vuisternens-en-Ogoz

OGOZ > (C)TS > (V)LS = VOLUSIUS, Vesuvius

Stark verballhornter Vesuv-Name.

Oldenhorn

Bergspitze als Teil des Diablerets-Massivs an der Grenze zwischen Waadt und Bern.

OLD = (V)LT = VLS = VOLUSIUS, Vesuvius

Vergleiche das englische Wort *old*, deutsch *alt.*

Ollon

Ort südöstlich von Aigle im Waadtländer Rhonetal.

(V)LL > VL(S) > VLS = VOLUSIUS, Vesuvius

Der Ortsname zeigt, daß LT leicht zu einem Doppel-L werden konnte.

Olten

Ursprüngliche Kleinstadt am linken Aare-Ufer im Kanton Solothurn.

Ein glockenförmiges spätrömisches Kastell nahm die heutige Altstadt ein und soll OLLODUNUM geheißen haben.

OLT = (V)LT > VLS = VOLUSIUS, Vesuvius

Andere Beispiele: der böhmische Fluß *Moldau*, tschechisch *Vltava* und die Landschaft *Oltenien* in der rumänischen *Walachei.*

Oltigen, Oltingen, Oltingue

Oltigen: Name einer Erdburg über der rechten Seite der Aare, in der Gemeinde Radelfingen gelegen.

Oltingen: Dorf im Basler Jura, nordöstlich von Olten.

Oltingue: Dorf im südlichen Sundgau in Frankreich, südwestlich von Basel.

OLT = (V)LT > VLS = VOLUSIUS, Vesuvius

Das S wurde häufig als T gelesen.

Oristal

Jura-Tal im Kanton Baselland.

Das Tal beginnt bei *Lupsingen* und Büren SO und mündet mitsamt dem *Oris-Bach* beim Städtchen Liestal in die *Ergolz*.

ORIS > (V)RS > VLS = VOLUSIUS, Vesuvius

Oristal = Liestal

Orsières

Ort im Val d'Entremont im Kanton Wallis, vor der Verzweigung zum Val Ferret.

ORS = (V)RS = VLS = VOLUSIUS, Vesuvius

Das Dorf liegt am Aufstieg zum Grossen Sankt Bernhard-Paß.

Die Silbe ORS ist auch in lateinisch *ursus* = Bär enthalten.

Ortler - Ortles

Hochalpiner Berg zwischen Südtirol und Veltlin, südöstlich des *Stilfser Jochs – Stelvio*.

ORT > (V)RT > VLS = VOLUSIUS, Vesuvius

Orzival

Roc d'Orzival: Bergspitze zwischen dem Val de Réchy und dem Val d'Anniviers, oberhalb von *Grimentz* im Wallis.

Eine Namensvariante lautet ORTSIVA.

ORTS-Val = (V)RS > VLS = VOLUSIUS, Vesuvius

Orzival ist ähnlich herzuleiten wie der *Ortler*.

Ossola, Val d' - Eschental

Zu Italien gehörendes alpines Süd-Tal mit dem Hauptort Domodossola.

OSS = (V)S(C) > VSL = VESULIUS, Vesuvius

Vom Typus her ist die entscheidende Silbe gleichartig wie in *Oeschinensee*: OSC.

Seelisberg

Ort auf einer Felsterrasse auf der linken Seite des Vierwaldstättersees im Kanton Uri.

In der Gemeinde Seelisberg liegt das *Rütli (Grütli)*.

SEELIS = SLS > (V)SLS = VESULIUS, Vesuvius

Selhofen

Hof an der Einmündung der *Gürbe* in die Aare, nördlich von Kehrsatz und südöstlich von Bern.

Es ist ein ursprüngliches SELN-Hofen anzunehmen, ähnlich wie beim zürcherischen *Selnau*.

SELN = SLN > (V)SLM = VESULIUM, Vesuv

Selnau

Örtlichkeit westlich vor den Toren des alten Zürichs, heute Teil des Stadtgebiets.

SELN-Au

SELN = SLN > (V)SLM = VESULIUM, Vesuv

Im Gebiet von Selnau fließt die *Sihl* in die *Limmat*.

Sellenbüren

Ort im zürcherischen Reppisch-Tal, südwestlich des Üetlibergs.

Oberhalb des Dorfes liegt eine Burgruine.

SELLEN = SLM > (V)SLM = VESULIUM, Vesuvius

Sihl

Fluß am linken Zürichseeufer. Er entspringt im Gebiet der Ibergeregg, fließt der Albis-Kette entlang und mündet bei der Flur *Selnau* bei Zürich in die Limmat.

SL(N) > (V)SLM = VESULIUM, Vesuv

Vergleiche als ähnliche Bildung den Flußnamen *Zihl*, französisch *Thielle*.

Stallikon

Ortschaft im zürcherischen Reppischtal, südlich des Üetlibergs und südwestlich von Zürich.

STALL = (V)STL = VISTILIUM, VESULIUM, Vesuvius

Die Kreuzfahrerfestung bei Kap Anamur an der anatolischen Südküste, gegenüber von Zypern, hieß *Stalemura* oder *Stallimuri*.

Auch eine Herleitung von SANCTUM ILIUM = heiliges Ilium ist möglich.

Das deutsche Wort *Stall* erklärt sich damit.

Üechtland

Historische Landschaft in der Westschweiz. Der Name gilt für das Gebiet zwischen Bern, Freiburg und Avenches und im weiteren Sinn für die ganze Waadt.

ÜCHT = VCT > VSL = VESULIUS, Vesuvius

In UECHT liegt auch die Bedeutung von *occidentalis* = westlich. Vergleiche *Octodurus* – Martigny.

Uster

Ort im Kanton Zürich, zwischen dem Greifensee und Pfäffikersee.

USTER = (V)STR > VSTL = VISTILIUS > VESULIUS, Vesuvius

In Deutschland gibt es einen Ort, der das anfängliche V bewahrt hat: *Königswusterhausen*.

Utzenstorf, Utzigen, Uznach, Uzwil

Utzenstorf: Ort südlich von Solothurn, rechts der Emme, im Kanton Bern. - Am Rande des Dorfs liegt das Schloß *Landshut.*

Utzigen: Dorf östlich von Bern, nördlich oberhalb von *Worb.*

Uznach: Ort östlich von *Rapperswil* SG, am Nordrand der *Linth*-Ebene.

Uzwil: Ort zwischen Wil und Sankt Gallen.

U(T)Z = VTS > VLS = VOLUSIUS, Vesuv

Vallon

Ort südlich des Neuenburger Sees im Kanton Freiburg.

Im Ortsteil *Carignan* südlich des Dorfes sind die Reste einer „römischen" *Villa rustica* zu sehen (Museum).

VALLON = VLM > VOLUSIUM, Vesuvius

Varen

Ort über dem rechten Rhone-Ufer, zwischen Sierre (Siders) und Leuk.

VAREN = VRM > VLM > V(S)LM = VESULIUM, Vesuvius

Vaulion

Ortschaft im Waadtländer Jura, südlich von Vallorbe und westlich von Romainmôtier.

VLM = VL(S)M = VOLUSIUM, Vesuv

Vechigen

Ort nördlich von *Worb* und östlich von Bern.

VECH = VC > VS(L) = VESULIUS, Vesuvius

Veisivi

Markanter Hochgebirgsstock im Val d'Hérens (Eringertal), einem südlichen Seitental der Rhone im Kanton Wallis.

Zwei Bergzähne: *Petite* und *Grande Dent de Veisivi.*

Man vergleiche VESUVIUS = französisch *Vésuve* = VEISIVI. – Der Bergname konserviert das I von VESUVIUS.

Die konventionelle Etymologie erklärt den Namen als „Alp für Kühe ohne Kälber"!

Veltheim

Veltheim: Ort zwischen Aarau und Brugg im mittleren Kanton Aargau, links der Aare.

Veltheim: Ort nordwestlich von Winterthur, zu dieser Stadt gehörig.

VELT = VLT > VLS = VOLUSIUS, Vesuvius

Vergleiche *Veltlin*.

Vercorin

Ort im Kanton Wallis, auf einer Bergterrasse südlich der Rhone.

VERC = VRC > VLS = VOLUSIUS, Vesuv

Die vesuvianische Bedeutung wird durch das *Vercors*-Gebirge bei Grenoble in Frankreich gestützt.

Vesin

Ortschaft südwestlich von Payerne im Kanton Freiburg.

VESIN = VSM = VS(L)M = VESULIUM, Vesuvius

Vessy

Weiler östlich von Carouge bei Genf.

VESSY > VSC > VSL = VESULIUS, Vesuvius

Vich

Gemeinde nördlich von Nyon, am Fuß der La Côte.

VICH = VC > VCS > VSL = VOLUSIUS, Vesuvius

Visletto

Weiler südöstlich von Cevio TI, am linken Ufer der Maggia im gleichnamigen Tal.

VISL-ETTO = VSL = VESULIUM, Vesuvius

Die Endung –etto deutet eine Verkleinerungsform an: „Klein-Vesuv".

Deutlich erkennbarer Vesuv-Name.

Vitznau

Ort am Nordufer des Vierwaldstättersees, am Südfuß der Rigi, zum Kanton Luzern gehörig.

Östlich davon erhebt sich der *Vitznauerstock*, ein markanter, dem Rigi-Gebirge vorgelagerter Gebirgskegel.

VITZ = VTS > VLS = VOLUSIUM, Vesuvius

Vogesen – Vosges - Wasgenwald

Bergkette im französischen *Elsaß*.

Die Vogesen: heute geläufige deutsche Bezeichnung.

Wasgenwald: alte deutsche Bezeichnung.

Les Vosges: der französische Name.

VOGESEN = VCS > VLS = VOLUSIUS, Vesuvius

WASGEN und VOSGES = VSC > VSL = VESULIUS, Vesuvius

Volken, Volketswil

Volken: Zürcher Dorf südlich der Thur und nordwestlich von Winterthur.

Volketswil: Gemeinde im Kanton Zürich, nördlich des Greifensees.

VOLK = VLC > VLS = VOLUSIUS, Vesuvius

Das deutsche Wort *Volk* ist vesuvianisch.

Vuisternens-en-Ogoz - Winterlingen

Dorf am Nordfuß des Mont *Gibloux - Gibel*, zwischen Bulle und Freiburg.

VUISTERNENS = VSTRN > VSTLM = VISTULIUM > VE-SULIUM, Vesuvius

Ähnlicher Name wie *Wistenlach* oder *Vistula – Weichsel*.

Der deutsche Name *Winterlingen* ist historisch.

Wahlen, Wahlendorf

Wahlen: Dorf im *Laufen-Tal*, südwestlich von Basel.

Wahlendorf: Dorf auf der Hochfläche des *Frienisbergs* im Kanton Bern, nordwestlich von Wohlen, nördlich von Säriswil.

Gegenüber *Wohlen* unterscheidet sich die Namensform nur durch eine andere Vokalisierung: *Wahlen-Dorf*, statt *Wohlen-Dorf*.

Wahlern

Kirche nördlich von Schwarzenburg und südlich von Bern.

WAHLERN = VL(R)M = VLM = VL(S)M = VOLUSIUM, Vesuvius

Typisch ist hier die Stammerweiterung mit R.

Walchwil

Ortschaft im Kanton Zug, am rechten Ufer des Zugersees, am Fuße des Rossbergs.

WALCH = VLC > VLS = VOLUSIUS, Vesuvius

Walensee, Walenstadt

Walensee: langgezogener See zwischen der Linth-Ebene und dem Seez-Tal, mit den Churfirsten als voralpiner Abschluß auf der Nordseite.

Walenstadt: Ort am Ost-Ende des Sees.

Drei Viertel des Sees gehören zum Kanton Sankt Gallen, ein Viertel zum Kanton Glarus.

WALEN = WELSCHE = Vesuvianer

Die Gegend um den Walensee wird von der konventionellen Wissenschaft als „romanisches Rückzugsgebiet" behauptet!

Walkringen

Dorf am südlichen Eingang des Bigentals im Kanton Bern, nordöstlich von *Worb*.

WALK = VLC = VLS = VOLUSIUS, Vesuvius

Wallis - Valais

Bergkanton, der das ganze obere Rhone-Tal mit seinen Seitentälern einnimmt.

WALLIS, lateinisch *vallis* = Tal

VALLIS = VLS = VOLUSIUS, Vesuvius

Beweis dafür sind andere Namen, die *Wallis* enthalten und kein Bergtal andeuten.

Walliswil

Ort beidseits der Aare, östlich von Wangen im Kanton Bern: *Walliswil* bei Wangen an der Aare, *Walliswil* bei Niederbipp.

WALLIS = VLS = VOLUSIUS, Vesuvius

Walsertal

WALSER: deutschsprachige Siedler in Graubünden (Valser-Tal), im Tessin (Gemeinde Bosco Gurin) und im angrenzenden Italien.

Die WALSER sind VESUV-Leute.

Wasen

Ortschaft im bernischen Emmental, nordwestlich des Napfs.

WASEN = VSM > VS(L)M = VESULIUM, Vesuvius

Weesen

Dorf und ehemaliges Städtchen am westlichen Ende des Walensees, zu Sankt Gallen gehörig.

WEESEN = VSM > VS(L)M = VESULIUM, Vesuvius

Weggis

Ort am Nordufer des Vierwaldstättersees, am Fuße der Rigi.

WEGGIS = VCS > VCLS = VESULIUS, Vesuvius

Das Doppel-G stellt eine Verschleifung dar.

Weinfelden

Bedeutender Ort im Thurgau, rechts der Thur.

WEIN = VM > V(LS)M = VOLUSIUM, Vesuvius

Wein und *Vesuv* sind Wörter mit gleicher Etymologie.

Welschenrohr

Jura-Dorf im Kanton Solothurn, nördlich der Stadt und nördlich des Weissensteins.

WELSCHEN = VLSM = VOLUSIUM, Vesuvius

Der Ortsname erklärt die ursprüngliche Bedeutung von *welsch, die Welschen:* Diese waren die Anhänger der Vesuv-Religion.

Wesemlin

Hügel nordöstlich der Altstadt von Luzern, nördlich der Hofkirche.

WESEMLIN = VSML > VSLM = VESULIUM, Vesuvius

Gut kenntlicher Vesuv-Name.

Wessenberg

Burgstelle nordwestlich von Mandach im Aargauer Jura.

WESSEN = VS(L)M = VESULIUM, Vesuvius

Der Bergzug zwischen Mandach und Hottwil heißt *Bessenberg.*

Wetzikon

Ort im Kanton Zürich, am Süd-Ende des Pfäffiker Sees.

WETZ = VTS > VLS = VOLUSIUS, Vesuvius

Wichtrach

Dorf rechts der Aare, halbwegs zwischen Bern und Thun.

Im Dialekt heißt der Ort *Wiftrach*.

WICH = VC > V(L)S = VOLUSIUS, Vesuvius

Wiggen, Wigger

Wiggen: Ort im Entlebuch im Kanton Luzern, an der *Ilfis* gelegen und Grenzort zum Emmental.

Wigger: Fluß, der im Luzerner Napf-Gebiet entspringt und bei Rothrist AG in die Aare fließt.

WIGGEN = VCCM > VSLM oder VLSM = VESULIUM oder VOLUSIUM, Vesuv

Das Doppel-G stellt eine Verschleifung dar.

Wiggiswil

Gemeinde nördlich von Zollikofen BE, in der Nähe des Moos-Sees.

WIGGIS = VCCS > VSLS oder VLSS = VESULIUS oder VOLUSIUS, Vesuv.

Der Name ist identisch mit *Weggis*.

Ortsnamen mit WIGG sind außerordentlich häufig.

Wikartswil

Weiler nordöstlich von Worb im Kanton Bern.

WIK = VC > VSL oder VLS = VESULIUS oder VOLUSIUS, Vesuvius

Willadingen

Weiler im unteren Emmental bei Koppigen BE, halbwegs zwischen Burgdorf und Solothurn.

WILL = VL(S) = VOLUSIUS, Vesuvius

Auch eine Herleitung von hebräisch *pil* = Elefant ist möglich.

Ein bekanntes Berner Geschlecht nannte sich *Willading*.

Wildegg

Schloß und Ortschaft im Kanton Aargau, nördlich von *Lenzburg*.

Der Ort liegt am Südfuß des langgezogenen Kestenbergs.

WILD = VLT > VL(S) = VOLUSIUS, Vesuv

Das deutsche Adjektiv *wild* hat einen vesuvianischen Ursprung.

Willisau

Ort am nordöstlichen Ende des Napf-Gebirges im Hinterland von Luzern.

WILLIS = VLS = VOLUSIUS, Vesuvius

Interessant ist bei dem Vergleich *Napf – Willisau*, daß hier Neapel einen Berg, Vesuv hingegen einen Ort bezeichnet. - Die Bezeichnungen konnten also beliebig vergeben werden.

Wirzweli

Alp südöstlich des Stanserhorns, in der Gemeinde Dallenwil OW.

WIRZWELI = VRTSVL > VLSVL

Hier ist eine Verdoppelung der vesuvianischen Konsonantenfolge VLS + VL(S) anzunehmen.

„Vesuvianischer Vesuv"

Der Ortsname beweist die Bedeutung des Stanserhorns als Vesuv-Berg.

Wisen

Ort im Solothurner Jura, nordwestlich von Olten und nordwestlich der Froburg.

Die Ortschaft liegt am Südfuß des *Wisenbergs*.

WISEN = VS(L)M = VESULIUM, Vesuvius

Die Tatsache, daß das I in Wisen nicht diphthongiert ist, beweist die vesuvianische Herkunft des Namens.

Wislenberg

Hügel und Gehöft südwestlich von *Worb*.

WISLEN = VSLM = VESULIUM, Vesuvius

Der *Wislenberg* = Vesuv-Berg ist die Entsprechung zu Worb = Neapel, das an seinem Fuß liegt.

Wislikofen

Ortschaft oberhalb des linken Rheinufers, zwischen Zurzach und Kaiserstuhl im Kanton Aargau.

WISLI = VSL = VESULIUS, Vesuvius

Wislisau

Weiler im Schwarzwasser-Graben, zwischen Schwarzenburg und Riggisberg im Kanton Bern.

WISLIS = VSLS = VESULIUS, Vesuvius

Der gut erhaltene, kaum verstellte Vesuv-Name verdient hervorgehoben zu werden.

Wissberg, Wissigstock

Zwei Bergstöcke in den westlichen Urner Alpen, im Osten und Nordosten von Engelberg.

VSS = VSC > VSL = VESULIUS, Vesuvius

Wistenlach - (Mont) Vully

Hügelberg zwischen Murten- und Neuenburgersee, halb zur Waadt, halb zu Freiburg gehörig.

Die höchste Erhebung des Wistenlachs trug ein „keltisches" Oppidum.

Der lateinische Name *montem* VISTILIACUM (VSTL > VSL = VESULIUM) ist ähnlich wie VISTULA (VSTL) = Weichsel = VESUV.

Wohlen

Zwei Ortschaften dieses Namens:

Wohlen: Ortschaft nordwestlich von Bern, über dem rechten Ufer der Aare gelegen.

Wohlen: Ort im aargauischen Freiamt, westlich von Bremgarten.

WOHLEN = VLM > V(S)LM = VESULIUM, Vesuvius

Wolhusen

Marktort aus Ausgang des Entlebuchs und am Ost-Ende des Napf-Berges.

WOL = VL > VLS oder VSL = VOLUSIUS oder VESULIUS, Vesuvius

Wollishofen

Ort bei Zürich, am linken Zürichseeufer, heute Teil der Stadt.

WOLLIS = VLS = VOLUSIUS, Vesuvius

Wollmatingen

Ort nordwestlich von Konstanz, am Bodan-Rücken.

WOLL = VL(S) = VOLUSIUS, Vesuvius

Wolschwiller

Ort im französischen *Sundgau*, unweit der Schweizer Grenze, südwestlich von Basel.

WOLSCH = VLS = VOLUSIUS, Vesuvius

Wolsen

Weiler in der Gemeinde Obfelden ZH, im Knonauer Amt.

WOLSEN = VLSM = VOLUSIUM, Vesuvius

Wöschnau

Ortschaft südwestlich von Aarau, im Kanton Solothurn gelegen.

WÖSCH = VSC > VSL = VESULIUS, Vesuvius

Würzbrunnen

Ort bei Röthenbach im oberen Emmental, zwischen Thun und Langnau, mit einer bekannten Kirche.

WÜRZ = VR(T)S > VLS = VOLUSIUS, Vesuvius

Die WÜRZ-Namen sind vesuvianisch.

Zihl – Thielle

Nebenfluß der Aare am Jurasüdfuß.

Die Zihl, französisch Thielle, entspringt bei Orbe und mündet in den Neuenburgersee.

Dann bildete sie die Verbindung zwischen Neuenburger und Bielersee. Hierauf floß sie von Nidau bis Büren an der Aare.

Die beiden letztgenannten Strecken der Zihl sind seit der Jura-gewässerkorrektion im späteren 19. Jahrhundert kanalisiert.

THIELLE – ZIHL = (T)SL > VSL = VESULIUM, Vesuv

Der Anlaut erfuhr hier in beiden Sprachen eine Verhärtung.

Vergleiche auch *Sihl* und *Zulg*.

Heiliges Iljum, heiliges Neapel, heiliges Rom, heiliger Vesuv, heiliger Titus

Chavailles

Erdburg östlich von Cottens FR, am Steilabsturz zur Glane.

CHAVAILLES = CPLS > S.(N)PLS = heiliges Neapel

Der Burgname erklärt auch das lateinische Wort *caballus* = Pferd.

Gampelen, Gampel, Gempen. Gempenach, Kempraten

Gampel: Ort im Rhonetal, Wallis, westlich von Brig.

Gampelen: Ort im Südwesten des Jolimonts im Berner See-land.

Gempen: Ort im Jura südöstlich von Basel, zum Kanton Solothurn gehörig.

Gempenach: Dorf westlich von Gümmenen im Kanton Freiburg.

Gumpboden: Flurname im östlichen Teil des Jensbergs bei Biel, oberhalb von Studen, mit Resten eines gallorömischen Tempelbezirks.

Kempraten: Ort am Zürichsee, nördlich von Rapperswil, heute Teil der Gemeinde Rapperswil-Jona SG.

CMP > S.NP(LS) > SANCTA NEAPOLIS, heiliges Neapel

Bei *Kempraten* ist ein zweiter Namensteil PRATUM = Wiese zu berücksichtigen.

Das lateinische Wort CAMPUM, *campus* bedeutet: „heiliges Neapel-Feld", auch Schlachtfeld.

Die gleiche Erklärung gilt auch für: *Gümmenen, Kämpf* und *Kampanien.*

Genf - Genève

Stadt am Ausfluß der Rhone aus dem Genfersee.

GENF > CNP > SNP = S.NP(L) = SANCTAM NEAPOLIM, heiliges Neapel

Genf, lateinisch *Genava,* und Genua, italienisch *Genova,* sind gleichartig.

Givisiez - Siebenzach

Gemeinde westlich der Stadt Freiburg.

GIVISIEZ = GVS > SPS > S.(N)PS = SANCTA NEAPOLIS

Das deutsche *Siebenzach* (Siebens-Ach) ist gleich zu erklären.

Vergleiche als ähnliche Bildung: *Siebnen.*

Gümmenen, Gumm, Gummen

Gümmenen: Kleiner Ort rechts der Saane in der Gemeinde Mühleberg BE.

GUMM = CM(P)M = CAMPUM, *campus*

Die beiden Konsonanten MP sind hier zu MM verschliffen.

Gumm und *Gummen* sind häufige Flurnamen.

Kämpf

Häufiger Flurname.

Gleiche Erklärung wie *Gampel*, usw.

Die deutschen Wörter *Kampf, kämpfen* sind neapolitanisch und gehen auf CAMPUM, *campus* zurück.

Wie bei den Gumm-Orten: *campus* = heiliges Neapel

Kander, Kandern

Kander: Fluß, der bei Kandersteg im Berner Oberland entspringt.

Als Folge eines Durchstichs des Strättlighügels zwischen Einigen und Gwatt – etwa um 1770 – fließt die Kander seitdem in den Thunersee.

Kandern: Ort im südwestlichen Schwarzwald, nördlich von Lörrach und von Basel.

Die Elemente des Ortsnamens sind in der Form *Kandern* enthalten:

KANDERN = SNTRM = SN(T) + TRM = SANCTAM TROJAM

„Heiliges Troja" oder „Heiliger Troja-Fluß"

Ortsnamen mit *Kander* kommen an vielen Stellen vor.

Das Anfangs C kann auch als S wiedergegeben werden. Vergleiche als gleichartigen Ortsnamen: *Sandrain.*

Kappel

Kappel am Albis: Hauptort des Knonauer Amts, auch Säuliamt genannt, im Kanton Zürich.

Das Kloster Kappel spielt eine wichtige Rolle in der erfundenen Zürcher Reformationsgeschichte (Zwingli, Bullinger).

KAPPEL = CPL(M) > S.PLM = SANCTUM PAULUM, heiliger Paulus

Kapelle bedeutet heiliges Neapel oder heiliger Paulus.

Kempt

Kleiner Fluß im Kanton Zürich.

Die Kempt entspringt östlich von Hittnau, fließt durch Fehraltdorf und Illnau, um oberhalb von Winterthur in die Töss zu münden.

KEMP(T) = CAMPUM (S.NP > Sancta Neapolis)

Knebelburg

Bedeutende Erdburg auf dem Jensberg südlich von Biel, östlich von *Bellmund*.

KNEBEL = CNPL > S.NPL = SANCTA NEAPOLIS, heiliges Neapel

Vergleiche das deutsche Wort *Knebel*.

Salève, Le

Langgestreckter Bergzug südlich von *Genf*, in Savoyen gelegen.

SALEVE = SLV = S.LP > S.(N)PL = SANCTAM NEAPOLIM, heiliges Neapel

Sandrain

Sandrain: Weiler im Kanton Zürich, zwischen Richterswil und Samstagern

Sandrain: Flurname im Süden Berns, links der Aare. Heute eine Quartierbezeichnung.

Es ist von einem ursprünglichen SANTELN oder SANTERN auszugehen:

SANTERN = SN(T) + TRM = SANCTAM TROJAM, heiliges Troja

Orts- und Flurnamen mit *Sand* sind außerordentlich häufig.

Sangern, Sangernboden

Sangern: Weiler östlich des Guggershorns im Berner Schwarzenburgerland.

Sangernboden: Ort am gebirgigen oberen Lauf der *Sense - Singine* im Kanton Bern.

SANGARIUM = SNC(TM) + ARNUM = heiliges Rom

Vergleiche den Fluß SANGARIUS in der Alexander-Sage.

Vergleiche auch den Ortsnamen *Sangerhausen* am Harz in Mitteldeutschland.

Satarma

Weiler im Val d'*Arolla*, einem Seitental des *Eringertals* (Val d'Hérens) im Wallis.

Oberhalb des Ortes befindet sich das Naturwunder des *Dent de Satarma* oder *Roc de Satarma*, einem teilweise behauenen Felsband.

Die Felsformation stellt je nach Blickwinkel einen Mahnfinger oder einen Adler mit Schwingen dar.

Zusammenhang mit dem Kaisernamen *Karl*, der in *Arolla* enthalten ist.

Zwei Herleitungen sind möglich:

SATARMA = S/TRM = SANCTA TROJA

SATARMA = ST/RM = SANCTA ROMA

Schmerikon

Ort am Ostende des Obersees im Kanton Sankt Gallen.

SCHMERIK = SMRC > S.MRT oder S.MRC = heiliges Troja oder heiliger Markus.

Vergleiche das deutsche Wort *Schmerz*.

Schnabelburg

Burgruine auf dem Albis-Kamm bei Hausen am Albis im Kanton Zürich.

SCHNABEL = S.NPL = SANCTA NEAPOLIS, heiliges Neapel

Vergleiche das deutsche Wort *Schnabel*.

Seedorf

Weiler mit Schloß und einer Erdburg östlich von Noréaz und westlich von Freiburg.

Der deutsche Name stellt eine Verballhornung dar aus einem abgegangenen SAIDOR = S.TR(M) = SANCTAM TROJAM, heiliges Troja.

Ein *Seedorf* gibt es auch in Uri und südöstlich von Aarberg im Kanton Bern.

Seewen

Häufiger Ortsname, besonders:

Seewen: Ort im Solothurner Jura

Seewen: Ort am Lauerzer See im Kanton Schwyz.

SEEWEN = SVM > S/V(SL)M = SANCTUM VESUVIUM, Sanctus Vesuvius (oder Vesulius) = heiliger Vesuv

Seewis

Häufiger Ortsname, besonders:

Seewis: Ort im bünderischen Prättigau.

Wie bei *Seewen*: SANCTUM VESUVIUM (VESULIUM)

Sempach

Städtchen am Ostufer des gleichnamigen Sees im Kanton Luzern.

Bekannt ist der Ort wegen der legendären Schlacht von Sempach „1386".

SEMP-Ach = S.NP(L) = SANCTAM NEAPOLIM, heiliges Neapel

Sense - Singine

Fluß, der im Gurnigel-Gebiet entspringt und ab Plaffeien größtenteils die Grenze zwischen den Kantonen Freiburg und Bern markiert. Bei *Laupen* mündet die Sense in die Saane.

Die französische Bezeichnung SING > SANG führt zu SANGERN, lateinisch SANGARIUS, also heiliger Rom-Fluß.

Siehe *Sangern* und *Sangernboden*.

Der deutsche Name *Sense* ist verballhornt und kontrahiert.

Sevelen

Ort im Sankt Gallischen Rheintal, zwischen *Sargans* und Buchs.

SVL(M) = S.VLM = SANCTUM VESULIUM, heiliger Vesuv

Siebnen

Ort in der March in Ausser-Schwyz.

Siebnen gehört merkwürdigerweise zu drei Gemeinden.

SIEBNEN = SPN > S.PNL > S.NPL = SANCTA NEAPOLIS

Sierre - Siders

Hauptort des Kantons Wallis.

STR(M) = S/TRM = SANCTAM TROJAM, *Sancta Troja*

Wie bei *Sitter* ist auch eine Herleitung aus *Sancta Roma* möglich.

Der französische Name *Sierre* ist verschliffen, hat das T verloren.

Simplon - Sempione

Paßübergang von Brig im Wallis ins *Eschental*, italienisch Val d'Ossola.

SMPL = S + NPL = SANCTA NEAPOLIS, heiliges Neapel

Vergleiche das Wort *simpel*, französisch *simple* = einfach.

Sitter

Fluß in der Ostschweiz. Er entspringt im Alpstein-Gebirge und mündet bei Bischofszell in die Thur.

STR(M) = S/TRM = SANCTAM TROJA, Sancta Troja

Vergleiche als ähnliche Formen *Siders – Sierre* und *Sitten - Sion.*

Sondrio

Hauptort des Veltlins in der gleichnamigen italienischen Provinz.

SONDRIO = SNTR/M = SN + TRM = SANCTAM TROJAM.

Sancta Troja = heiliges Troja

Vergleiche auch *Sundgau.*

Stampf(en)

Verbreiteter Flurname.

STAMPFEN = ST/MPM > ST/NPM = SANCTAM NEAPOLIM, heiliges Neapel

Vergleiche das deutsche Wort *stampfen* und den Familiennamen *Stampfli.*

Sternenberg

Unter den vielen Orten dieses Namens sollen hier erwähnt werden:

Sternenberg: Ort und Gemeinde im hügeligen östlichen Teil des Kantons Zürich, östlich der Töss, nordwestlich des Hörnli-Bergs.

Sternenberg: Burgstelle bei *Scherliau* über dem *Scherlibach,* südöstlich von *Köniz*, Kanton Bern.

STERNUM = ST + (T)RM = SANCTAM TROJAM, heiliges Troja

Stettlen

Ort im *Worblental*, zwischen Bern und Worb.

STETTLEN = STTLM = ST + TTLM = SANCTUM TITULLIUM,
Sanctus Titullius

"Heiliger Titus"

Vergleiche den Ursprung des deutschen Worts *Stadt,* ursprünglich wohl *Stetten,* und das jiddische Wort *stetl.*

Stilfs - Stelvio

Ortschaft im Vintschgau in Südtirol, am Fuße des Silfser Jochs, der Paß-Verbindung mit dem Veltlin.

STILF/STELV = ST.ILJUM = heiliges Iljum.

Das U wurde als V geschrieben und als F gesprochen.

Stilli

Ort nordöstlich von Brugg im Kanton Aargau, am linken Ufer der Aare.

STILLI = ST.ILI(UM) = heiliges Iljum

Vergleiche das deutsche Wort *still.*

Das lateinische *stella* = Stern hat den gleichen Ursprung.

Strassberg

Je eine Burgstelle südwestlich von Büren an der Aare im Kanton Bern, sowie zwischen Chur und Malix in Graubünden.

STRASS = S.TR(O)AS = SANCTA TROJA, heiliges Troja

Das deutsche Wort *Straße* ist trojanisch.

Stuckishaus

Weiler nordwestlich von Bremgarten bei Bern, rechts der Aare.

STUCKIS = ST + VCS = ST + VLS = SANCTUS VOLUSIUS

"Heiliger Vesuv"

Vergleiche den Berner Familiennamen *Stucki.*

Ob das Wort *Stecken* (vergleiche zum Beispiel *Steckborn*) in diesen Zusammenhang gehört, ist unsicher.

Sulgen, Sulgenbach

Sulgen: Ort nördlich der Thur, südöstlich von Weinfelden im Kanton Thurgau.

Sulgenbach: Name des Stadtbachs von Bern. Dieser entspringt im Gurtental bei Köniz und mündete ursprünglich beim Marzili, bevor er als Stadtbach nach Bern geleitet wurde.

SULGEN = S + (V)LC > SCT + VLS = SANCTUM VOLUSIUM

Sundgau

Historische Landschaft im südlichen Elsaß, an die Schweiz anliegend.

Es ist von einem ursprünglichen SUNDER oder SUNTER auszugehen.

SUNTER = SNTR(M) = SANCTAM TROJAM, Sancta Troja = heiliges Troja

Vergleiche auch *Sondrio.*

Zulg

Fluß im Bergland nördlich von Thun.

Die Zulg entspringt am Hohgant, fließt durch das Eriz-Tal westwärts, um bei Steffisburg in die Aare zu münden.

ZULG = TSVLC = ST + VLC > ST + VLS = SANCTUS VOLUSIUS, heiliger Vesuv

Wald, Waldgau, Waldstatt; Wildhaus

WALD gleich wie WILD sind von VESUV abgeleitete Wörter.

Silvretta

Gebirgsmassiv zwischen Graubünden und Vorarlberg, östlich von Klosters GR.

Lateinisch SILVA = Wald

Das *-etta* deutet eine Verkleinerungsform an.

Waadt - Vaud

Der alte WALD-Gau, auch Üechtland, Klein-Burgund oder Wiflisburger Gau genannt.

Der Waldgau erstreckte sich im Osten bis zur Aare. Im Westen ist die alte Begrenzung unsicher. Es könnte die Venoge gewesen sein oder die Aubonne. – Vielleicht reichte der Gau bis nach Genf.

Das Zentrum des Waldgaus war *Aventicum*, deutsch *Wiflisburg*. Dort befand sich ursprünglich der Sitz eines Bischofs = Vesuv-Priesters.

Bern war Teil der Waadt. In der Berner Geschichtserfindung wird die Waadt folgerichtig als Ursprungsland der (burgundischen) Eidgenossenschaft angesehen.

Später wurde die Berner oder burgundische Gründungsgeschichte auf die Waldstätte übertragen.

Vergleiche den Namen der häretischen Glaubensgemeinschaft der Waldenser, angeblich gegründet von einem Petrus VALDES.

Waldstätte

Die Region rund um den Vierwaldstättersee. Dazu zählen die Kantone Uri, Schwyz und Unterwalden.

Konventionell führt man den Namen auf den Kerns-Wald zurück, der Ob- von Nidwalden trennt.

In Tat und Wahrheit steht die Geschichtserfindung dahinter:

Die Ursprungsgeschichte der Eidgenossenschaft wurde von Bern entlehnt.

Diese Stadt lag im alten Waldgau, war eine Waldstatt. Folglich nannten sich die drei Orte in der Innerschweiz die Waldstätte.

Waldstatt

Ort im Kanton Appenzell-Ausserrhoden, südlich von Herisau.

Die Waldstatt Bern hatte ein prestigeträchtiges Ansehen. So erklärt sich dieser Ortsname in der Ostschweiz,

Wildhaus

Ort zuoberst im Toggenburg, südlich des Säntis.

In Wildhaus wurde „1484" der Zürcher Reformations-Heilige Zwingli geboren. – Zu dieser Zeit regierte in Zürich als Bürgermeister Hans Waldmann.

Die alte Schwyzer Chronistik nennt den Ort *Waldhaus*.

Wild ist ein Vesuv-Wort.

Wartenstein, Wartenfels, Werdenberg

Namen mit WARTEN und WERDEN sind häufig.

Als Beispiele seien hier erwähnt:

Wartenstein: Burgruine nordwestlich oberhalb von Lauperswil im Emmental

Wartenfels: Schloß westlich oberhalb von Lostorf SO

Werdenberg: Historisches Städtchen mit Schloß, gehört zur Gemeinde Grabs SG

Herleitung vom lateinischen VERTICEM, *vertex* = Höhe, Gipfel, Scheitel

Interessant das „hethitische" Wort *vartanna* = Wendung (lateinisch *vertere* = wenden).

Das Bedeutungsfeld von WARTEN ist weitläufig.

Horeb

Horrenbach

Gemeinde im Eriz-Tal, auf der linken Seite der Zulg, nordöstlich von Thun.

HOREB, ein Synonym für den Vesuv und den Sinai.

Lateinisch HORRIBILIS = schrecklich

Horriwil

Ortschaft zwischen Gerlafingen und Herzogenbuchsee im Kanton Solothurn.

Lateinisch HORRI(BILIS) = schrecklich

Horw

Ort am Vierwaldstättersee und am Ostfuß des Pilatus.

Im Volksmund wird der Ortsname seit jeher HORB ausgesprochen.

Lateinisch HORRIBILIS = schrecklich.

Vergleiche auch *Horb* am Neckar in Baden-Württemberg.

Sion, Zion

Seon

Ort im aargauischen Aathal, südöstlich von Aarau, nördlich von Hallwil.

ZION oder SION

Sion - Sitten

Stadt im Rhonetal im Wallis.

SION = ZION (=SINAI), ein Synonym für Jerusalem.

Die Bischofsburg der *Valeria* oberhalb der Stadt, dazu die Burg Tourbillon, symbolisieren die Hügelstadt Rom oder Jerusalem.

In dem sagenhaften altrömischen Tarquinier-Krieg um Rom – einer Variante der Troja-Sage – heißt der römische Feldherr *Valerius*.

Der deutsche Name SITTEN wird abgeleitet von lateinisch *civitatem*, französisch *cité* = Stadt.

Doch ist bei Sitten eine Herleitung von S.TTM = SANCTUM TITUM, heiliger Titus zu erwägen.

Sion – Sitten hätten demnach je eine eigene Herleitung.

Sionge, La

Kleiner Fluß im nördlichen Greyerzerland. Er durchfließt Riaz, um nördlich davon in die Saane, heute den Greyerzersee zu münden.

SION

Syens

Dorf südwestlich von Moudon – Milden im waadtländischen Broye-Tal.

SYENS = SION

Sarno

Saane - Sarine

Fluß in der Westschweiz.

Die Saane entspringt im Saanen-Land und fließt durch das Greyerzerland und Freiburger Land, um bei Oltigen in die Aare zu münden.

SARINE > SRN = SARNO

Beim deutschen Namen *Saane* ist das R rausgefallen.

Saanen - Gessenay

Ort im Berner Oberland in der gleichnamigen Landschaft.

Die Gegend bildet das Quellgebiet der SAANE, SARINE = SRN = SARNO

Im deutschen Namen Saane ist das R ausgefallen.

Der französische Name Gessenay ist schwer zu erklären. - Auch ist unsicher, ob er eine Umformung des deutschen Namens darstellt.

Sarnen

Hauptort des Kantons Obwalden, an der Sarner Aa, die Obwalden vom Brünig her zum Vierwaldstättersee entwässert.

SARNEN = SARNUM, *Sarnus*, der Fluß am Fuße des Vesuvs

Saurenhorn

Weiler im Nordosten von Frienisberg.

Diphthongierte Schreibweise für ein dialektales SUREN-Horn.

SARNO

Sirnach

Ort im Thurgau, westlich von Wil SG.

SIRN = SRN = SARNO

Sirnach liegt an der Murg, die an der Hulftegg, östlich des Hörnli-Bergs entspringt.

Sörenberg

Oberster Ort des Entlebuchs, im Quellgebiet der Wald-Emme oder Kleinen Emme, die bei Reussbühl in die Reuss mündet.

SÖREN = SRN = SARNO

Süri

Bach und Weiler nordöstlich von Laupen.

SÜRI = SR = SR(N) = SARNO

Bei den Sarno-Namen fällt häufig ein Endungs-N ab.

Suhren

Kleiner Fluß, der aus dem See von Sempach bei Sursee ins Suhrental ausfließt und bei Suhr und Aarau in die Aare mündet.

SUHREN = SRN = SARNO = Vesuv-Fluß

Surenstock – Sardona

3000 Meter hoher Gipfel zwischen Glarus und Sankt Gallen. – Die Alp Sardona liegt im Calfeisen-Tal im letztgenannten Kanton.

SUREN = SRN = SARNO

Der zweite, romanische Name SARDONA (S/RTM > S.TRM) bedeutet heiliges Troja.

Sursee

Ort in der Nähe des Nord-Endes des Sempachersees.

Der See, an dem Sempach liegt, sollte eigentlich SU(H)REN-SEE heißen, da er vom Flüßchen SUHREN in die Aare entwässert wird.

Capri - Sanctus Priamus

In den meisten Fällen dachte man offenbar zuerst an die Insel, denn an den heiligen Priamus.

Capriasca, Ponte

Ortschaft nördlich von Lugano im südlichen Tessin.

CAPRI-asca

-asco, -asca ist eine häufige romanische (oder vesuvianische) Endung.

Chaffa

Burgruine westlich oberhalb von Riaz FR.

Der vollständige Name ist erhalten in dem Namen des Weilers *Le Chafard*, nordöstlich der Burg.

CHAFFA = CP(RM) = CAPRI

Chevroux

Ort am Südufer des Neuenburger Sees, Nordwestlich von Payerne, zum Kanton Waadt gehörig.

CPR = CAPRI

Coffrane

Ort im neuenburgischen Val-de-Ruz (Rudolfstal)

CPRM = CAPRI (S.PRM = SANCTUM PRIAMUM)

Corbières - Korbers

Ort im Greyerzerland, nordöstlich von Bulle, mit ehemaligem Vogtei-Schloß.

CORB = CRP > CPR = CAPRI

Vergleiche auch die südwestfranzösische Landschaft *Corbières*.

Giffers - Chevrilles

Dorf 7 km südöstlich von Freiburg im Üechtland, an der Ärgera - Gérine gelegen.

GIFFERS = CPR(S) = CPR = CAPREAE = CAPRI

Die französische Namensform *Chevrilles* hat die gleiche Herleitung.

Gubrist

Waldberg südlich von Regensdorf, nördlich der Limmat, westlich von Zürich.

GUBRIST = CPR(ST) = CAPRI

Die Endung ST (SC) enthält das romanische Suffix –asco, -asca. Vergleiche (Ponte) *Capriasca* und *Petinesca*.

Gürbe

Wildbach, dann Fluß, der im Gurnigel-Gebiet entspringt, bei Wattenwil das Gürbe-Tal erreicht und bei *Selhofen* in die Aare mündet.

Die Herleitung von lateinisch *curva* = Biegung ist als platte Deutung zu verwerfen.

Hier liegt eine Umstellung von PR zu RP vor.

GÜRBE = CRP > CPR = CAPREAM, *Capreae*, Capri

Eine ähnliche Bildung ist *Surb*.

Gurbrü

Ortschaft zwischen Gümmenen und Kerzers im Kanton Bern.

GURBRÜ = CRP(R) > CPR = CAPRI

Vergleiche den Anklang an *Gürbe*.

Käferberg

Waldberg im Nordwesten des Zentrums von Zürich.

KÄFER = CPR = CAPRI

Der Ortsname beweist die vesuvianische Herkunft des Tiers.

Safnern

Ort östlich von Biel am Fuß des Büttenbergs.

SAFNERN = SPNR > S.PRM = SANCTUM PRIAMUM

Hier liegt eine Vertauschung oder Umstellung eines Konsonanten vor: SPMR, statt SPRM.

Vergleiche den Gewürznamen *Safran*.

Serbache, La

Ruisseau de la Serbache: Bach, der am Käsenberg – Cousimbert entspringt, durch La Roche FR fließt, um in die Saane, heute den Greyerzersee zu münden.

Gleiche Bildung wie GÜRBE und SURB.

Siviriez

Ort südwestlich von Romont im Kanton Freiburg.

SIVIR = SPR > S/PRM = SANCTUM PRIAMUM, Sanctus Priamus, heiliger Priamus

Vergleiche den Ländernamen *Sibirien*.

Sufers

Ort im bündnerischen Hinterrheintal

SUFERS = SPR = S.PRM = SANCTUM PRIAMUM

Surb

Kleiner Fluß, der am Lägern-Berg im Kanton Zürich entspringt, durch das aargauische Surbtal und durch Endingen fließt und bei Klingnau in die Aare mündet.

SRP > CRP > CPR = CAPRI

Vergleiche die *Gürbe*.

Vergleiche die hellenistische Gottheit *Serapis*.

Sizilien

Säckingen

Kleinstadt am rechten Ufer des Rheins, östlich von Basel, in Baden-Württemberg, heute offiziell Bad Säckingen genannt.

Säckingen, ursprünglich wohl SÄCKLINGEN:

SCL = SICILIAM, *Sicilia*, Sizilien, die Kreuzesinsel in Unteritalien.

Sichelen

Flur im südlichen Teil der Römerstadt Augusta Raurica bei Augst BL.

In diesem Gebiet wurde ein gallorömischer Tempelbezirk festgestellt.

SICULUM = SICILIA, Sizilien

Sils – Segl - Soglio

Vier Orte im Kanton Graubünden:

Sils im Domleschg

Sils im Prättigau

Sils (romanisch: *Segl*) im Engadin

Sils im Bergell: historischer Name für *Soglio*.

Das romanische SEGL = SCL = zeigt deutlicher als die deutsche Form SILS = SLS den sizilianischen Ursprung des Ortsnamens.

Siselen

Ort im Seeland, südlich des Bielersees, nordöstlich von Ins.

SISELEN = SSL > SCL = SICILIAM, *Sicilia*, Sizilien

Siselgau, Sisgau

Zwei historische Landschaftsnamen:

Siselgau: Gebiet rund um den Bielersee mit der Petersinsel.

Sisgau: Das Jura-Gebiet zwischen Liestal und Olten.

SISEL = SSL oder SCL = SICILIAM, Sicilia

Sisikon

Ortschaft auf der rechten Seite des Urner Sees im Kanton Uri.

SIS = SICILIA, *Sicilia*, Sizilien

Sissach

Ort im Kanton Basel-Land, östlich von Liestal.

SISS = SSS > SCL = SICILIA

Vergleiche die französische Aussprache von Sizilien: *Sicile.*

Sisseln

Gemeinde am linken Rheinufer im Kanton Aargau, gleich östlich von Bad Säckingen.

SISS = SICILIAM, *Sicilia*, Sizilien

Misenum

Mänziwil, Mänziswil

Mänziwil: Weiler in der Gemeinde Vechigen BE, nordöstlich
oberhalb von Worb.

Mänziswil: Weiler nordwestlich von Tafers FR.

MANS, MENS = MNS > MSN = MISENUM

Vergleiche in Mitteldeutschland das *Mans-Feld.*

Menziken, Menzingen, Menznau

Menziken: Ort südwestlich des Hallwilersees im Kanton Aargau.

Menzingen: Ort östlich von Zug im gleichnamigen Kanton.

Menznau: Ort zwischen Wolhusen und Willisau im Kanton Luzern.

MENZIN = MNSM = MISENUM

Messen

Ort im Tal von Limpach, nördlich von Bern, zum Kanton Solothurn gehörig.

MESSEN = MSN = MISENUM

Das scharfe S im Auslaut ist hier zu einem Doppel-S geworden.

Die gleiche Etymologie hat die sizilianische Hafenstadt *Messina*. Der Unterschied ergibt sich durch die deutsche Erstbetonung.

Münsingen

Münsingen: Ort im Aaretal zwischen Bern und Thun.

Münsingen: Ort im Landkreis Reutlingen, südöstlich von Stuttgart.

MÜNS = MNS > MSN = MISENUM, *Miseno*

Milch und Honig

Latterbach

Ort im bernischen Simmental, zwischen Wimmis und Erlenbach.

Vulgärlateinisch LACTEM > LATTE = Milch

Lattrigen

Ort am rechten Ufer des Bielersees, Teil der Gemeinde Sutz-Lattrigen.

Vulgärlateinisch LACTEM > LATTE = Milch

Mellingen

Ort im aargauischen Freiamt an der Reuss.

Vulgärlateinisch MELLEM, *mel* = Honig

Doppelnamen

Affoltern

Mehrere Ortsnamen:

Affoltern im Emmental: Ort südöstlich des Lueg-Berges.

Affoltern am Albis: Ort im Amt Knonau, Kanton Zürich.

Gross-Affoltern: Ort östlich von Lyss im Kanton Bern.

Moos-Affoltern: Ort nordwestlich von Münchenbuchsee BE.

AFFOLTERN = (N)PL + TRM = NEAPOLIS + TROJA

Der Ortsname erklärt die deutschen Wörter *foltern* und *poltern*.

Allenlüften, Allenwinden

Mehrere Ortsnamen, unter anderem:

Allenlüften: Weiler bei Mühleberg, westlich von Bern.

Allenlüften: Weiler bei Bösingen im Kanton Freiburg.

Allenwinden: Gemeinde östlich von Zug.

Allenwinden: Weiler bei Kappel am Albis.

Allenwinden: Flurbezeichnung vor der Musegg in Luzern.

ALLEN = (V)LM = VOLUSIUM = Vesuv

LUFTEN = LP(T)M > LPN > NPL = Neapel

WINDEN = VNTM > PNLM = NEAPOLIM = Neapel

Vergleiche das dialektale *Luft*, welches auf Neapel zurückgeht.

Beide Ortsnamen bedeuten „vesuvianisches Neapel"

Bremgarten

Bremgarten: Ort nordwestlich von Bern, in einer Flußschlaufe
der Aare gelegen, gegenüber der Engehalbinsel.

Bremgarten: Ort im aargauischen Freiamt, in einer Flußschlaufe der Reuss gelegen.

Die beiden Orte haben topographische und strukturelle Ähnlichkeiten: Lage in einer Flußschlaufe, Burgstädtchen.

BREM = PRM = PRIAMUM, Priamus

GARTEN = lateinisch CURTIM, *curtis* = Königshof, Burg, Stadt

Wie bei Gurten steckt in *curtis* auch Christus (oder Caesar).

Nach der Sage soll Bremgarten bei Bern von einem König Brenno oder Berno aus Besançon gegründet worden sein.

Brunnadern

Mehrere Ortsnamen, unter anderem:

Brunnadern: Ortschaft nordöstlich von Wattwil im Sankt Gallischen Necker-Tal.

Brunnadern: ehemaliges Kloster im Osten der Stadt Bern, heute ein Quartiername.

BRUNN = PRMM = PRIAMUM, Priamus

DERN = TRM = TROJAM, Troja

„Das Troja des Priamus"

Gurnigel

Berg und Paßübergang m südlichen Ende des Längenbergs im Bernbiet. Er bildet die Wasserscheide zwischen dem Einzugsgebiet der Gürbe und der Sense.

GR > CR: Caesar oder Christus

NIGEL > NIGER = schwarz

„Schwarzer Heiland"

Am Gurnigel entspringt der Schwarzwasser-Fluß.

Nach der Überlieferung weilte Hildebrand, später Papst Gregor VII. zeitweise auf dem Längenberg.

Hildebrand ist eine mittelalterliche Christus-Figur, doch galt er als Magier und als schwarzer Heiland.

Hildebrand hat eine Verwandtschaft mit dem Gotenkönig Alarich, genannt „Zorn Gottes".

Kästlifuren

Gehöft oberhalb der Erdburg *Büfelhölzli,* östlich von Vorderfultigen (siehe Fultigen), auf dem Längenberg südlich von Bern.

KÄSTLI + FUREN = CASTELLUM + PRM = CASTELLUM
PRIAMI

„Burg des Priamus"

Lyss, Lyssach

Lyss: Ort zwischen Bern und Biel, am Rande des Seelands.

Lyssach: Ort westlich von Burgdorf.

LYSTRAM = LS + TRM = (V)LS + TRM = VOLUSIUS +
TROJA = Vesuv + Troja

Bei diesen beiden Doppelnamen ist der zweite Namensteil abgefallen.

Ponte Tresa, Pontresina

Ponte Tresa: Grenzort im Malcantone, südwestlich von
Lugano.

Pontresina: Ort im Oberengadin.

Letzterer Ort beweist, daß hier ursprünglich nicht PONTEM,
pons = Brücke gemeint ist.

PNT ursprünglich PMP = POMPILIUS + TRS = TROJANUS

„Pompilius der Trojaner"

Vergleiche auch *Bundtels.*

Porrentruy - Pruntrut

Hauptort des Elsgaus, französisch *Ajoie,* im Kanton Jura.

PRUNTRUT = PRM + TR(M) = PRIAMUM +TROJAM = Priamus + Troja

„Das Troja des Priamus"

Schwadernau

Ortschaft an der Zihl östlich von Biel.

Hebräisch *shvu'ah* = Schwur + TRM = TROJAM, Troja

„Troja-Schwur".

Solothurn

Hauptstadt des gleichnamigen Kantons an der Aare, nördlich von Bern und am Fuß des Juras.

Eine lateinische Namensform lautet SALODURUM.

SALO = SL(M) = SALOMON

THURN = TRM = TROJAM, Troja

„Salomonisches Troja"

Veltlin - Valtellina

Von der Adda durchflossenes Tal südlich von Graubünden, zu Italien gehörig.

VELT (vergleiche zum Beispiel Veltheim) = VLT > VLS = VO-LUSIUS, Vesuvius + LIN > ILM > ILIUM

„Vesuvianisches Iljum"

Vielbringen

Weiler südwestlich von Worb BE.

Dialekt: *vil-brige*

VIL = hebräisch *pil* = Elefant

BRIG = PRC = PARACLETUM, *paracletus*, Paraklet

Der Elefant ist demnach ein Parakleten-Tier.

Villmergen

Dorf westlich von Wohlen im Aargau.

Bekannt als Ort zweier angeblicher Gefechte zwischen den protestantischen und katholischen Ständen der Eidgenossenschaft, „1656" und „1712".

VIL = hebräisch *pil* = Elefant

MERGEN = MRC = MERCATUM, *mercatus*, Markt = die Markt-Stadt Troja

Weitere Ortsnamen

Aare - Arura - Arar

Der Name des bedeutenden Flusses in der Westschweiz wurde unter Karl und Rom analysiert.

Daneben existiert als zweite lateinische Bezeichnung neben *Arola* auch *Arura*, ein männlicher Name.

Ferner hieß nach dem *Gallischen Krieg* von Julius Caesar der Fluß Saône im Burgund angeblich *Arar*. – Der Name ist deckungsgleich mit *Arura*:

ARURAM, ARAREM = RRM

Da zwei RR unmöglich sind, ist ein bewußter Anklang an eine andere Bezeichnung zu erwägen.

Die Konsonantenstruktur von AROR hat Ähnlichkeit mit *Rauriker*.

Die lateinischen Namensformen der Aare machen den Eindruck, als seien sie von Humanisten geschaffen worden.

Aï, Tour d'

2331 Meter hoher felsiger Gipfel nordnordwestlich oberhalb von Leysin VD.

Die teilweise bizarren Felsformen mit senkrechten Wänden und Türmen erinnern an eine befestigte Stadt.

Nach dem biblischen Buch Josua (7-9) eroberte und zerstörte dieser *Aï* im Land Kanaan.

Mit *Aï* könnte Athen mit seiner Akropolis gemeint sein.

Arisdorf, Aristau

Arisdorf: Dorf nordöstlich von Liestal im Kanton Baselland.

Aristau: Dorf im aargauischen Freiamt, nordöstlich von Muri AG.

ARIS kann als lateinisch oder hebräisch aufgefaßt werden:

Lateinisch *aries* = Widder, Bock

Hebräisch *ari'* oder *ari'eh* = Löwe

Avenches – Aventicum

Kleinstadt auf einem Hügel südwestlich des Murtensees am Rande des Tals der Broye im Kanton Waadt.

Der Hügel von Avenches befindet sich am Rande einer ehemaligen „römischen" Stadt, die AVENTICUM geheißen haben soll.

Die einzige erhaltene Säule der Römerstadt, der sogenannte *Cigognier (Storchensäule)* diente im „Mittelalter" als Meßpunkt einer Landvermessung.

Ebenfalls ist *La Tornallaz* zu erwähnen, ein ursprünglicher Turm der alten Stadtmauer, der später als Signalpunkt diente.

Der Name *Avenches* ist identisch mit demjenigen der Bischofsstadt *Avignon* an der Rhone in Südfrankreich.

Die Stadtmauer von Aventicum stellt im Plan wie in Avignon und Nîmes eine Muschel dar, das Attribut eines Bischofs.

Avignon = AVENNONEM, *Avenno* = VNN - Avenches = AVENTICUM = VN(T).

Avenches ist ein Neapel-Wort.

Avenno (VNN) rückwärts gelesen ergibt *Ninive* (NNV).

Aventicum klingt ähnlich wie lateinisch *adventus* = Ankunft, Advent.

Der Name Aventicum scheint in der Renaissance entstanden zu sein.

„Römische" Inschriften sprechen von der Siedlung (Kolonie) der Helvetischen Schwurgenossenschaft (*Colonia Helvetiorum foederata*).

Biembach

Ort südwestlich von Hasle im Emmental, zu jener Gemeinde gehörig.

BIEM(EN) = Biene

Nordöstlich oberhalb des Dorfs gibt es auf der Heidenfluh eine Erdburg, welche im Grundriß eine Biene zeigt.

Blatten

Häufiger Ortsname in der Schweiz, z.B. Blatten im Lötschental im Wallis.

BLATTEN = PLTM = PALATIUM, Palast

Die Wörter *Blatt* und *Blut* haben die gleiche Etymologie.

Das Prestige des kaiserlichen PALATIN-Hügels in Rom

Vergleiche auch die biblischen *Philister* (PLSTM).

Catogne, Le

2600 Meter hoher Berg südlich von Martigny im Wallis.

Die auffällig pyramidale und isolierte Lage des Bergs innerhalb der Alpenberge des Unterwallis führten bei den Humanisten zu einem Vergleich mit CATONEM, *Cato* (dem Jüngeren):

Dieser römische Senator habe nach Caesars Sieg über seine Gegner Selbstmord begangen, da er seine nunmehr auswegslose Lage einsah.

Chillon

Bekanntes Schloß bei Territet VD am Genfersee.

Entvokalisiert: CLM, revokalisiert OCULUM, *oculus* = Auge

Der Grundriß der Anlage zeigt ein Auge.

Weitere Burgstellen, die ein Auge zeigen: Châtillon VD, Eppenberg-Wöschnau SO.

Siehe das Werk des Autors *Burgen rund um Bern*.

Font

Ortschaft südwestlich von Estavayer-le-Lac FR am Neuenburgersee.

Neben der Ortschaft befinden sich eine Kirche, ein Schloß und ein Burgfelsen von der Gestalt eines Schiffs.

FONT = lateinisch PONTUS = Meer, See

Gasel

Dorf südlich von Köniz im Kanton Bern.

GASEL = lateinisch CASELLAM, *casella* = Hütte (in welcher der Heiland geboren wurde).

Vergleiche auch den Namen der Stadt *Goslar* im Harz und *Kassel* in Nordhessen.

Gräpplang

Große Burgruine nordwestlich von Flums SG im Seeztal.

Gräpplang = CRPLM > CR/PLM = CAESAR + POLIM, Polis = Kaiserstadt = Rom (Konstantinopel)

Vergleiche das biblische SAREPTA.

In der alten Schwyzer Chronistik wird ein Heerführer namens Arnold von *Cervola* (CRPLM) erwähnt.

Im Slawischen wird Konstantinopel Kaiserstadt (*zargrad*) genannt.

Graubünden – Grischun – Grigioni

Die drei Namensformen, deutsch, rätoromanisch und italienisch des Kantons im Südosten der Schweiz enthüllen ein CHRISTUS-Land.

Das gilt auch für die lateinische Bezeichnung *Raetia* (Retia) = (C)REZIA.

Irgenhausen

Reste eines spätrömischen Kastells am Pfäffikersee, südöstlich von Pfäffikon ZH.

Die älteste Chronistik nennt den Kastellhügel *Bürglen*.

IRGEN = hebräisch *ir* = Stadt + hebräisch *gan* = Garten, Hof, Burg

Vergleiche auch *Horgen*.

Vergleiche auch das deutsche Adverb *irgen-d*.

Der Ortsname ist klar eine humanistische Bildung.

Jammertal

Unbestimmter Ort im Südwesten von Bern.

Nach den alten Chroniken errang das junge Bern in einer Schlacht bei jenem Ort seine vollständige Freiheit. – Das Geschehen wird 1291 oder 1298 datiert.

Jammertal ist eine Präfiguration der Laupen-Schlacht und eine Parallelität zur Schlacht bei Morgarten.

JAMMER = hebräisch *jr* + MR > RM = Stadt Rom

MOR-GARTEN = Rom-Stadt

Jura - Jorat

Name des bedeutenden Gebirgszugs zwischen der Schweiz und Frankreich, beziehungsweise zwischen Genf und Basel.

Die vollständige Konsonantenfolge JRT findet sich in *Jorat*, einem Waldgebiet nordöstlich von Lausanne.

JURA(T) = lateinisch IURATI = die Schwurgenossen, die Verschworenen

„Das Gebirge der Eidgenossen"

Knonau

Dorf im Kanton Zürich, nordwestlich von Zug.

Der Amtsbezirk im Süden der Stadt Zürich heißt KNONAUER Amt.

KNON = CNN = CANAAN, Kanaan, das heilige Land

Religiöser Mittelpunkt dieses Amtes war das Kloster in Kappel am Albis. - Der Reformator Zwingli erlitt in der Nähe des Orts in einer Schlacht sein Martyrium.

Köniz

Ort im Südwesten von Bern mit einem Schloß, ehemals ein Sitz des Deutschen Ordens.

Bei dem Ortsnamen muß ein Konsonant ausgefallen und die Endung zu einem Zischlaut verhärtet sein.

Es ist von einem ursprünglichen *Körnis* oder *Körnitz* auszugehen.

CNS > CRNS > CRNLS = CORNELIUS

Der heilige Cornelius der Apostelgeschichte.

Ligerz - Gléresses

Ort am Nordufer des Bielersees.

Der französische Name führt unmittelbar zur Grundbedeutung:
Gléresses = CLRS = CLARUS.

Der deutsche Name LCRS stellt eine anagrammatische Vertauschung dar.

Nyon - Neuss

Städtchen mit Schloß und römischen Resten am Nordufer des Genfersees, 20 km nordöstlich von Genf.

Die antike Stadt soll NOVIODUNUM geheißen haben.

Alle drei Ortsnamen (Nyon, Neuss, Novio-Dunum) enthalten lateinisch *novus* = neu.

NOVUS = NPS > NP(L)S = NEAPOLIS, Naples

Vergleiche Neuss am Niederrhein und Nancy in Lothringen.

Obertilli

Erdburg nordöstlich von Stäfa im Kanton Zürich.

Von der Art her ist die Bezeichnung identisch mit BÜRGITILLI, einer Wehranlage auf dem Kohlfirst im Zürcher Unterland.

Der Name verbirgt die lateinische Verkleinerungsform OPPI-DILLUM für OPPIDUM.

Ebenfalls BURGI-DILLUM = „Bürglein"

Die Verkleinerungsform *dillum* ist in der klassischen lateinischen Philologie unbekannt!

Rauriker

Bezeichnung für ein „antikes" Volk in der Gegend rund um Basel.

Bekannt durch die Römerstadt Augusta Raurica.

Rauracher, Rauraker, Rauriker: R(V)RC(M)

Wahrscheinlich steht das hebräische Wort *rosh* = Kopf dahinter.

Der zweite Namensteil RC > CR könnte Christus bedeuten.

„Kopf Christi"

Ragaz, Bad

Bäderort im Sankt Gallischen Sarganserland, am Fuß des Taminsertals.

RGS > *Aragonensis,* ARAGON

Vergleiche *Ragusa* in Sizilien und in Dalmatien.

Vergleiche *Sargans* = heiliges Aragonien.

Riehen

Gemeinde im Nordosten der Stadt und des Kantons Basel.

Riehen > Reiher

Im Nordosten oberhalb des Orts erstreckt sich die sogenannte Eiserne Hand, ein anderthalb Kilometer und höchstens 250 Meter breiter Gebietszipfel in deutsches Gebiet.

Die Eiserne Hand mit ihrer leichten Biegung stellt den Schnabel eines Reihers dar.

Saas Almagell

Ort im Walliser Saas-Tal, südlich von Visp.

SAAS = SANCTUS (oder SANCTISSIMUS)

ALMAGELL = MARCELL, eine Nebenform von MARCELLUM, Marcellus.

„Heiliger (oder allerheiligster) Marcellus"

Saas Fee

Ort im Walliser Saastal, südlich von Visp.

SAAS FEE: lateinisch SANCTAM FIDEM, *sancta fide*s

„Heiliger (oder allerheiligster) Glaube"

Weiterer Ort: *Saas Balen* (BALEN = Neapel)

Sargans

Ort im südlichen Kanton Sankt Gallen, links des Rheins und am Eingang des zum Walensee führenden Seez-Tals.

S.RGN(S) = SANCTAM ARAGONIAM, heiliges Aragonien

Diese spanische Landschaft spielte eine bedeutende Rolle am Anfang der Geschichte.

Vergleiche *Ragaz*.

Savoyen – Savoie - Sapaudia

Historische Landschaft in der Westschweiz, auch Klein-Burgund genannt, das Gebiet nördlich des Genfersees, der heutige Kanton Waadt.

Das gebirgige Gebiet südlich des Genfersees heißt Hoch-Savoyen, einstmals mittelbar zur Eidgenossenschaft gehörig.

Der Name Savoyen (im älteren Deutsch Safoy), lateinisch Sapaudia, ist mit *Sanctum Paulum* = S.P(L)M zu erklären.

Das I erklärt sich als umgekehrtes L.

Paulus (PLM > NPLM) selbst ist ein Neapel-Wort, also kann der Name auch heiliges Neapel bedeuten.

Östlich von Lausanne, in den Gemeinden Paudex und Lutry, heißt ein Ort *La Conversion* = die Bekehrung (des heiligen Paulus).

Von Savoyen leitet sich der romanische Name für Seife, *sapona, savon* ab.

Vergleiche den Ortsnamen *Savona* in Ligurien.

Tasgaetium (Tasgetium)

Vom „griechischen" Geographen Ptolemäus überlieferter Name des spätrömischen Kastells auf der linken Seite des Rheins, südlich von Stein am Rhein SH.

TASGETIUM > TS/CTM > T(R)S = *Tros* oder Plural *Troes* oder *Trojanum* + (S)CTM = *sanctum*

„heiliges Troja, heilige Trojaner"

Thur

Bedeutender Fluß der Ostschweiz.

Ebenfalls ein Flußname im Elsaß.

Es ist von der Konsonantenfolge TVR auszugehen: Im Lateinischen werden U und V nicht unterschieden.

THUR = TVR = lateinisch TAURUM, *taurus* = Ochse

„Ochsenfluß"

Tiguriner

Nach „Julius Caesar", Der Gallische Krieg, I, 12, sei dies ein führender Stamm der Helvetier gewesen. Als *pagus Tigurinus* wird die Westschweiz rund um Aventicum angegeben.

Lateinisch *tugurium* = einfache Hütte.

Der Heiland ist in einem Stall geboren.

Das Wort hat sich auch im Italienischen erhalten: *tugurio*.

Italienisch gibt es dazu ein Synonym *bicocca*, auch französisch *bicoque*.

In der erfundenen Geschichte der alten Eidgenossen wird eine Schlacht bei Bicocca, „1522", angeblich in der Gegend von Mailand erwähnt.

Das Prestige der Tiguriner führte dazu, daß Zürcher Humanisten von einem *pagus Tigurinus* als vermeintliche Bezeichnung für den Zürichgau sprachen.

Trenchi

Alp südlich des Stanserhorns in Nidwalden.

Nach der Schwyzer Gründungslegende hätten sich die Verschwörer zuerst auf dem Rütli, dann auf der Alp Trenchi getroffen.

TRENCHI = TRNC > CNRT = CONIURATIONEM, *coniuratio* = Verschwörung

Die Gründung der Schwyzer Eidgenossenschaft wird von der alten Chronistik ausdrücklich als Verschwörung bezeichnet.

Zofingen

Aargauische Stadt im unteren Wigger-Tal, südöstlich von Olten.

Es ist von der lateinischen Form TOBINIACUM auszugehen:

TOPIN > TPN > NPL

Das T wurde in Handschriften leicht als L gelesen.

Vergleiche *Tafers* und *Taufers*.

Zofingen gehört zu den NEAPEL-Namen.

Zürich

Stadt am Ausfluß der Limmat aus dem Zürichsee.

ZÜRICH = TSVRC > STVRS = griechisch STAVROS = Marterkreuz (Christi).

Der lateinische Name der Stadt ist *Turicum*.

TURICUM = TRCM = THRACIAM, Thrakien.

Die beiden Erklärungen überlappen sich.

Bei *Zürich* liegt wohl eine vielleicht beabsichtigte Mehrdeutigkeit vor.

Zurzach – Tenedo

Bäder-Ort am linken Ufer des Hochrheins im Kanton Aargau.

Der Name ist mit Hilfe der Berner Geschichtserfindung zu klären.

„Zu Beginn des 16. Jahrhunderts" soll es in Bern einen Ketzer-Prozeß gegen den Schneidergesellen Jetzer aus Zurzach gegeben haben. Dieser habe als Novize in einem Berner Kloster die Wundmale Christi empfangen.

Jetzer klingt an Ketzer an.

Schneider = lateinisch *sartor* (SRT > ZRZ)

In Zurzach gab es ferner ein spätrömisches Kastell, das von den Humanisten TENEDO genannt wurde.

Tenedus ist in der Troja-Sage eine Insel vor jener Stadt.

Geschichtsanalytisch steht die Insel für Sizilien.

Vielleicht stand das Kastell von Zurzach ursprünglich auf einer Insel im Rhein.

Liste der behandelten Ortsnamen

Caesar - Christus

Aegerten (Ägerten)
Chironico
Chur
Cressier, Crissier
Gersau
Gerzensee
Grandson – Gransee
Grasburg
Grassen
Grasswil
Grenchen – Granges
Greng
Grissenberg
Gurten
Gurwolf – Courgevaux
Kehrsatz
Kehrsiten
Kerenzerberg
Kernenried
Kerns
Kerzers
Kriens
Kriesbaumen
Kröschenbrunnen
Räsch
Réchy
Reschen – Resia
Resti
Ricken
Riedburg
Rietlisberg
Riggisberg
Rüeggisberg
Rüschegg

Jesus

Eison
Eisselmatt
Esel
Igel
Ins – Anet
Ischberg, Jeschberg
Iselle
Iseltwald
Isenberg
Isenfluh
Isengruben
Isenthal
Isérables
Isleten
Islisberg
Isone
Jassbach
Jens, Jensberg
Jestetten
Jetschwil
Jeuss

Golgatha

Calven
Gohl
Golaten

(Cassius) Longinus

Längenberg
Langnau

Regina (Maria)

Ergenzach - Arconciel
Regensberg, Regensdorf
Rigi

matrem, mater

Matran

Mutrux

militem, miles

Malters
Moudon - Milden

heilig – sanctum, sanctus

Heiligenland
Säntis
Santenberg
Sent
Sins
Stocken
Stüsslingen
Tschugg, Tschuggen
Tuggen
Zug

Engel

Engelberg, Engelburg
Englisberg
Entlebuch
Entlisberg

schwarz – niger

Eiger
Necker
Schwarzwasser

Paraklet

Avry
Bargen
Bergell – Bregaglia
Biglen
Bristen
Bürgitilli
Burgund
Fräschels
Frick

Pragel
Pratteln
Prêles - Prägelz

Kalamität

Calanda
Galatteren
Galmiz
Gals – Chulles
Galtern – Gottéron
Gams, Goms
Gelterfingen, Gelterkinden
Gimmiz
Glane – Glâne
Glaserberg
Gümligen
Gumschen – Belfaux
Gurmels – Cormondes
Tomlishorn - Pilatus
Ulmiz, Ulmizberg

mercatus – Markt

Kramburg
Märchligen
Marthalen
Merlach – Meyriez
Mertenlach - Marly
Merzligen
Mirchel
Mörigen
Morcles, Dent de
Morges – Morsee
Murg
Murkathof
Murzelen

Biber (papa Roma, papam romanum)

Biberbrugg
Biberen

Biberist
Biberstein
Bibracte – Mont Beuvray

Hildebrand

Hildisrieden

Basilius der Große

Basel

Luther – Lothar

Lausanne
Lauterbrunnen
Locarno
Lüderenalp
Lütisburg
Luterbach
Luthern
Lutter
Lutzeren
Luzern

Verschiedene Heilige

Bondo
Giornico – Irnis
Jaberg
Jaman
Kalpetran
Lauerz
Samaden – Samedan
Spiez
Spitzenberg

Rind, Ochs, Stier

Boswil
Bowil
Bubenberg – Montbovon
Bubendorf
Bubikon

Buin, Piz

Kyon – Hund

Cibourg, La
Kienberg
Kyburg

Verschiedene christliche Begriffe

Elemoos
Grimentz
Lancy
Landshut
Lanzenhäusern
Lanzenneunforn
Miséry
Sulz
Zillis

castellum, castrum

Gaster
Gastlosen
Gestelen
Gestler – Chasseral

Salomon

Moléson, Le
Salmen
Salmone
Salmsach
Solmont
Sumiswald

Pompilius (Pompejus) der Große

Bonfol – Pumpfel
Bümpliz
Bundtels
Pampigny
Pompaples

Augustus

Augst, Kaiseraugst

Nero

Neerach
Neirivue - Schwarzwasser
Neyruz

Vespasianus

Agy – Ebsachen
Asp, Aspi
Epagnier – Spaniz
Ependes – Spinz
Epsach, Ipsach
Spannort
Spins
Visp, Vispa

Titus – Titullius – Mettius

Adda
Adelboden
Adlerberg, Adlisberg, Adliswil
Adula
Aigle – Älen
Attinghausen
Autigny – Ottenach
Detligen
Dietschiberg
Dottenberg
Düdingen – Guin
Ittigen, Ittingen
Matten
Mitlödi
Mutten
Mythen
Ottenbach
Ottenberg
Titlis
Titti

Tödi
Tutensee
Üetliberg (Uetliberg)
Üettligen (Uettligen)
Wädenswil
Wattenwil
Wattwil
Wetterhorn
Wettingen
Wettswil
Wiedikon
Witikon
Wittenbach, Wittenberg
Witterswil
Wittikofen
Wittinsburg, Wittnau

Domitian

Domat

Septimius Severus

Seftau
Seftigen
Septimer

Caracalla

Corcelles
Ergolz
Guggershorn (Guggershörnli)
Gurzelen

Diocletian (Diocles)

Dickenbännli
Dicki

Constans, Constantius, Constantinus

Constantine
Konstanz
Stans - Stanz

Valens, Valentinian

Lentigny – Lentenach
Lenz
Lenzberg
Lenzburg
Lenzikon
Valens

Dietrich von Bern (Theoderich von Verona)

Dieterswil
Dietikon
Dietlikon

Friedrich Barbarossa (Rotbart)

Barberêche - Bärfischen
Barboleusaz – Barboleuse, La
Frinvillier - Friedliswart
Péry - Büderich

Karl (Carolus)

Aare - Arola
Arolla
Echallens – Tscherlitz
Echarlens
Erlach – Cerlier
Karlsruhe
Kräiligen
Tscherlach

Rudolf

Rudolfingen
Rudolfstetten
Rudswil

Galiläa

Galee (Galeie)
Gallezen

Thrakien

Drakau
Trachselwald

Lateiner

La Tène
La Tine
Letten
Littau

Griechen

(Chrischona)
Grächen
Grächwil
(Graubünden – Grischun – Grigione)
Gretzenbach
Kirchberg
Krauchthal
Kriechenwil
Kriegstetten
(Räsch)
(Reschen)
Reckenberg
Reckingen
Reichenbach, Rickenbach, Rizenbach

Franken

Frankental
Frenkendorf

Goten

Gettnau
Gotthard
Gutenburg

Alemannen

Allaman
Allmendingen

Léman

Burgunder

Gondo
Gonten
Gontenschwil
Gonzen
Gunten

Sachsen

Sachseln
Sax
Saxon

Wandeler (Vandalen)

Wandelburg

Hunnen

Hünenberg, Hünigen
Hunnenberg

Sarazenen

Sarraz, La
Sarzens
Schreckhorn

Dalmatien – Atlantis

Attalens
Dalmazi
Landeron – Lantern
Landiswil
Lanthen
Limmat
Lindach
Linden, Lindenberg, Lindenhof
Lindital
Linth
Talent, Le

Tarent, Le

Rom (Roma + Iljum)

Aare
Arnon
Mannenberg, Münnenberg
Maur
Mera
Maloja
Muri
Murist
Ormalingen
Oron
Ramisburg (Ramsburg)
Ramlinsburg
Ramsei (Ramsau)
Remigen
Riom – Reams
Römerswil
Romanel
Romanens
Rombach
Romont – Remund - Rothmund
Romoos
Rümligen, Rümlingen
Rumisberg
Uri

Byzanz

Bazenheid
Besencens
Beznau
Bösingen
Bözingen - Boujean
Büsingen

Ravenna – Rabba

Rabbental
Rapperstübli (Rappenstübli)

Rapperswil
Ravenel

Theben

Dübendorf
Tavanasa
Tavannes - Dachsfelden
Twann - Douanne

Nemausus (Nîmes) – Emesa

Ems
Mauss

Hebräer

Äbersold
Äsch, Äschi
Baar
Bärhegen
Bärschwil
Bechburg
Bennewil
Berschis
Betelberg
Bethlehem
Bettenhausen
Bettlach
Cham
Chutzen
Dagmersellen
Ebertswil
Emme
Eriz
Eschenbach
Erzenberg
Etzel
Fahr, Fahrwangen
Fillistorf
Füllinsdorf
Gäbelbach

Gais
Geristein (Gerenstein)
Geuensee
Gibelegg
Gibloux – Gibel
Giessen
Gottstatt
Greifensee
Gwatt
Habkern
Hagneck
Hallwil - Hallwyl
Hamberg, Hamegg, Homberg, Homburg, Humberg
Harenwilen
Harris
Harzer
Hattenberg, Hättenberg
Hauenstein
Hausen
Heerbrugg
Hedingen
Heiden
Heimberg
Helfenberg, Helfenstein
Hellbühl
Hellsau
Hellstett
Herbligen, Herblingen
Hermiswil
Herznach
Herzogenbuchsee
Herzwil
Hessen
Hessenberg
Hessigkofen
Hirschhorn
Hirseren
Hirzel
Hitzenberg
Hitzkirch

Höhronen
Hörhausen, Hörstetten
Hohgant
Hohmad, Homad
Holligen
Honegg
Horad
Horgen
Hürnberg
Hundwil
Hunze
Hunziken
Huttwil
Iberg, Ibergeregg
Ichertswil
Irchel
Jaun
Jerusalem
Jona, Jonen
Jougne
Kamor
Kasern
Kippel
Kölliken
Kottwil
Küsnacht, Küssnacht
Lommis, Lommiswil
Mägenwil
Maggenberg
Magglingen
Maigrauge – Magere Au
Mamishaus
Matzendorf, Matzenried, Matzingen, Matzwil
Meggen
Melchnau
Mels
Metzerlen
Milken
Mischabel
Mistelegg

Mülchi
Münchenbuchsee
Münchenwiler
Munot
Nebikon
Ochlenberg
(Räsch, Réchy, Reschen)
Ratzen, Ratzenberg
Recherswil
Reinach
Rohrbach, Rorberg
Rorschach
Rossberg, Rossfeld
Ruchwil
Sädel
Safenwil
Schadau, Schattdorf
Schaffhausen, Schafhausen
Schallenberg
Schalunen
Schänis
Scharnachtal
Schenkenberg
Schenkon
Scherlibach
Scheunen
Schlacht, Schlatt
Schlosswil
Schöftland
Schöllenen
Schön(en)
Schongau
Schopfheim, Schüpfheim, Schopfen, Schüpfen
Schoren
Schwaben
Schwanau
Schwand(en)
Schweinsberg
Schwyz
Villigen

Yverdon – Iferten
Zäziwil
Zimlisberg
Zinal
Zizers
Zwigarten

Hethiter

Hettenschwil
Hettiswil
Hettlingen

Moses

Moosegg
Musegg
Musenalp

Priamus

Bern
Bernex
Bernina
Berra; La
Birmensdorf, Birmenstorf
Blümlisalp
Bormio – Worms
Bramberg
Bramois – Brämis
Brienz
Broye – Brüw
Brünig
Brünisried
Brunnen
Büren an der Aare
Farnsburg
Ferenberg, Ferrenberg
Flamatt
Flawil
Flims, Flums
Frambourg

Frauenfeld
Frauets (Frauez)
Freiburg – Fribourg
Frienisberg
Froburg
Frümsel, Frümsen
Fruence
Fründenhorn
Frumberg
Frunsberg (Frauenberg)

Paris – Persien

Birs, Birsig
Borisried
Breisgau
Brissago – Brisa
Friesenberg
Frieswil
Reuss
Ruswil
Versoix

Troja

Deisswil
Diesbach, Diessbach,
Diesse – Tessenberg
Diessenberg, Oberdiessbach
Dornach, Dorneck
Dranse, La
Dürrenbühl
Murten – Morat
Tessin – Ticino
Thierstein
Thörigen, Thörishaus
Thônex
Thorberg
Thun
Tirano
Tornallaz
Torny

Torry
Tramelan – Tramlingen
Trey
Trimbach
Trimstein
Trins – Trin, Truns - Trun
Tromwil
Trostburg

Iljum

Ilanz
Ill
Illens – Illingen
Illgau
Illiswil
Illnau

Neapel

Affeltrangen
Albana
Albeuve – Weissbach
Albis
Alpen
Arbogne
Arbon
Aubonne
Bälliz
Balliswil
Ballmoos
Ballwil
Balmegg
Bantigen, Bantiger
Bellinzona – Bellenz
Bellmund
Belp
Biel - Bienne
Bipp
Boll,Bolligen
Boppelsen
Büfelhölzli

Bülach
Bulle - Boll
Dampfwil
Effingen
Eppenberg
Felsenau
Fenetta
Fenis – Fénils - Vinelz
Feyla, La
Hapferen, Hopferen
Ifenthal
Iffwil
Ifleter Berg
Ilfis
Inwil
Laubegg
Laufen
Laupen
Leberen
Leventina – Livinen
Leibstadt
Liebefels
Lobsigen
Lopper
Lupsingen
Näfels
Näfenhüser
Napf
Navisence, La
Nesslau
Netstal
Neuschels (Euschels)
Nidegg, Nydegg
Nieselberg
Niesen
Noflen
Noville
Nufenen – Novena
Nuolen
Nyffel, Nyffenegg

Oppligen
Orbe – Orbach
Orvin – Ilfingen
Plurs - Piuro
Pohlern
Polizmatt
Poschiavo – Puschlav
Riffelberg, Riffenmatt
Rifferswil
Tafers – Tavel
Taufers – Tubre
Täuffelen
Tiefenau
Toffen
Vanel
Vanil Noir
Verbano
Verbier
Vevey - Vivisbach
Vingelz – Vigneules
Vinschgau – Vintschgau – Val Venosta
Vinzel
Vivy – Vivers
Vufflens – Wolflingen
Wabern
Walperswil
Wankdorf
Wendelsee
Wengen
Wiflisburg
Windisch
Wingreis – Vingras
Winterthur
Winzenried
Winznau
Wolfisberg
Worb, Worben, Worblen
Wulp, Wulpersberg

Tripolis

Treib
Treyvaux – Treffels
Tribey
Triboltingen
Tribschen

Vesuv (Vesulius, Vistul(i)us, Volusius, Bessius, usw.)

Alchenflüh, Alchenstorf
Aletsch
Allschwil
Ascona
Besserstein
Betzlisberg
Bözberg
Boltigen
Bütschelbach
Bütschwil
Bützberg
Elisried
Elsau
Elsgau – Ajoie
Eschenbach
Eschenberg
Eschental
Euseigne
Evolène
Fislisbach
Fultigen
Haslital
Lausen
Liestal
Limpach
Limperg
Lisiberg
Lötschental
Lucens - Lobsigen
Lüsenberg
Lüsslingen
Lütschine

Lyss
Niedermuhlern, Obermuhlern
Öschinensee
Ogoz
Ollon
Olten
Oltigen, Oltingen, Oltingue
Oristal
Orsières
Ortler – Ortles
Orzival
Ossola, Val d' – Eschental
Selhofen
Selnau
Sellenbüren
Sihl
Stallikon
Üechtland
Uster
Utzenstorf, Utzigen, Uznach, Uzwil
Vallon
Varen
Vaulion
Vechigen
Veisivi
Veltheim
Vercorin
Vessy
Vex
Vich
Visletto
Vitznau
Vogesen – Vosges – Wasgenwald
Volken, Volketswil
Vuisternens-en-Ogoz – Winterlingen
Wahlendorf
Wahlern
Walchwil
Walensee, Walenstadt
Walkringen

Wallis
Walliswil
Walsertal
Wasen
Weesen
Weggis
Weinfelden
Welschenrohr
Wesemlin
Wetzikon
Wichtrach
Wiggen, Wigger
Wiggiswil
Wikartswil
Willadingen
Willisau
Wirzweli
Wislen
Wislenberg
Wislikofen
Wislisau
Wissberg, Wissigstock
Wistenlach - Vully
Wohlen
Wolhusen
Wollishofen
Wollmatingen
Wolschwiller
Wolsen
Wöschnau
Würzbrunnen
Zihl – Thielle

Wald, Waldgau, Waldstatt

Silvretta
Waadt – Vaud
Waldstätte
Waldstatt
Wildhaus

Wartenstein, Wartenstein, Werdenberg

Heiliges Iljum, heiliges Neapel, heiliger Titus,
heiliges Troja, heiliger Vesuv

Chavailles
Gampel, Gampelen, Gempen, Gempenach, Kempraten
Genf – Genève
Givisiez – Siebenzach
Gümmenen, Gumm, Gummen
Kämpf
Kander, Kandern
Kappel
Kempt
Knebelburg
Salève, Le
Sandrain
Sangern, Sangernboden
Satarma
Schmerikon
Schnabelburg
Seedorf
Seewen
Seewis
Sempach
Sense – Singine
Sevelen
Siebnen
Sierre - Siders
Simplon - Sempione
Sitter
Sondrio
Stampf(en)
Sternenberg
Stettlen
Stilfs - Stelvio
Stilli
Strassberg
Stuckishaus
Sulgen, Sulgenbach
Sundgau

Zulg

Horeb, Zion (Sion)

Horrenbach
Horriwil
Horw
Seon
Sionge, La
Sion – Sitten
Syens

Sarno

Saane – Sarine
Saanen – Gessenay
Sarnen
Saurenhorn
Sirnach
Sörenberg
Süri
Suhren
Surenstock - Sardona
Sursee

Capri, Sanctus Priamus

Capriasca, Ponte
Chaffa(rd)
Chevroux
Coffrane
Corbières - Korbers
Giffers – Chevrilles
Gubrist
Gürbe
Gurbrü
Käferberg
Safnern
Serbache, La
Siviriez
Sufers
Surb

Sizilien

Säckingen
Sichelen
Sils – Segl - Soglio
Siselen
Siselgau, Sisgau
Sisikon
Sissach
Sisseln

Misenum

Mänziwil, Mänziswil
Menzigen, Menziken, Menznau
Messen
Münsingen

Milch & Honig

Latterbach
Lattrigen
Mellingen

Doppelnamen

Affoltern
Allenlüften, Allenwinden
Bremgarten
Brunnadern
Gurnigel
Kästlifuren
Ponte Tresa, Pontresina
Porrentruy – Pruntrut
Schwadernau
Solothurn
Veltlin – Valtellina
Vielbringen
Villmergen

Weitere Ortsnamen

Aare – Arura – Arar
Aï, Tour d'

Arisdorf, Aristau
Avenches – Aventicum
Biembach
Blatten
Catogne, Le
Chillon
Font
Gasel
Gräpplang
Graubünden – Grischun – Grigione
Irgenhausen
Jammertal
Jura, Jorat
Knonau
Köniz
Ligerz – Gléresses
Nyon – Neuss
Obertilli
Ragaz, Bad
Rauriker
Riehen
Saas Almagell
Saas Fee
Sargans
Savoyen – Savoie – Sapaudia
Tasgaetium (Tasgetium)
Thur
Tiguriner
Trenchi
Zofingen
Zürich
Zurzach - Tenedo

Die Bücher des Autors

Beiträge zur Freiburger Historiographie des 18. und 19. Jahrhunderts
Guillimann – Alt – Berchtold – Daguet
112 Seiten mit 5 Abbildungen
Norderstedt 2019
(Historisch-philologische Werke 6)

Burgen rund um Bern
Eine Auswahl mit Plänen, Bildern, Beschreibungen
und einer Einführung in die Burgenkunde.
Nebst weiteren Objekten in der Westschweiz.
436 Seiten mit 131 Abbildungen
Norderstedt 2024
(Historisch-philologische Werke 9)

Historische Denkmäler in der Schweiz
34 helvetische Erinnerungsstätten, kritisch betrachtet
164 Seiten mit 35 Abbildungen
Norderstedt 2021
(Historisch-philologische Werke 8)

Die alten Eidgenossen
Die Entstehung der Schwyzer Eidgenossenschaft
im Lichte der Geschichtskritik und die Rolle Berns.
360 Seiten mit 24 Abbildungen und 7 Tabellen
Norderstedt 2022
(Historisch-philologische Werke 2)

Die Entstehung der Jahrzahl 1291
Beiträge zur Schweizer Historiographie:
Stumpf – Schweizer – Daguet et al.
136 Seiten mit 4 Abbildungen und 7 Tabellen
Norderstedt 2019
(Historisch-philologische Werke 7)

Die Matrix der alten Geschichte
Eine Einführung in die Geschichts- und Chronologiekritik
536 Seiten mit 35 Abbildungen und 18 Tabellen
Norderstedt 2021
(Historisch-philologische Werke 1)

Die Ortsnamen der Schweiz
Mit einer Einführung in die Namensprägung Europas
340 Seiten mit 1 Abbildung
Norderstedt 2024
(Historisch-philologische Werke 4)

Teufelssagen aus der Umgebung von Bern
112 Seiten mit 12 Abbildungen
Norderstedt 2024
(Historisch-philologische Werke 10)

Die Ursprünge Berns
Eine historische Heimatkunde Berns und des Bernbiets.
Mit einem autobiographischen Anhang.
292 Seiten mit 62 Abbildungen und zwei Tabellen
Norderstedt 2022
(Historisch-philologische Werke 3)

Johann Rudolf Wyss der Jüngere
Der Abend zu Geristein
Eine Sage von 1824, neu herausgegeben,
eingeleitet und illustriert von Christoph Pfister.
Im Anhang: Johann Rudolf Wyss' Dichtung
Der Ritter von Ägerten
68 Seiten mit 7 Abbildungen
Norderstedt 2024
(Historisch-philologische Werke 5)

Weitere Artikel von historisch-philologischem Inhalt finden sich auf
der Webseite des Autors: **www.dillum.ch**

Schloß Hallwil (Aargau). – Ansicht von Südosten

Foto: Autor, 7.1990

Die Etymologie von *Hallwil (Hallwyl)* ist hebräisch: *ha'le'vi* = der Levi, der Priester. Daraus leitet sich der lateinische Name HELVETIA für die Schweiz ab.

Das Schloß steht – vielleicht nicht zufällig - in der geographischen Mitte des alten östlichen Teils Helvetiens.